Beate Blank
Was ist Empowerment?

Beate Blank

Was ist Empowerment?

BELTZ JUVENTA

Die Autorin

Beate Blank, Dr. rer. soc. war Professorin an der Dualen Hochschule Baden-Württemberg in Villingen-Schwenningen und Zentrale Gleichstellungsbeauftragte der DHBW. Sie lehrt am Center for Advanced Studies der DHBW und in der Empowerment-Weiterbildung. Sie hat Soziale Arbeit (Dipl.-FH), Erziehungswissenschaft (Dipl.-Päd.) sowie Soziologie mit dem Schwerpunkt Geschlechtersoziologie studiert und langjährige Erfahrung in der Empowerment-Theorie-Praxis-Forschung.

MIX
Papier | Fördert gute Waldnutzung
FSC® C089473

Dieses Buch ist erhältlich als:
ISBN 978-3-7799-3087-7 Print
ISBN 978-3-7799-4694-6 E-Book (PDF)
ISBN 978-3-7799-5104-9 E-Book (ePub)

1. Auflage 2024

Herstellung: Ulrike Poppel
Satz: xerif, le-tex
Druck und Bindung: Beltz Grafische Betriebe, Bad Langensalza
Beltz Grafische Betriebe ist ein klimaneutrales Unternehmen (ID 15985–2104-100)
Printed in Germany

Weitere Informationen zu unseren Autor:innen und Titeln finden Sie unter: www.beltz.de

Inhalt

Vorwort

Vor drei Dekaden begann meine Suche nach den Wurzeln des Empowerment-Begriffs. Dies war das erklärte Ziel meines Studienaufenthaltes in den USA. Bei jeder sich bietenden Gelegenheit fragte ich nach Praxisbeispielen, Studien und Theorien der Ermächtigung. Meine Professoren und Professorinnen, Kolleginnen und Kommilitonen, gleich welchen ethnischen Hintergrunds, Geschlechts oder Alters winkten ab. Unisono sprachen sie vom *empowerment-buzzword*, welches für alles und nichts zu gebrauchen sei. Ein Empowerment-Konzept für die Soziale Arbeit oder gar eine Theorie? Fehlanzeige. Auch nennenswerte empirische Untersuchungen seien in der sonst so forschungsstarken Disziplin nicht bekannt. Trotzdem durfte ich die neuen digitalen Netzwerke der Universität für meine Forschungen nutzen. Zu meiner Überraschung beschränkten sich die Ergebnisse im Wesentlichen auf die Veröffentlichungen von Julian Rappaport, Carol F. Swift und Robert Hess und ihres gemeindepsychologischen Ansatzes der 1980er und nachfolgenden Jahre.

Durch Zufall fiel mir über ein Antiquariat das Buch mit dem Titel *Black Empowerment: social work in oppressed communities* in die Hände. Die Autorin Barbara Bryant Solomon gab Antworten auf meine drängenden Fragen. Die Verbindung von psychologischen, machttheoretischen und rassismuskritischen Zugängen war an meine Arbeit mit wohnungslosen und geflüchteten Frauen anschlussfähig. 1980 hatte ich als Studentin der Sozialen Arbeit das erste Haus für obdachlose Frauen und ihre Kinder in der damaligen Bundesrepublik initiiert und zu einem Sozialunternehmen mit gesetzlich garantierten Mitbestimmungsrechten ausgebaut. Solomons Ansatz bot für diese machtkritische und zugleich ermächtigende Praxis gleichsam die wissenschaftliche Begründungsbasis, nach der ich so lange gesucht hatte. Umso mehr wuchs mein Erstaunen darüber, dass die Pionierin des Empowerment-Begriffs in ihrem Land niemand zu kennen schien. Ihr Grundlagenwerk wurde bis dahin weder im Fachdiskurs wahrgenommen, noch war es integraler Bestandteil des Lehrkanons.

Gut zwanzig Jahre später konnte ich anstelle eines Schlagwortes ein detailliert ausgearbeitetes Curriculum beim Sociology Department der California Polytechnic State University (Calpoly) in San Luis Obispo (CA) kennen lernen. Auf der Basis einer mehrperspektivischen theoretischen Fundierung ist ein Forschungsprojekt zum Empowerment von indigenen Frauen im offenen Strafvollzug durchgeführt worden, an dem eine unserer Studierenden teilnehmen konnte.

Über die Jahre sind mir Recherchen lediglich punktuell und zeitlich begrenzt möglich gewesen. Demzufolge haben sie keinerlei repräsentativen Anspruch. Sicherlich gab und gibt es neben dem erwähnten Curriculum der Calpoly an weiteren Universitäten in den USA und weltweit viele Beispiele guter Lehre, Praxis und Forschung mit einem inklusiven Ermächtigungsbegriff: Ein Empowerment, das machttheoretisch begründete mit psychologischen sowie gender- und diversitätssensiblen Zugänge vereint. Meine rudimentären Nachforschungen geben jedoch einen Hinweis darauf, wie schwierig es war und ist, Rassismus in all seinen Ausprägungen im Wissenschaftsbetrieb zu adressieren. Das Ausblenden der wissenschaftlichen Leistung von Solomon wurde mir vor einigen Jahren während eines universitätsübergreifenden Vortrags in den USA nochmals vor Augen geführt. Nicht einmal eine Hand voll Teilnehmenden kannte nach eigenem Bekunden ihr Grundlagenwerk.

Im Herbst 2015 hatte ich das große Glück, Barbara Bryant Solomon in ihrem Haus in Los Angeles besuchen und persönlich kennen lernen zu können. Sie war ebenso gespannt auf mich, wie ich auf sie. In der letzten Dekade habe sie eine wachsende Nachfrage nach ihrem Buch festgestellt. Ein Online-Anbieter habe bemerkte, dass es da eine Deutsche gibt, die beständig aus ihrem Buch zitiere. Viele Stunden vertieften wir uns in einen intensiven kollegialen und persönlichen Austausch. Ein unerwartetes, einzigartiges Geschenk.

Solomons Frage, weshalb mein Engagement für die Verbreitung ihres Buches nicht nachgelassen habe, wo ich in Deutschland doch wohl kaum etwas mit Black Communities zu tun gehabt haben dürfte, beschäftigt vielleicht auch Sie. Die Gründe meines Commitments sind vielschichtig. In der Summe ergibt sich eine Schnittmenge aus wissenschaftlichem Erkenntnisinteresse, einer jahrzehntelangen Theorie-Praxis-Forschung und meinem biografischen Hintergrund. Geboren[1] nach Auschwitz und aufgewachsen in der für Mädchen vorbestimmten Rolle im Wirtschaftswunderland. Zugezogen in ein wieder aufgebautes Dorf, das am Kriegsende von ‚den Amerikanern' zerstört worden war, weil man bis zuletzt an ‚den Endsieg' geglaubt hatte und sich nicht ergeben wollte. Als eine dem arischen Rassenwahn Nachgeborene bin ich im Elternhaus mit dem Wissen um die Shoah aufgewachsen. Gleichzeitig sind wir durch die kirchliche Missions- und Bildungsarbeit[2] rassistisch und antisemitisch beeinflusst worden. Im kindlichen Aussprechen dessen, was ich als zutiefst unmenschlich, ungerecht und verstörend empfand, hat mich ein Erwachsener ernst genommen und die Irreführung, die Verbildung der großen und kleinen Gemeindemitglieder eingestellt. Mit

1 Geboren in Brettheim, Lks. Schwäb. Hall. Erinnerungsstätte: "Die Männer von Brettheim": https://www.bpb.de/themen/holocaust/erinnerungsorte/503121/erinnerungsstaette-die-maenner-von-brettheim/ [Zugriff: 22.08.2023]

2 Der Evangelische Filmdienst brachte das Kino in die ländlichen Regionen. Unter anderem den rassistischen Film „Mau-Mau-Aufstand". Kein aufklärendes Wort oder Bild zum Überlebens- und Befreiungskampf des Volks der Kikuyu.

Blick auf diese frühe Erfahrung möchte ich mich sinngemäß den Worten der Literaturnobelpreisträgerin und Professorin Toni Morrison anschließen:

> „Ich sage meinen Studierenden: Wenn ihr diesen Job bekommt, für den ihr so brillant ausgebildet wurdet, denkt daran, dass eure eigentliche Aufgabe darin besteht, dass ihr, wenn ihr frei seid, jemand anderen befreien müsst. Wenn ihr etwas Macht habt, dann ist es eure Aufgabe, jemand in die Lage zu bringen, sich selbst zu ermächtigen. Das ist nicht nur ein Spiel mit der Wundertüte."

Befreiung und Ermächtigung der Menschen sind nach der Definition des International Federation of Social Workers (IFSW) Leitprinzipien Sozialer Arbeit. Deren Förderung als Aufgabe der Profession zu begreifen, ist weder von einzelnen Personen abhängig noch ein Spiel mit der Wundertüte. Die Kompetenzen, Ermächtigung in vorgefundenen Strukturen und Systemen zu ermöglichen, basieren auf professionellem Wissen und Können. In der Verwobenheit von Individuum, Organisationen, Nachbarschaften und Gesellschaft werden die Machtblockaden und Möglichkeitsräume zur Entfaltung der Potentiale eines jeden Menschen und seiner Gemeinschaften analysiert und Ermöglichungsstrategien identifiziert. Institutionelle Partizipation und gesellschaftliche Teilhabe können von Beginn an gemeinsam geplant, ausgehandelt und für alle Beteiligten transparent vereinbart werden. Auf diese Weise wird der Weg aus der von Martin E. P. Seligman und Steven. F. Maier erforschten erlernten Hilflosigkeit, hin zum gelernten Mächtig-sein als Ziel vorgezeichnet. Ermächtigungswissen kann, wie alles andere Grundlagenwissen der Sozialen Arbeit auch, in Theoriebildung und Methodik gelehrt, im Theorie-Praxis-Transfer beforscht, evaluiert und weiterentwickelt werden. Dazu möchte ich einen Beitrag leisten. Wohl wissend, dass die Frage „Was ist Empowerment?" vor dem Hintergrund ihrer inter- und transdisziplinären Zugänge und der darin aufgehobenen Perspektivenvielfalt nicht vollständig ausgelotet und beantwortet werden kann.

Einleitung

Empowerment – Schlagwort oder Grundlagenwissen?

Der Begriff Empowerment wurde von der US-amerikanischen Professorin für Soziale Arbeit, Barbara Bryant Solomon, eingeführt. Zunächst ein paar Daten zur Person: Die für ihr Lebenswerk inzwischen vielfach ausgezeichnete Wissenschaftlerin erwarb den Bachelor in Psychologie an der Howard University, den Master of Social Work an der University of California in Berkley und den Doktortitel an der University of Southern California. Sie wurde die erste afroamerikanische Dekanin an der University of Southern California. In verschiedenen Funktionen hat sie sich für die Förderung von afroamerikanischen Studierenden und anderer Minderheiten engagiert. Nach einer fast fünfzigjährigen Karriere in der Sozialen Arbeit und Forschung und nach fast dreißig Jahren Vorstandstätigkeit an der Walden University ist sie dort 2020 in den Ruhestand verabschiedet worden. Die School of Social Work der Walden University ist nach ihr benannt.

In ihrem 1976 erschienenen Buch *Black Empowerment: social work in oppressed communities*, entwickelt sie eine machttheoretisch fundierte, rassismuskritische und diskriminierungssensible *Empowerment Theory*. Daran schließt sie ein *Empowerment Concept* für die Soziale Arbeit an. Eine ihrer Kernaussagen lautet:

> „Empowerment ist definiert als ein Prozess, bei dem die Sozialarbeitenden oder andere professionell Helfende in eine Reihe von Aktivitäten mit dem Klienten durchführen, um die Ohnmacht bzw. Mindermacht, die aus der Erfahrung von Diskriminierung herrührt, zu reduzieren, weil der Klient einer stigmatisierten Gruppe (Nachbarschaft, Gemeinschaft, Minderheit) angehört.
> Diese Aktivitäten zielen insbesondere darauf ab, solchen negativen Bewertungen entgegenzuwirken (Solomon 1976: 29, Übers. d. V.)."

Das singuläre Grundlagenwerk der Empowerment-Pionierin wird im Fachdiskurs bisher wenig diskutiert und rezipiert. Diese Nichtbeachtung in der weißgelesenen Wissenschaft ist als epistemische Gewalt einzuordnen (Blank 2018: 327). In den letzten Jahren hat sich hierzulande eine Sensibilisierung für Rassismen und die Verbrechen der deutschen Kolonialgeschichte entwickelt. Die Studie „Rassistische Realitäten" des Deutschen Zentrums für Integrations- und Migrationsforschung aus 2022 kommt zu dem Ergebnis, dass nahezu die gesamte Bevölkerung ein Rassismus-Problem in Deutschland erkennt. Die Stimmen der Wissenschaftler*innen und Aktivist*innen der deutschen Black Communities und People of Colour werden vermehrt gehört. Sie beeinflussen die Theoriebildung der Sozialen Arbeit. Es ist zu wünschen, dass der Wissensschatz von

Solomons Arbeit in die Theoriebildung Sozialer Arbeit eingehen wird. Damit verbinde ich auch die Hoffnung, dass den deutschen Empowerment-Pionier*innen, der ADEFRA-schwarze Frauen in Deutschland[3] und der Initiative der Schwarze Menschen in Deutschland[4], die gebührende Wertschätzung zukommen wird.

Der Empowerment-Begriff Solomons ist psychologisch und politisch zugleich. Die Power in Empowerment beziehungsweise die Macht in Ermächtigung ist gleichsam das Missing-Link, das beide Zugänge zusammenführt. Nicht nur semantisch, sondern auch erkenntnistheoretisch. Durch das Nachdenken über Macht, ihre Erscheinungsformen und Mechanismen, wird das schwer fassbare Ermächtigungsparadigma konkret.

Der folgende Beitrag greift Solomons Ermächtigungsbegriff auf. Seine machttheoretische und rassismuskritische Verortung in den Theorietraditionen der angloamerikanischen Sozialwissenschaften und den Black Studies wird in Beziehung gesetzt zu den interdisziplinären Theorielinien der deutschsprachigen Sozialen Arbeit und zu den aktuellen intersektionalen Diskursen. Die Phänomene der Mindermacht umfassen alle Diskriminierungsformen. Die rassistischen Konstruktionen in Bezug zu Hautfarbe, ethnischer und religiöser Zugehörigkeit werden in ihrer Überschneidung mit Sexismus, Ableismus[5], Adultismus[6], Altersdiskriminierung, Homophobie[7], Queer*-Feindlichkeit[8] oder anderen Formen von Diskriminierung in Beziehung gesetzt.

Was ist Empowerment? ist die Ausgangsfrage in Teil I.

Menschenrechtliches Empowerment wird als Kernelement des Ermächtigungsparadigmas einer kritischen Sozialen Arbeit definiert. Die Menschenrechte verbinden die häufig getrennt voneinander diskutierten individualpsychologischen und gesellschaftspolitischen Zugänge. Grund- und Menschenrechte existieren nicht per se und aus sich heraus. Sie müssen immer wieder aufs Neue erkämpft, verteidigt und bewahrt werden.

---

3 ADEFRA (AfroDEutscheFRauen) ist ein kulturpolitisches Forum von und für Schwarze Frauen: http://www.adefra.com/ und https://www.bpb.de/themen/migration-integration/afrikanische-diaspora/59487/die-frau-die-mut-zeigt/ [Zugriff: 28. 07 2023]

4 Vgl.: https://isdonline.de/ [Zugriff: 28.07.2023]

5 Behindertenfeindlichkeit. Menschen sind wegen einer Beeinträchtigung Vorurteilen, Benachteiligungen und Vorbehalten ausgesetzt. Der Zugang zum allgemeinen Arbeitsmarkt und zu gesellschaftliche Teilhabe wird trotz Inklusionsrechten erschwert.

6 Machtungleichheit zwischen Kindern und Erwachsenen. Diskriminierung von Jüngeren, allein aufgrund ihres Alters.

7 Gegen schwule und lesbische Personen gerichtete soziale Aversion und Aggression.

8 Ablehnung bis zu Hasskriminalität gegenüber non-binären Menschen, die dem heterosexuellen Bild von Mann und Frau nicht entsprechen. Der Genderstern repräsentiert symbolisch die Vielfalt der Lebensweisen und Identitäten. Das Sternchen (Asterisk) wird als Mittel zur gendersensiblen Schreibweise genutzt.

Diese Definition ist nicht nur für die Soziale Arbeit bestimmend, sondern ebenso für alle anderen Disziplinen und Professionen, die sich mit der Ermächtigung der Menschen befassen. Im Kontext von sozialer Gerechtigkeit und Potentialentfaltung wird Empowerment zu einer normativen Setzung. Diesen weit über die Profession hinausreichenden Anspruch gilt es diskursanalytisch, handlungstheoretisch, konzeptionell, methodologisch und strategisch einzulösen. Dass dies für eine Profession möglich sein soll, die für sich selbst weitgehend die Frage nach der Macht ausblendet, wird kritisch diskutiert. Es ist eine herausfordernde Aufgabe für die Soziale Arbeit, die selbst in gesellschaftliche Abhängigkeits- und Machtverhältnisse verstrickt ist, sich den Fragen nach dem Begründungszusammenhang und dem Wie der Ermächtigung ihrer Adressat*innen zu stellen. Den „Hybridcharakter" Sozialer Arbeit zwischen „Fremdhilfe" und „Selbstermächtigungshilfe", so Helmut Lambers, kann der Ermächtigungsansatz nicht auflösen. Vielmehr läuft Soziale Arbeit Gefahr, sich kritiklos von der sozialstaatlichen Fürsorgelogik hin zur aktivierenden und individualisierenden Selbstsorgelogik zu entwickeln. Dieses Dilemma zeigt sich in einem Höchstmaß an „theoretischer Diffusion", resümieren David Vossebrecher und Karin Jeschke aus Sicht der kritischen Psychologie.

Trotz aller begründeten Kritik an einem machtentleerten Ermächtigungsbegriff hat die Abkehr von der Defizitperspektive auf den Menschen und seine Lebenswelt die Soziale Arbeit und Sozialpädagogik seit den 1990er Jahren von Grund auf verändert. Für Hans Thiersch hat das autonome Subjekt die Zuständigkeit und Deutungshoheit über seinen Alltag. Sozialarbeitende interagieren in den Brüchen und Widersprüchen der gegebenen Verhältnisse. Wobei sich nicht die Adressat*innen den Normalitätsvorstellungen der Majorität anzupassen haben, sondern die Mehrheitsgesellschaft sich für andere Sicht- und Lebensweisen öffnen soll. Inklusion und Diversität vervielfältigen Ressourcen und wirken sozial integrativ. Folgerichtig ist die Schaffung von Gelegenheiten zur Partizipation aller Bevölkerungsgruppen für demokratische Gesellschaften konstitutiv. Die Kritik an der Expertokratie, der Deutungshoheit von Fachpersonen, und das konsequente Eintreten von Norbert Herriger für ein Menschenbild der „Menschenstärken", hat den Bewusstseinswandel hin zur Stärkenperspektive maßgeblich beeinflusst. Solch eine Professionsethik ist die Voraussetzung für ein „Supportive Empowerment". Den Begriff der unterstützenden Ermächtigung hat Georg Theunissen, einer der Empowerment-Pionier in der Behindertenhilfe und Heilpädagogik, in Anlehnung an Neil Thompson eingeführt.

Solomon geht mit ihrem machttheoretischen Blick einen Schritt weiter. Für sie hängt die Förderung von Ermächtigung von dem Grad ab wie das Hilfesystem selbst ein Empowerment ermöglichendes oder behinderndes System ist. Sie identifiziert systemischen Rassismus und negative Bewertungen als wirkmächtige Machtblockaden. *Bias*, gemeint sind kognitive Verzerrungen und unbewusste Denkmuster, beeinflussen uns alle. Die Mehrheit der Sozialarbeitenden in den USA und Europa sind ‚weiß‘[9] und Mittelschichtsangehörige. Unser ganzes Denken ist ‚weiß‘ und privilegiert geprägt. Dies ist im Sinne einer Verantwortungsethik anzuerkennen. Mit dieser Haltung sollten wir reflektieren, ob unser Mindset für das Selbstbild der Angehörigen von Black Communities und People of Colour förderlich sein kann oder objektiv behindernd ist. Solomon sieht einen großen Bedarf an Sozialarbeitenden aus den Gemeinschaften der Afroamerikaner*innen und Hispanics. Sie kennen die von Alltagsrassismus geprägten Lebensbedingungen. Übertragen auf Deutschland sind Studierende und Lehrende aus den multiethnischen Communities und dem Globalen Süden für die Soziale Arbeit unverzichtbar. Sie erweitern das Spektrum der Perspektiven auf die Bedürfnisse der Adressat*innen und einer von Vielfalt lebenden demokratischen Gesellschaft. Perspektiven-Sharing ist auch Power Sharing. Multiethnische Teams können eine große Kraft der Verständigung, der Empathie und des gegenseitigen Respekts entfalten.

Ungeachtet der vielstimmigen Empowerment-Kritik hat mit Beginn des 21. Jahrhunderts der Ermächtigungsbegriff eine weltweite Karriere angetreten. Empowerment ist in die Policies der Vereinten Nationen eingegangen. Die politischen Zielformulierungen fließen als Richtlinien in die Programme der Gleichstellung, Diversität, Antidiskriminierung und Inklusion, der Gesundheitsförderung und Bildung ein. In den Sustainable Development Goals (SDGs) sind die sozialen, ökonomischen und ökologischen Ziele zusammengeführt worden. Der Generalsekretär und die UN-Women adressieren die Potentiale der Frauen und Mädchen insbesondere des Globalen Südens als essenziell für die Menschheit. Mit ihrem Wissen und lebensweltorientierten Engagement könnten die weltweiten Krisen, verursacht durch eine menschengemachte Ressourcenverknappung und die Vernichtung der Lebensgrundlagen bewältigt werden.

Von dieser Entwicklung ist die Soziale Arbeit beeinflusst worden. Im Jahr 2014 nehmen die International Federation of Social Workers (IFSW) und die International Association of Schools of Social Work (IASSW) die Förderung von Ermächtigung der Menschen in den ersten Satz der *Global Definition of Social Work* auf. Empowerment wird zu einem Kernmandat Sozialer Arbeit (vgl. Blank 2020).

> „Social Work is a practice-based profession and an academic discipline that promotes social change and development, social cohesion, and the empowerment and liberation of people."

Historisch und etymologisch betrachtet korrespondieren die Begriffe Ermächtigung und Befreiung. Die Geschichte der Menschheit ist eine Geschichte der

9 ‚weiß‘: auch weiß-gelesen wird im Text zur Beschreibung einer privilegierten gesellschaftlichen Position genutzt und nicht zur Kennzeichnung der Hautfarbe.

Macht, Ausbeutung und Unterdrückung und zugleich eine Geschichte der Emanzipation; der „Befreiung aus dem Zustand der Abhängigkeit". Die Dudenübersetzung des lateinischen *emancipatio* führt weiter aus: „Entlassung des Sohnes aus der väterlichen Gewalt oder auch die Freilassung eines Sklaven aus väterlicher Macht". Die auf den ersten Blick antiquiert erscheinende Übersetzung spiegelt die historische Entwicklung patriarchaler Herrschaft bis in die Gegenwart wider; in der seit Jahrhunderten andauernde Emanzipation der Frauen bis zur weltweiten #MeeToo-Bewegung. Die Befreiungsbewegungen der indigenen, versklavten und kolonisierten Völker, die Bürgerrechtsbewegung der Schwarzen und People of Colour, bis zu den internationalen Netzwerken #BlackLivesMatter, stehen ebenfalls in einem langen Zeithorizont. Auch die Wurzeln der Exklusion von Menschen mit Behinderungen gehen historisch weit zurück. Ohne die in den 1950er Jahren in den USA entstandene People First Bewegung, in welcher der Mensch und nicht die Beeinträchtigung im Mittelpunkt steht, wäre die UN-Behindertenrechtskonvention kaum denkbar. Die Geschichte lehrt uns, dass Machtverhältnisse mit Strukturen verwoben sind und mithilfe vielfältiger Formen von Gewalt aufrechterhalten werden. Emanzipation aus dem Zustand der Abhängigkeit ist Befreiung aus eben diesen external und internal wirkenden Strukturen. Dies setzt voraus, die Funktionen von Macht und sie stabilisierenden Strukturen zu erkennen und zu verstehen.

Was ist Macht? Ist die Frage in Teil II. Und: Wie sind die Phänomene der Macht, der Machtlosigkeit bzw. Mindermacht und die der Ermächtigung miteinander verwoben?

Zur Konkretisierung werden Lehrbeispiele gewählt, die das soziale Problem Häusliche Gewalt aus der Perspektive aller Frauen beschreiben. Vertieft wird die Situation der indigenen Frauen in den USA und Kanada sowie der wohnungslosen Frauen in Deutschland. Bei beiden Gruppen wirken vergleichbare Multiproblemlagen aus Armut, Wohnungsnot, posttraumatischen Belastungsstörungen, psychischen Erkrankungen und gesundheitsschädigenden Bewältigungsstrategien. Sie potenzieren ihre Exklusion und Verletzbarkeit exponentiell. Bei Frauen, die in ihren Gesellschaften und Gemeinschaften ganz ‚unten' stehen, überschneiden sich Diskriminierungsformen intersektional. Die Frauen können von Sexismus, Klassismus, Sozialrassismus, Rassismus, Antiziganismus und anderen Ismen bis zu trans*- und queer*-Feindlichkeit betroffen sein. Mehrfachdiskriminierungsverhältnisse machen besonders vulnerabel. Externale und internalisierte Machtblockaden wirken intensiv und schädigend. In solch einer hochgradig ungeschützten Situation ist es sehr schwer, sich zu ermächtigen, öffentlich Gehör zu verschaffen und Hilfeangeboten zu vertrauen. In ihrer Selbstvertretung schwanken wohnungslose Frauen, ähnlich wie die Arbeiterinnen der historischen ersten Frauenbewegung oder die Schwarzen Feministinnen, zwischen ihrem Emanzipationsanspruch als Frau und der Identifikation mit den

Männern ihrer (Armuts-)klasse oder ‚Race'. Ambivalenzkonflikte zeigen sich im Misstrauen gegenüber privilegierteren, ‚weißen' Menschen und einer als Bevormundung erlebten professionellen Hilfe. Die Reaktion der Widerständigkeit (*reactance*) sollte nicht als Zurückweisung interpretiert, sondern als Ausdruck von Widerstandskraft und Würdebehauptung verstanden werden.

Eine der wenigen Empowerment-Studien: „Langzeitwirkungen von Ermächtigungsprozessen ehemals obdach- und wohnungslosen Frauen" (Blank & Huber 2017), weist bemerkenswerte Übereinstimmungen mit den Befunden der Pionierarbeit von Charles Kieffer auf. Seine Forschungsarbeit „Citizen Empowerment: a developmental perspective" (1984), ist für das Verständnis von Ermächtigungsprozessen wegweisend. Bedauerlicherweise gibt es wenig Untersuchungen zu Ermächtigungsprozessen. Wichtige Fragestellungen bleiben offen: Welche Strukturen im Hilfesystem, in der Gesellschaft und auch in den Communities behindern und fördern Ermächtigung? Wie lassen sich internale und externale Machtblockaden transformieren? Wie und womit kann Hilflosigkeit überwunden und Mächtigsein erlernt werden?

In Teil III wird nach der curricularen Verortung von Empowerment im Studienkonzept Soziale Arbeit gefragt und ein Konzept für dessen Weiterentwicklung vorgestellt.

Die Frage nach der Macht, so Silvia Staub-Bernasconi, ist im Empowerment-Diskurs und ebenso innerhalb der Profession zu stellen. Sie ist bestimmt von vielfältigen Machtasymmetrien, beginnend mit der Mikroebene Klient*in und Sozialarbeiter*in und der Abhängigkeit beider von Ressourcen und gesetzlichen Vorgaben. Im sogenannten Doppelmandat manifestieren sich personal und systemisch die Ambivalenz von Hilfe und Kontrolle. Die Durchdringung der Beziehungs- und Systemebene mit Macht muss diskursanalytisch, handlungstheoretisch und methodologisch für das Kerncurriculum ausbuchstabiert werden. Hinter den oft zitierten Dilemmata der Sozialen Arbeit verbirgt sich möglicherweise mehr als nötig eine Machtvergessenheit. Werden die Fragen nach der Macht, der Mindermacht und der Ermächtigung wahrgenommen, genügend gestellt, analysiert, identifiziert und erforscht? Gibt es einen Wissens- und Erfahrungshorizont der Ermächtigung in der Sozialen Arbeit? Dann wäre Empowerment nicht länger ein Schlagwort oder naive Fiktion.

Macht und Ermächtigung gehören zur *conditio humana* wie zwei Seiten einer Medaille. Die mit den Bedingungen des Menschseins verbundenen Bedürfnisse können auf Dauer nicht unterdrückt und die zu ihrer Befriedigung benötigten Ressourcen nicht auf ewig verweigert werden. Das Menschheitsversprechen der Allgemeinen Erklärung der Menschenrechte ist eine Zusage an uns selbst, gerecht und fair handeln zu können. Hoffnung nährt die Kraft zum Handeln und generiert auch unter ungünstigsten Bedingungen Handlungsmacht. Für die jüdische deutsch-US-amerikanische Philosophin Hannah Arendt verwirklicht der Mensch im Handeln die Fähigkeit etwas Neues zu beginnen und einen Prozess in Gang zu setzen, dessen Folgen unabsehbar sind. Darin zeige sich seine „Gebürtlichkeit". Sozialarbeitende, die Profession selbst; wir alle sind in dieser von Geburt an sich entfaltenden Kraft aufgehoben und sollten uns nicht vor Kontrollverlust fürchten. Im Gegenteil. Das notwendigerweise auf reziproke Beziehungen angewiesene Ermächtigungshandeln macht Win-Win-Situationen erwartbar. Die Herstellung von Reziprozität, der Austausch von Geben und Nehmen, ist ein bewährtes und wirkmächtiges Element guten Zusammenlebens. Arendt verortet ihren Machtbegriff im gemeinsamen, kreativen Handeln. Hierin sieht sie die Grundlagen zur Weiterentwicklung des Menschen und der Demokratie. Ein neuer Universalismus projiziert eine Zukunft ohne heuchlerische Kooperationsrhetorik, ohne ökologisch maskierte neokoloniale Strukturen oder Überlegenheitsideologien. In der afrikanischen Philosophie ist es das menschheitsalte *Ubuntu*, das uns Orientierung für die gegenwärtigen und künftigen Herausforderungen geben kann. Aus der Erfahrung und dem Bewusstsein, selbst abhängiger Teil eines Ganzen zu sein, wird die Ethik der Verbundenheit gelebt. In ihr treten die Idee der Freiheit des Individuums und das Wir des Gemeinsinns nicht in Konkurrenz. Der senegalesische Philosoph Souleymane Bachir Diagne (2020) sieht in Ubuntu die Chance, uns einander wechselseitig menschlich zu machen. Wer Ubuntu hat, teilt fair, beutet andere und die Natur nicht aus, hat Mitgefühl, lebt verbunden und hat sich gleichzeitig selbst als Mensch verwirklicht.

Stuttgart, im Dezember 2023
Beate Blank

Dank an

Titus Simon, Dr. Prof. em. stellvertretend für den Kreis der Herausgebenden, und an Frank Engelhardt für den Verlag Beltz Juventa: Für den Langmut und die nie nachlassende Geduld, für die Unterstützung und wertvollen redaktionellen Hinweise.

Kay M. Berkling, (PhD) Prof'in für Angewandte Informatik: Für die Ausgestaltung und Projektleitung des während meiner Zeit als Zentrale Gleichstellungsbeauftragte gemeinsam entwickelten Verbundprojekts „ARRete – Stopp Diskriminierung!"; ein Empowerment-Projekt von und für Studierende der Dualen Hochschule Baden-Württemberg (DHBW).

Martina Wanner, Dr. Prof'in und Leiterin des Studiengangs Soziale Arbeit im Gesundheitswesen: Für die Begleitung des studentischen Forschungsprojekts „Diskriminierungserfahrungen von wohnungslosen Frauen" an der DHBW-VS.

meine Fakultät und die Fachkommission Sozialwesen der DHBW: Für die Aufnahme des in Teil III vorgestellten studiendidaktischen Modells in die Re-Akkreditierung 2018 und den Lehrkanon

meine Studierenden: Für ihre Bereitschaft, Empowerment neu zu denken. Für ihre Forschungen und kritischen Anfragen. Für all das, was sie mich gelehrt haben.

Teil I:
Was ist Empowerment?
Auf der Suche nach dem schwer fassbaren Paradigma

empowerment: in search of the elusive paradigm.
Barbara B. Solomon

Was ist Ermächtigung? Diese Frage ist in die Entwicklungsgeschichte der Menschheit und in die Biografie eines jeden Einzelnen eingeschrieben. Vom ersten bis zum letzten Atemzug geht es um die Fragen nach der Kraft, Stärke und Macht zur Lebensbewältigung und Interessensdurchsetzung in der Interaktion mit den Mitmenschen, den Mitlebewesen, der Umwelt und Natur. Ermächtigung erscheint in der Betrachtung des großen Ganzen als Grundbedingung menschlichen Lebens. Das macht die Antwort auf die Frage, was Ermächtig ist, komplex und scheinbar grenzenlos. Je nach Perspektive sind die Antworten in die philosophischen, soziokulturellen, politischen und sozioökonomischen Wertvorstellungen der jeweiligen Zeit und Epoche eingebettet. Dem entsprechend lässt sich die Begriffsgenese in vielfältigen Definitionen und Bezügen finden. Die damit einhergehenden Widersprüche und theoretischen Unbestimmtheiten machen den Ermächtigungsbegriff zu einem schwer fassbaren Paradigma[10].

Im deutschsprachigen Raum hat sich Empowerment als Anglizismus behaupten können. Seltener wird die Übersetzung „Ermächtigung"[11] genutzt und an die im Wortsinn präsente Macht erinnert. Dafür ist die umgangssprachlich beliebt gewordene Power allgegenwärtig. Sie verweist auf die personalen physischen, psychischen und mentalen Kräfte: Sich auspowern. Der hat Power. Sie ist eine Powerfrau und so weiter. In Alltag hat sich die Redewendung, Ich habe Power! als Selbstvergewisserung der Eigenmacht etabliert. Im Zeitalter von Social Media und Co. steht sie unter dem Druck der Selbstoptimierung im Dienst einer Selbstvermarktungslogik. Die Verdinglichung[12] des Human Kapitals[13] hat zum Aufschwung ei-

10 Paradigma: griech. *Parádeigma*, eine Weltsicht, Weltanschauung, ein Erklärungsmodell.
11 Vgl. Pons Online-Wörterbuch Englisch-Deutsch [Zugriff: 22.04.2023]
12 Verdinglichung: ein Begriff aus der Kapitalismustheorie von Karl Marx. Alles kann in Ware umgewandelt (verdinglicht) werden, auch soziale Beziehungen und personalisierte Daten bspw. aus scheinbar kostenlosen Dienstleistungsangeboten im Internet.
13 Human Kapital: Unwort des Jahres 2004. Die Begründung der unabhängigen Sprach-Jury: Es degradiere Menschen „zu nur noch ökonomisch interessanten Größen". Mehr

nes ökonomisierten Selbstermächtigungsbegriffs (*self-empowerment*) in nahezu allen gesellschaftlichen Kontexten, Schichten und Milieus beigetragen.

Wenig bekannt ist, woher der Begriff Empowerment kommt. Barbara Bryant Solomon, Wissenschaftlerin, Psychologin und Professorin für Soziale Arbeit an der University of Southern California veröffentlicht 1976 ein Buch mit dem Titel: „Black Empowerment: social work in oppressed communities". Solomons Forschungen sind, ausgehend von der Geschichte der Sklaverei in einem machttheoretisch begründeten und rassismuskritischen Ermächtigungsbegriff verortet. Von hier aus entwickelt sie eine Empowerment Theory und ein Empowerment Concept für die Soziale Arbeit. Mit dem Erscheinen des Begriffs Empowerment auf dem Cover ihres Buches beginnt seine weltweite Karriere. Solomons theoretische Fundierung und Auslegung jedoch werden in den USA und Europa kaum wahrgenommen. Das Interesse an der Ermächtigung von Schwarzen Menschen[14] aus benachteiligten Gemeinschaften und Nachbarschaften ist in den westlich und ‚weiß' geprägten Sozialwissenschaften begrenzt. Selbst innerhalb der Sozialen Arbeit ist Solomons Ansatz kaum bekannt. Die Rückbesinnung auf Solomons Grundlagenwerk würde das Image eines zum Schlagwort ausgehöhlten Ideals zurechtrücken.

Im Fokus der Emanzipationsgeschichte von diskriminierten Menschen und Gemeinschaften wird deren Ermächtigung im Eintreten für ihre Menschen- und Bürger*innenrechte konkret. Aktuell werden Machtverhältnisse vermehrt wissenschaftlich und gesellschaftlich diskutiert und Alltagsrassismen (Sow 2008) thematisiert. Die Stimmen der steigenden Zahl an Wissenschaftler*innen und Aktivist*innen aus den Communities der Schwarzen und People of Colour[15] (Chehata et al. 2023 u. a.) lassen sich nicht mehr überhören, so wie dies am Beginn der Empowerment-Bewegung in Deutschland der 1980er Jahre Realität war. ADEFRA – Schwarze Frauen in Deutschland und die Initiative der Schwarzen Menschen in Deutschland haben sich vor etwa fünfunddreißig Jahren gegründet. Der Verein ADEFRA steht für das Empowerment Schwarzer Frauen in Deutschland, für ihre Selbstbestimmung und Selbstorganisation. Als Pionier*innen des deutschsprachigen politischen Empowerments haben sie dazu beigetragen, dass die Themen Rassismus und Sexismus in der Gesellschaft und damit auch in der Sozialen Arbeit angekommen sind.

---

unter: https://www.galileo.tv/life/unwoerter-des-jahres-wie-entstehen-sie-und-wer-legt-sie-fest/ [Zugriff: 22.04.2023]

14 Schwarze Menschen ist eine Selbstbezeichnung und beschreibt eine von Rassismus betroffene gesellschaftliche Position und nicht die Hautfarbe.

15 Ebd.

Kaum jemand kennt die Geschichte der nicht weiß-gelesenen Deutschen. May Ayim, Katharina Oguntoye und Dagmar Schultz haben 1986 das Buch mit dem Titel: „Farbe bekennen“ herausgegeben. Die Autorinnen sprechen über ihr Leben als afro-deutsche Frau. Oguntoye schreibt im Vorwort zur Neuauflage 2006 über die vielfach ausgezeichnete US-amerikanische Schriftstellerin, Aktivistin und Schwarze Feministin Audre Geraldine Lorde:

> „Audre Lorde hat uns nicht nur zu dieser Arbeit ermutigt, sondern auch in den Jahren danach bis zu ihrem viel zu frühen Tod im Jahr 1992 empathisch begleitet. Es ist ein glücklicher Umstand für uns, die Schwarze Community in Deutschland, dass ihr weltweites Engagement in der Frauenbewegung sie auch an diesen Ort führte. Einmal stieß sie mit ihrer Anregung zu *Farbe bekennen* die Schwarze Bewegung in Deutschland mit an und auf der anderen Seite setzte sie den Diskurs über Rassismus in der deutschen weißen Frauenbewegung mit in Gang und brachte ihn voran.“

Am Beginn des 21. Jahrhunderts bestimmen sie als Autor*innen, Künstler*innen, Empowerment-Trainer*innen, Menschenrechtsaktivist*innen und Wissenschaftler*innen die gesellschaftlichen Diskurse mit. Ihre Perspektive auf Rassismus, auf Antisemitismus und antimuslimischen Rassismus, Sexismus und Feminismus, Diversity und die intersektionale[16] Verwobenheit sozialer Ungleichheitsdimensionen, ihr Blick auf den politisch und sozial konstruierten „Rasse“[17]-Begriff und das koloniale Erbe Deutschlands, machen das Ermächtigungsparadigma für die Gesellschaft und Wissenschaft produktiv.

---

16 Intersektionalität: Den Begriff hat die Juristin, Bürgerrechtlerin und Feministin Kimberlé Crenshaw in den wissenschaftlichen Diskurs zur Beschreibung der Überschneidung von mehreren sozialen Ungleichheitsdimensionen eingebracht. Mehr in Teil II, 5.5 und 5.9

17 Die Begriffe „Rasse“ und „Race“ haben vor dem Hintergrund der nationalsozialistischen Ideologie und der Bürgerrechtsbewegung der Schwarzen US-Amerikaner*innen eine je andere Geschichte und Bedeutung; sie können daher nicht synonym genutzt werden. Beide Begriffe werden im Text in Anführungsstriche gesetzt oder mit „rassifizierten Personen“ ersetzt. Rassifiziert beschreibt einen Prozess, in dem rassistische Sprache und Ideologie sowie die Struktur hergestellt wird, in der Rassismus tradiert werden kann.

1. Menschenrechtliches Empowerment

Your silence will not protect you. [18]
Audre G. Lorde

Empowerment als Theorie und wissenschaftliche Disziplin ist kaum bekannt und wenig anerkannt. Eher ist die Rede von einer Haltung oder Methode. Mit deren Anwendung sollen die Adressat*innen zur Hilfe zur Selbsthilfe befähigt werden. Im Wesentlichen wird Ermächtigung gleichgesetzt mit der Förderung von Ressourcen im biographischen Lebensverlauf zur Stärkung der Eigenkräfte. Die Interdependenz von Ressourcenförderung und Empowerment (Blank 2012) ist evident. Die Methodenvielfalt der Sozialen Arbeit, Sozialpädagogik und Psychologie ist für systemisches Handeln, Resilienz und Diversität fördernde professionelle Interventionen unverzichtbar. Methodisches Können gehört mit einer sich zurücknehmenden und wertschätzenden Haltung zum Repertoire des Ermöglichens von Empowerment. Aber, kann Ressourcenförderung mit Ermächtigung gleichgesetzt werden? Sind die Methoden zur Stärkung der Menschenkräfte nicht vielmehr Puzzleteile eines komplexen Prozesses der Machtbildung? Können sie ein kohärentes Ermächtigungsgeschehen abbilden, wenn die Teile der Macht und Ermächtigung fehlen? Der als Empowerment missverstandene Befähigungsansatz klärt kaum über Macht auf, noch erklärt er die Machtasymmetrien in der Gesellschaft und im Hilfesystem. Im Professionsverständnis und in der Breite der Arbeitsfelder findet der dem Ermächtigungskonzept inhärente Machtbegriff, in dem Sexismus, Rassismus, Antisemitismus, Klassismus, Ableismus und andere -ismen wissenschaftlich verortet sind, vergleichsweise wenig Raum und Resonanz. Das daran anschlussfähige Ermächtigungswissen kann somit nicht für die Sozialer Arbeit produktiv werden.

Die Machtvergessenheit der Sozialen Arbeit scheint allgegenwärtig zu sein. Dies zeigt sich in einem Ausblenden der Machtverhältnisse in den Strukturen des Hilfesystems und seinen Subsystemen, den sozialen Einrichtungen. Macht im Kontext des Sozialen wird häufig negativ bewertet und mit Machtmissbrauch gleichgesetzt (Stiels-Glenn 1996: 16). Gerne wird die Illusion einer uneigennützigen Hilfe und von herrschaftsfreien Dialogen geteilt, so Michael Stiels-Glenn. Im Konfliktfall bleibt als Ausweg die Flucht in die Ohnmacht der Profession. Die professionstheoretische Diskursanalyse verhandelt den Gegenstand Macht mit

18 Zitat „The Transformation of Silence into Language and Action". In: Sister Outsider.

der gebotenen Abstraktion weit weg vom Alltag der Sozialarbeitenden (vgl. Kraus & Krieger 2016). Nichtsdestotrotz sind sie als Handelnde ständig mit Fragen nach dem Austausch, der Instrumentalisierung und dem Strukturieren von Macht konfrontiert. Beispielsweise in den Spannungsverhältnissen des professionellen Arbeitens zwischen Hilfe und Kontrolle oder des Förderns und Forderns. In diesem Sinne versteht Schlüter (1995: 115) Macht in helfenden Berufen als Realisationsvermögen. Die Überwindung einer fatalistischen Haltung von Ohnmacht wäre demnach ein folgerichtiger nächster Schritt der Machtverwirklichung Sozialer Arbeit. Stattdessen wird der Blick weg von der eigenen Position auf das Klientel gerichtet und der Ermächtigungsbegriff individualisierend verkürzt. Die Förder-, Hilfe- und Teilhabeplanung haben die marktverwertbaren und sozial erwünschten Fähigkeiten der Klient*innen im Fokus. Strukturen und Beziehungen innerhalb des Hilfesystems hingegen werden weniger selbstverständlich analysiert, obgleich allseits bekannt ist, dass sie die Entwicklungschancen der Hilfebeziehenden sowohl negativ als auch positiv beeinflussen.

Unabhängig vom Diskurs innerhalb der Sozialen Arbeit und ihrem Verhältnis zu Empowerment hat sich in den Communities der Schwarzen und People of Colour, der People-First-Bewegung und der Psychiatrie Erfahrenen eine Graswurzelbewegung entwickelt. Im Zuge dessen haben sich Verständnis, Strategien und Methoden der Ermächtigung mit eigenen Zugängen etabliert. Empowerment-Trainings zum Beispiel vermitteln einen ganzheitlichen Ansatz von Körper und Geist in Bewegung. Sie bieten einen *Safe Space*[19], in dem Diskriminierungs- und Exklusionserfahrungen auf kreative Art und Weise zur Sprache gebracht, gehört, gesehen, gefühlt und geteilt werden können. Solch einen Raum schafft die Trainerin* für Empowerment gegen Rassismus, Lecture Performerin*, Somatic Empowerment Coach und Autorin* Pasquale Virginie Rotter. „Eine holistische Perspektive auf Körper und Intellekt in intersektionalen Machtverhältnissen ist charakteristisch für ihre* Arbeit."[20]

1.1 Empowerment-Programmatik der Vereinten Nationen

Ungeachtet des Verhältnisses der Sozialen Arbeit zum Empowerment-Begriff hat er in die Politiken und Praktiken der internationalen Entwicklungszusammenarbeit und der Organisationen der Vereinten Nationen Eingang gefunden. Programmatisch und strategisch unter anderem in die Policies der Weltgesundheitsorganisation (WHO), der UN-Behindertenrechtskonvention (UN-BRK) und der UN-Women. Die breite Aufnahme in die Vereinten Nationen und ihre

19 Vgl. Teil I, 1.5
20 Quelle: https://ballhausnaunynstrasse.de/person/pasquale_virginie_rotter/ [Zugriff: 28.07.2023]

Unterorganisationen hat zum globalen Aufstieg des Ermächtigungsparadigmas beigetragen. Dabei handelt es sich keineswegs um geduldiges Papier, sondern um eine Erfolgsgeschichte. Die UN-Women haben Female Empowerment Programme und Women Empowerment Principles[21] (WEPs) entwickelt. Unternehmen und Organisationen verpflichten sich zur Verwirklichung der Gleichstellung der Geschlechter am Arbeitsplatz, in der Wirtschaft und in den Gemeinwesen. Die Programme der UN-Organisationen werden in kontinentale und nationale Strukturen übertragen. Das Spektrum ist breit und adressiert alle Lebensbereiche. Die Gesunde Stadt[22] und Soziale Stadt[23] oder das Gender-Mainstreaming[24], um nur einige Beispiele zu nennen, umspannen als Top-down Strategie die internationalen, europäischen und nationalen Politiken bis hin zu den Nachbarschaften in den Kommunen und Landkreisen. An die sozialraumorientierten Zugänge kann sich die Inklusions- und Teilhabeprogrammatik der UN-BRK, unterstützt durch den Nationalen Aktionsplan, gewissermaßen barrierefrei anschließen. Dies trifft ebenso für die Partizipations- und Integrationsgesetze der Länder[25] zu.

Die UN-Programme adressieren im Kern ein menschenrechtliches Empowerment. Ohne die Stimme der Menschenrechtsaktivist*innen, die häufig selbst von Menschenrechtsverletzungen betroffen und Expert*innen aus Erfahrung sind, wäre diese ermutigende Entwicklung kaum möglich geworden. Ein Beispiel ist Nadia Murad, die erste „Sonderbotschafterin für die Würde der Überlebenden von Menschenhandel“ und des von der Terrormiliz Islamischer Staat (IS) verübten Genozids an den Jesidinnen. Den Frauen und Mädchen ihrer Gemeinschaft hat sie ihr Buch mit dem Titel: „Ich bin eure Stimme. Das Mädchen, das dem Islamischen Staat entkam und gegen Gewalt und Versklavung kämpft“, gewidmet. Seit dem Ende ihrer Gefangenschaft und Flucht nach Deutschland setzt sich die für ihren Mut ausgezeichnete Friedensnobelpreisträgerin für die internationale Strafverfolgung der IS-Verbrechen ein. Sie und Lamija Adschi Baschar, ebenfalls eine für ihr mutiges Engagement gewürdigte Menschenrechtsaktivistin, haben mit anderen Überlebenden als Zeuginnen vor dem Internationalen Gerichtshof in Den Haag ausgesagt und die Kraft aufgebracht, über ihr Martyrium zu sprechen. Mit ihrer Stimme und Sichtbarkeit wollen sie die Öffentlichkeit über die an ihnen

---

21 Vgl. https://unwomen.de/womens-empowerment-principles/ [Zugriff: 28. 07 2023]

22 Vgl. http://www.gesunde-staedte-netzwerk.de/ [Zugriff: 28. 07 2023].

23 Die Städtebauförderung wurde 1999 ergänzt durch das Programm „Stadtteile mit besonderem Entwicklungsbedarf – Die Soziale Stadt“; seit 2014 „Soziale Stadt – Investitionen im Quartier“, kurz: „Die Soziale Stadt.“ https://www.staedtebaufoerderung.info/DE/ProgrammeVor2020/SozialeStadt/sozialestadt_node.html [Zugriff: 28. 07 2023]

24 Gender-Mainstreaming: Eine Strategie zur Gleichstellung der Geschlechter in allen Lebensbereichen. Regierungen, Kommunen, Verwaltungen, die Unternehmen oder Hochschulen verpflichten sich, bei allen Entscheidungen die Auswirkungen auf Frauen und Männer in den Blick zu nehmen. Bspw. wieviel Geld bzw. Ressourcen für Frauen und Männer ausgegeben werden (Gender Budgeting) und wie das Geschlechterverhältnis in Führungspositionen ist.

25 In Baden-Württemberg seit 2015 in Kraft.

begangenen Menschenrechtsverletzungen und den Einsatz von sexualisierter Gewalt als Kriegswaffe aufrütteln. Gemeinsam setzen sie sich für die Befreiung der etwa dreitausend jesidischen Frauen ein, die sich noch immer in der Gewalt des IS befinden.

Emanzipationsbewegungen erschaffen selbst unter unmenschlichen Bedingungen, trotz sozialer Ausgrenzung und politischer Unterdrückung, neue Denk- und Handlungsräume. Menschen befreien sich aus Abhängigkeits-, Ausbeutungs- und Gewaltverhältnissen. Frauen und Mädchen fordern seit Jahrhunderten ihre Menschenrechte ein. Sie finden in den UN-Women eine Lobby und im UN-Generalsekretär António Guterres einen Fürsprecher. In seiner Botschaft zum Weltfrauentag 2022 beklagt er den weltweiten Rückgang der Frauenrechte.

> „Die Ungleichheit zwischen den Geschlechtern ist im Wesentlichen eine Machtfrage in einer männlich dominierten Welt und Kultur. [...] Wenn das Jahrhunderte währende Patriarchat überwunden werden soll, muss die Macht in allen Institutionen und auf allen Ebenen gerecht verteilt sein". [...] „Wir können uns ein Beispiel an Frauen und Mädchen nehmen, die in allen Bereichen und in jedem Winkel der Erde auf eine nachhaltige Entwicklung drängen. Investiert die Welt in vermehrte Chancen für Frauen und Mädchen, gewinnt die gesamte Menschheit."[26]

Auf der Suche nach dem schwer fassbaren Empowerment-Paradigma können wir vom Ermächtigungswissen der Menschenrechtsaktivist*innen lernen. Von ihrem Wissen profitieren wir alle. In Anlehnung an Michel Foucault ist der Empowerment-Wissens-Komplex in seiner Struktur- und Diskursabhängigkeit ein sozialer und politischer Konstruktionsprozess. Dies gilt es im Prozess der Vermittlung und Aufklärung zu berücksichtigen. Mit einem kritischen Blick auf die Phänomene der Ermächtigung können Erkenntnisse gewonnen werden, wie sich Machtprobleme, die sich global in Kriegen und ökologischen Katastrophen manifestieren, durch die Macht der Mutigen und Zusammenschlüsse der Vielen artikulieren. In Anerkennung des alltäglichen Kampfs um Ressourcen und Anerkennung (Honneth 1992) können wir in Ermächtigungsprozessen gemeinsam Gegenwart leben und Zukunft gestalten.

> „In Empowerment-Prozessen werden Brücken überschritten: von der Resignation zum Selbstvertrauen in die Steuerungsfähigkeit (persönliche, kognitive Veränderung), vom Alleinsein zum Zusammenschluss mit anderen (soziale Veränderung) und vom Schweigen zur Interessensartikulation (politische Veränderung)."[27]

---

26 International Women's Day 2022 (8 March) – UN-Chief message / United Nations: https://www.youtube.com/watch?v=O3mhYlYONWc [Zugriff: 28.07.23]

27 Vgl. Schaurhofer & Peschl 2003; In: Blank 2012, S. 7.

Das Ermächtigungswissen der Frauenbewegungen des Globalen Südens und Nordens, der Schwarzen* und People of Colour*, der LSBTIQ+[28]Community, des Netzwerks Mensch zuerst – People First Deutschland[29], der Selbstvertretungen Psychiatrie-Erfahrener Menschen[30], der Behindertenbewegung (vgl. Köbsell 2012) und anderer, ist in die sozialwissenschaftliche Theoriebildung eingegangen und politisch wirksam geworden. Sie bringen ihr Wissen in die Lobbyarbeit der Communities ein. Als Menschenrechtsaktivist*innen und Wissenschaftler*innen beeinflussen sie die aktuellen postkolonialen und machtkritischen Diskurse um die Dominanzkultur (vgl. Attia, Köbsell, Prasad 2015), die rassistischen Konstruktionen ‚weißer' Vorherrschaft und Privilegien (vgl. Marmer 2018, Eggers et al. 2005, Morrison 1994, Fanon 1980). Ihr Wissen geht in aufstrebende Disziplinen wie die Intersectionality-, Diversity- oder Empowerment Studies ein und beeinflusst die Entwicklung von interdisziplinären Studiengängen.

1.2 „Alle Menschen sind frei und gleich an Würde und Rechten geboren."

Die UN-Programmatiken, etwa der Gleichstellung und Inklusion, sind ohne ein theoretisches und praktisches Verständnis von Ermächtigung nicht vorstellbar. Daraus folgt ein unmittelbarer Auftrag, in Bezug zu diesen Themen den Ermächtigungsbegriff handlungstheoretisch, methodologisch, konzeptionell und strategisch einzulösen. In einem schlüssigen Ineinandergreifen der psychologisch-individuellen und systemisch-politischen Dimensionen werden Ermächtigungsprozesse internal und external wirksam. Die Mehrebenarbeit setzt eine partizipative und methodische Planung voraus. Damit können die Selbstwirksamkeits- und Ermächtigungserwartungen der beteiligten Menschen umgesetzt werden.

Solomon definiert gesellschaftliche Macht und die Überwindung der Machtlosigkeit von diskriminierten Personen und Gruppen sowie die Überwindung von stigmatisierten Wertungen als zentrale Indikatoren für ein Ermächtigungskonzept Sozialer Arbeit. Sie hat die Menschen vor Augen, die lediglich Zugang zu einem unzureichend finanzierten öffentlichen Bildungs- und Gesundheitssystem haben, mit schlecht bezahlten Jobs ihre Familien ernähren müssen und deren Leben seit der Verschleppung ihrer Vorfahren auf den amerikanischen Kontinent von systemischem Rassismus geprägt ist.

---

28 LSBTIQ+: Lesbisch, Schwul, Bisexuell, Transsexuell/Transgender, Intersexuell, Queer, plus andere.
29 Vgl. https://www.menschzuerst.de/ [Zugriff: 28.07.2023]
30 https://bpe-online.de/ [Zugriff: 28. 07 2023]

In der US-amerikanischen Gesellschaft, so Solomon, ist vielleicht die häufigste Assoziation von Macht eine religiös aufgeladene Herrlichkeit:

> „Die Verbindung von Macht und Herrlichkeit hat religiöse Konnotationen („... denn Dein ist das Reich und die Kraft und die Herrlichkeit, Amen!"). Sie wird jedoch auch mit Krieg, Politik und internationalen Ölkartellen in Verbindung gebracht, die in der Tat eine Art Religion sein können. Auf jeden Fall bringt Macht Ruhm hervor, und Ruhm ist gleichbedeutend mit Ehre, Berühmtheit, Stolz und der Anbetung des Himmels. Diese positive Bewertung derjenigen, die Macht haben, ist das genaue Gegenteil der negativen Bewertung der Machtlosen, insbesondere derjenigen, die zu rassifizierten Minderheiten gehören. Das Kapitel, das den ersten Teil dieses Buches [Black Empowerment 1976, Anm. d. V.] bildet, untersucht das Konzept der Macht als eine Abstraktion, die für alle unterdrückten Menschen von Bedeutung ist, sowie das Konzept der Machtlosigkeit, wie es sich auf Menschen in Schwarzen Gemeinschaften bezieht. Schließlich wird Empowerment als Hauptziel und Prozess bei der Umsetzung der Praxis der Sozialarbeit in Schwarzen Gemeinschaften vorgeschlagen." (Solomon 1976: 9, Übers. d. V.)

Etwa zweihundert Jahre vor Solomons Veröffentlichung ist 1787 mit der Einsetzung der Verfassung der Vereinigten Staaten von Amerika die Sklaverei offiziell abgeschafft worden. „Das Volk ist von der Absicht geleitet", so steht es in der Präambel, „für sich selbst und ihre Nachkommen Gerechtigkeit, Glück und Freiheit verwirklichen zu wollen." Fast zeitgleich ruft im alten Europa die neue Französische Republik Freiheit, Gleichheit, Brüderlichkeit aus. Die Absichtserklärungen der sich entwickelnden westlichen Demokratien sind ein Versprechen, das nicht für alle gleich gemeint war und ist. Die Mündigkeit und damit das volle Menschsein wird Frauen und Sklaven noch lange Zeit abgesprochen. Gerechtfertigt wird dies bis ins 20. Jahrhundert mit pseudowissenschaftlichen Begründungen, Frauenfeindlichkeit und Rassifizierungen (vgl. Ayim et al. 1986). Die Ausbeutung von gering entlohnten Arbeitskräften, der (Ehe)-frauen als Hausfrauen (vgl. Rulffes 2021) und der Ressourcen des Planeten Erde, hat die Macht der überwiegend als weiß-gelesenen männlichen Eliten immer wieder aufs Neue stabilisiert. Reichtum und Privilegien konnten und können sich diejenigen sichern, die an der Spitze der Pyramide der männlichen Herrschaft stehen (vgl. Connell 2005, Bourdieu 1997, Theweleit 1979). Alle anderen müssen sich ihr unterordnen und genießen ihrer Stellung entsprechend weniger Rechte und Vorteile. Die Staatenlosen, Arbeitsmigrant*innen oder Zwangsprostituierte und auch unsere Mitlebewesen im Ökosystem Erde haben keinen oder nur einen unzureichenden Rechtsstatus, geschweige denn Privilegien. Nach wie vor rechtfertigen Kapitalismus, Sexismus,

Rassismus und Anthropozentrismus[31] die Strukturen der Ungleichheit und Ausbeutung.

Mit der Philosophie der europäischen Aufklärung wird das Versprechen auf Freiheit und Selbstbestimmung für alle Menschen verbunden. Die Begabung des Menschen zur Freiheit des Willens zur Vernunft befähige ihn, seine Unmündigkeit und Unfreiheit zu überwinden. Daraus erwachse ihm die Verpflichtung, sich seines Verstandes zu bedienen und sich selbst aus der selbstgewählten Unmündigkeit zu befreien. Wenn er niedrige Instinkte wie Gier, Neid oder Eifersucht überwindet, wird er fähig aus „Pflicht“, das heißt, ohne Eigennutz zu handeln. Es kommt ihm nicht nur die Aufgabe zu, ein Handeln aus anderen Motiven zu vermeiden. Die Anstrengung das eigene Ego zu überwinden, wird belohnt: mit Frieden. Sowohl mit sich selbst als auch mit den Mitmenschen. Gleichzeitig führt der unbestritten große Vordenker des modernen Begriffs der Menschenwürde und des zeitlosen „ewigen Frieden“ in seinen Schriften aus, weshalb die volle Mündigkeit und Freiheit nicht für das weibliche Geschlecht gelten könne. Die Misogynie[32] ist entgegen jeder Vernunft in der Philosophie der Aufklärung fest verwurzelt. Kant rechtfertigt in seiner „Rede vom schwachen Geschlecht“ die Vormundschaft des Patriarchen, des Vaters, Ehemannes oder eines anderen männlichen Stellvertreters über die Frau (vgl. Kant 2000: 229). Als Kind seiner Zeit, wie entschuldigend gesagt wird, sind Kants Überzeugungen ein Beispiel für die Wirkmächtigkeit von Gender Bias[33] einerseits, aber auch der Verteidigung von Privilegien des europäischen ‚weißen‘ Mannes andererseits. In seinen Abhandlungen (1785, 1788) äußert er sich – entgegen seiner Pflichtenethik – nicht nur sexistisch, sondern auch rassistisch und antisemitisch.[34]

Mit dem Eintritt in die Moderne ist nicht mehr ein Gott, sondern der Mensch (gleichgesetzt mit Mann) für sich und sein Schicksal verantwortlich. Ihm werden nun individuelle Eigenschaften, Interessen und Besonderheiten zugeschrieben oder er kann solche für sich in Anspruch nehmen. Damit wird die Abgrenzung von der Familie, der Gemeinschaft, aus der er stammt, und eine individuelle Identität möglich. Ein Ich-Bewusstsein verhilft ihm zu Eigenmacht und Selbstbestimmung. Das Individuum wird gleichsam aus sich selbst heraus erschaffen und zum Träger von Rechten: zum Rechtsubjekt. Ein großer Schritt zur Absicherung seiner Selbstverwirklichung. Dafür werden soziale Beziehungen und Ressourcen in viel-

---

31 Anthropozentrismus: griech. *anthropos*, der Mensch und lat. *centrum*. Der Mensch sieht sich selbst im Mittelpunkt der Welt und als Krone der Schöpfung. Gestützt wird die anthropozentrische Weltsicht aus religiösen Überzeugungen und philosophisch-ethischen Grundsätzen.

32 Misogynie: griech. *misos*, Hass und *gyne* Frau. Frauenverachtung ist tief in der Geschichte des Patriachats (wörtl. Herrschaft der Väter) verankert und eine auf das weibliche Geschlecht gerichtete Menschenfeindlichkeit.

33 Vgl. Wissensbaustein Teil II, 6.

34 Vgl. Lieder, M. in: Philosophie Magazin. Heft Nr. 1/2021. https://www.philomag.de/artikel/kant-und-der-rassismus-0 [Zugriff: 17.04.2023]

fältiger Art und Weise benötigt. Im Verständnis eines Gleichgewichts von Geben und Nehmen umfasst die Afrikanische Charta der Menschenrechte und Rechte der Völker (Banjul-Charta)[35] nicht nur die Rechte des Individuums, sondern auch seine Pflichten gegenüber der familiären, gesellschaftlichen und internationalen Gemeinschaft. Im afrikanischen Denken ist der Mensch eine Kraft für den Menschen. Das Individuum wird erst dann zur unverwechselbaren Person, indem die Gemeinschaft ihm Rechte zuschreibt.

In der Ambivalenz von Selbstbestimmung und Mitverantwortung ist das Ermächtigungsparadigma angelegt. Das Heraustreten aus dem Kollektiv, das Sich-selbst-Definieren als einzigartige Person, war und ist eine große individuelle Leistung. Jeden Tag müssen wir uns selbst vergewissern, unseren Willen zur Vernunft prüfen, uns in scheinbarer Freiheit entscheiden und dafür Verantwortung übernehmen. Das betrifft alle, mit denen und von denen wir leben. Dies sind allesamt klassische Themen der personalen Ermächtigung. Gleichzeitig sind es Ansprüche, die uns und unsere Möglichkeiten überfordern können. Es gehört zu den Aufgaben der Sozialen Arbeit das zur Freiheit ebenso begabte wie genötigte Subjekt mit adäquaten Angeboten zur Lebensbewältigung zu unterstützen, die der Sozialstaat garantiert und bereithält. Dies schließt den Schutz vor einem von Dritten verordneten Ermächtigungszwang genauso mit ein wie die Förderung des subjektiven Ermächtigungswillens. Letzteres sei nicht möglich, sagen die Kritiker*innen.[36] Denn die Befürworter*innen machten ihrer Klientel uneinlösbare Hoffnungen und versprächen Macht, ohne über die Dilemmata und die Ursachen ihrer Machtlosigkeit aufzuklären.

Ermächtigungsprozesse bewegen sich zwangsläufig in Spannungsverhältnissen. Es sind immer politische, soziale und personale Aushandlungsprozesse von Bedürfnissen, Ressourcen, Interessen und Macht. Dabei können Sozialarbeitende unterstützend handeln, sofern sie sich ihrer eigenen Verstricktheit in Machtverhältnisse bewusst sind und die Bereitschaft haben, sich trotz Widerstände für Ermächtigung, ihren Professionsauftrag, stark zu machen. Eine von Sozialarbeitenden geförderte breite Beteiligung, beispielsweise in den Nachbarschaften, Städten und Gemeinden kann Austausch- und Ermöglichungsräume für alle schaffen. Fragil wird eine von Kompromissen lebendes demokratisches Zusammenleben dann, wenn kein Interessensausgleich (mehr) gefunden werden kann.

Soziale Bewegungen, die das Eintreten für die Menschenrechte eint, haben die Kraft demokratische Strukturen zu stärken und Autokratien zu destabilisieren. Letztere können sie jedoch nicht zu Fall bringen, solange die Machthabenden die

35 https://www.bmz.de/de/service/lexikon/afrikanische-charta-der-menschenrechte-banjul-60240 [Zugriff: 17.11.2023]

36 Vgl. Teil I, 6

Loyalität einer ausgewählten Gruppe mit Privilegien erkaufen, durch Korruption das System stützen und mit massiver Gewalt die Mehrheit unterdrücken können. Ein aktuelles Beispiel ist die Situation der mit dem Sacharow Preis 2023 ausgezeichneten Freiheitsbewegung „Frau-Leben-Freiheit!“ im Iran.

Die Freiheit des Menschen schließt die Freiheit des Willens zur Macht ein. Auch dann, wenn er gegen jede Humanität und Vernunft seine Macht missbraucht. Das Wissen um diese potentielle Gefahr, stärkt das Bedürfnis nach Sicherheit und Integrität. Mit der Erfahrung von massenhaftem, monströsem Machtmissbrauch ist nach dem Ende des Zweiten Weltkriegs die Einsicht gewachsen, dass es zur Wahrung von Humanität Vereinbarungen zur Machtbegrenzung braucht: Gewaltenteilung, Meinungsfreiheit, Rechtsstaatsgarantien, Menschenwürde, Demokratie, Völkerrecht und Völkerverständigung. Nach den Verheerungen des von Nazi-Deutschland gewollten Kriegs, der industriellen Ermordung von sechs Millionen[37] deutschen und europäischen Juden und fünfhunderttausend Sinti* und Roma*[38], mit insgesamt schätzungsweise mehr als siebzig Millionen Toten, hat sich die Weltgemeinschaft auf universelle ethische Werte verständigt und daraus Hoffnung für einen Neuanfang geschöpft. 1948 haben die Vereinten Nationen die Allgemeine Erklärung der Menschenrechte verabschiedet. In Artikel 1 heißt es:

> „Alle Menschen sind frei und gleich an Würde und Rechten geboren. Sie sind mit Vernunft und Gewissen begabt und sollen einander im Geiste der Brüderlichkeit begegnen.“[39]

Das Menschheitsversprechen lässt sich in Zeiten des überall auf der Welt verfügbaren Internets nicht mehr territorial begrenzen. Längst haben sich die Verheißungen von Rechtsstaatlichkeit und Sicherheit, Menschenwürde und eine glückliche Zukunft für die Kinder bis in die letzten Winkel der Erde herumgesprochen. Mit welcher Begründung sollten die Versprechen der Menschenrechte nicht für alle Erdenbürger*innen gelten? (vgl. Benhabib 2008)

37 Die Zahlen sind durch nationale amtliche Bevölkerungsstatistiken vor dem Zweiten Weltkrieg sowie durch die NS-Bürokratie belegt und 1991 durch das Forschungsprojekt unter der Leitung des Historikers Wolfgang Benz als Mindestzahl (ohne Dunkelziffer) bestätigt worden.

38 Die Zahl der NS-Opfer unter den Sinti und Roma ist bis heute nicht verlässlich erforscht und festgestellt worden. https://www.romarchive.eu/de/voices-of-the-victims/the-number-of-victims/ [Zugriff: 22.04.2023]

39 Allgemeine Erklärung der Menschenrechte: https://www.un.org/depts/german/menschenrechte/aemr.pdf [Zugriff: 22.04.2023]

1.3 Eigenmacht und die Kraft des ‚Wir'

Hoffnung, Selbstachtung, Selbstwertgefühl und Selbstbewusstsein sind in der Psychologie und im Ermächtigungsdiskurs Schlüsselbegriffe. Sie haben ohne Frage nicht die Kapazität, Macht- und Herrschaftsverhältnisse zu erschüttern, können aber den Zugang zu Ermächtigungsprozessen öffnen. Die Idee, dass Ermächtigung aus sich selbst heraus entstehen und sich zu einer inneren wie äußeren Befreiungsbewegung entwickeln kann, spricht die subjektiv erlebte psychologische Dynamik an. Biografien, die von Hoffnung, Mut und Zusammenhalt, von Abhängigkeiten und Unterdrückung, vom Scheitern, Leid und Wiederaufstehen berichten, sind Teil der individuellen und kollektiven Erzählungen der Menschheitsgeschichte. Was Wunder, dass die ganze Welt an einem mit Verheißungen aufgeladenen Ermächtigungsnarrativ teilhaben möchte. Erzählungen von Held*innen sind durch mündliche Überlieferungen, Symbole, Künste, spirituelle Traditionen und Archive ins Gedächtnis der Menschheit eingeschrieben. Sie inspirieren und ermutigen das Unmögliche zu wagen. Das Story Telling[40] (Hyatt 2007) bezieht hieraus seine universelle Bedeutung und Kraft.

Das Urbild des Helden* ist in das von dem Schweizer Psychiater Carl G. Jung entwickelte Konzept des Archetyps eingegangen. Es sind psychologische Muster, die durch sozialpsychologische Lernprozesse über Generationen und Kulturen hinweg dieselben Assoziationen, Gefühle und Denkweisen auslösen und daher als universal gelten können. Veränderungserfahrungen und Umwälzungen können neue Bilder hervorbringen oder die seit Jahrhunderten überlieferten Symbole modifizieren. So ist es einer Frauengruppe passiert, die sich in einer Selbsthilfeorganisation für obdachlose Frauen zusammengefunden hatte. Aus einem einfachen Malspiel, mit dessen Spielregeln keinerlei Absicht verbunden werden konnte, ist auf einem riesigen Papier das Bild einer Meerjungfrau erkennbar geworden[41]. Völlig unerwartet ist sie aus dem Unbewussten der Gruppe aufgetaucht. Mit ihrem großen Flügel, dem Auge der Erkenntnis und der Doppelaxt sieht sie deutlich anders aus als die traurige, an den Füßen blutende Kleine Seejungfrau, die wir aus Andersens Märchen kennen. Unsere Geflügelte Meerjungfrau lacht verschmitzt, ist weise und wehrhaft. Eine probate Identifikationsfigur für uns und das unmöglich Erscheinende (Blank 1990, 2012, 2017, 2020).

Die Frauen und Mädchen hatten öffentlich über sexualisierte Gewalt in ihren Familien und den Kinder- und Jugendheimen gesprochen. In der Bundesrepublik der frühen 1980er Jahre war dieses Tabu unaussprechbar und eines der bestge-

---

40 Story Telling ist in den USA eine eigene Kunstform, wissenschaftliche Disziplin, Studienrichtung und Beruf.

41 Die Methode ist als Lehrbeispiel beschrieben in: Blank 2012, S. 126–134 und Blank 2020, S. 38-48; die Entstehungsgeschichte der „geflügelten Meerjungfrau" und ihr Archetyp in: Blank 1990.

hüteten Geheimnisse. Als im Stadtgarten eine obdachlose Frau vergewaltigt und ermordet worden war, forderten sie in ihrer Selbsthilfezeitung[42] mit dem Aufruf „Frauenrechte sind Menschenrechte!" den Schutz und die Würde aller Frauen. Die Stadtverwaltung und der Gemeinderat sind auf unsere Forderungen eingegangen. Stuttgart ist die erste Großstadt, die seitdem allen Frauen in Wohnungsnot einen Hotelplatz zur Verfügung stellt, wenn sie ihnen und ihren Kindern keinen anderen, sicheren Wohnraum anbieten kann. Das Beispiel veranschaulicht die Wirkmächtigkeit eines interdependenten personalen, sozialen, menschenrechtlichen und politischen Ermächtigungsprozesses: eine Heldinnenreise von marginalisierten und bis dahin unsichtbare Frauen.

Wir alle kennen Erzählungen von Held*innen. Die meisten werden sich selbst nicht so bezeichnen wollen, weil sie ihr Handeln als selbstverständlich erachten. Wer zum Vorbild wird oder nicht, hängt oft davon ab, ob sich eine breite Öffentlichkeit für sie interessiert. Forschungen tragen wesentlich dazu bei, dass Lebenswerke bekannt werden und Anerkennung zu Lebzeiten oder postum gewonnen werden kann. Ein solches Beispiel ist Olympe de Gouges (1748–1793). Es dauert fast zweihundert Jahre, bis die französische Revolutionärin und Frauenrechtlerin durch die Frauenforschung bekannt wird. 1791 verfasst de Gouges die erste uns bekannte Erklärung der Rechte der Frau und Bürgerin. Die Deklaration war ihre Reaktion auf den bevorstehenden Ausschluss der Frauen aus den Bürgerrechten der ersten Französischen Republik. Denn in der ersten verfassungsgebenden Nationalversammlung Frankreichs standen ausschließlich die Rechte der Männer auf der Tagesordnung zur Abstimmung an. In ihrer „Déclaration des droits de la Femme et de la Citoyenne"[43] fordert sie in XVII-Artikeln die völlige politische, rechtliche und soziale Gleichstellung der Frauen. 1793 wird de Gouges zum Tode verurteilt und auf der Guillotine hingerichtet.

Wenig bekannt ist auch Sojourner Truth (1797–1883). Sie ist eine der ersten Schwarzen Menschenrechtsaktivistinnen. Als Sklavin geboren, adressiert sie die doppelte Diskriminierung aufgrund ihres Geschlechts und ihrer Hautfarbe. Sie wird zur Streiterin für die Abschaffung der Sklaverei und für die Einführung des Frauenwahlrechts in den USA In ihrer Rede „Ain't I A Woman?[44]" spricht sie die Unterdrückung von Geschlecht und ‚*race*' an und wird zur Pionierin des Black Women's Empowerment.

Anfang des 21. Jahrhunderts ist nach der Einführung der Agenda 2010 und den sogenannten Hartz-4-Gesetzen die Ökonomin und Forscherin Anne Allex

---

42 „die Selbsthilfe", Ausgabe 2/1982, Hrsg. Arbeiter*innen Selbsthilfe Stuttgart (ASH) e.V.

43 Déclaration des droits de la Femme et de *la* Citoyenne: olympe_des_gouges_manifest.pdf [Zugriff: 17.02.2023]

44 In: Illona Linthwaite (Hrsg.) 1991: Ain't I A Woman! A book of Women's Poetry from around the World. [Zugriff: 17.02.2023]

(1959–2023) zu einer sozialpolitischen Wegweiserin[45] geworden. „Kein Mensch ist asozial!“ ist ihr Leitspruch im Kampf für die Rechte der armen Menschen. Sozialrassismus als eine Form von Diskriminierung wird wenig diskutiert und historisch aufgearbeitet. Als Mitbegründerin des Arbeitskreises Marginalisierte – gestern und heute forscht Allex (2017) zur Geschichte der als asozial stigmatisierten Menschen und für die Anerkennung von Kindern, Jugendlichen und Frauen, die in der Sprache des nationalsozialistischen Faschismus als „unwertes Leben“ interniert und ermordet worden sind.

Zu Beginn des 21. Jahrhundert werden die Stimmen der Kinder und Jugendlichen immer stärker. Sie erreichen mit den von den Erwachsenen mehr oder weniger ignorierten ökologischen Menschheitsthemen eine weltweite Öffentlichkeit. Greta Thunberg und ihre Mitstreiter*innen der globalen Bewegung Fridays for Future lehren die Welt, welche ermächtigende Dynamik Kinder und Jugendliche entfalten können. Malala Yousafzai, „Das Mädchen, das die Taliban erschießen wollten" (2013), hat mit ihrer Autobiografie das Recht auf Bildung für alle Mädchen weltweit ins Bewusstsein gerückt, Für ihr Engagement als Kinderrechtsaktivistin ist sie 2014, gemeinsam mit Kailash Satyarthi, mit dem Friedensnobelpreis geehrt worden.

Das Bedürfnis nach Sicherheit ist elementar. Das Recht auf Schutz vor Gewalt ein Menschenrecht. Millionen Kinder werden an vielen Orten der Welt nicht vor Hunger, Ausbeutung, sexualisierter Gewalt und Versklavung geschützt. Ohne Sicherheit ist Bildung, insbesondere für Mädchen und Frauen, nicht möglich.

1.4 Lehrbeispiel: Das Recht auf Schutz und ein Leben ohne Gewalt

Ermächtigungsprozesse beginnen mit der Schaffung eines sicheren Raumes. Dies kann im globalen Maßstab betrachtet ein Ort sein, an dem sich menschenwürdig leben lässt. Lokal kann ein Frauenhaus ein Zufluchtsort vor Häuslicher Gewalt und eine Notunterkunft ein Schutzraum für Frauen in Wohnungsnot sein. Ihre Kinder haben ebenso ein garantiertes Recht auf Schutz. Mithilfe eines verbindlich vereinbarten Schutzkonzeptes kann eine Firma, Sporteinrichtung, Kirche, Schule oder Universität, eine Einrichtung der Kinder- und Jugendhilfe, der Behindertenhilfe oder ein Alten- und Pflegeheim zu einem sicheren Ort werden. Ein Safe Space kann auch eine Gruppe Gleichbetroffener sein. Sie wissen aus Erfahrung, wie es sich anfühlt diskriminiert und bedroht zu werden. Damit schaf-

45 Nachruf: https://www.nd-aktuell.de/artikel/1172901.nachruf-sozialpolitische-wegweiserin.html [Zugriff: 17.02.2023]

fen Peers[46] und Communities einen sicheren Raum. Sie schützen und unterstützen bei Grenzüberschreitungen. Unangemessene Blicke, Neugier, Ignoranz oder herabwürdigende Äußerungen durchlöchern wie Nadelstiche die Schutzhaut.

Ein für alle Frauen und Mädchen geltendes Schutzkonzept ist das 2018 in Deutschland in Kraft getretene Übereinkommen des Europarats zur Verhütung und Bekämpfung von Gewalt gegen Frauen und Häusliche Gewalt; auch bekannt als Istanbul Konvention (IK). Der völkerrechtlich ratifizierte Vertrag verpflichtet die Unterzeichnerstaaten dazu, jeder Form von Gewalt, die sich gegen Mädchen und Frauen richtet oder die sie trifft, mit geeigneten Strukturen und Maßnahmen zu begegnen. Die Gleichstellung der Geschlechter muss in den Verfassungen und Rechtssystemen der Unterzeichnerstaaten verankert sein. Sämtliche diskriminierenden Vorschriften sind abzuschaffen. Außerdem sollen Hilfeangebote verbessert und die Bevölkerung in Bezug auf die Menschenrechtsverletzungen an Mädchen und Frauen sensibilisiert werden.

Bei der Ratifizierung der IK ist zunächst nicht an die Gruppe der wohnungslosen Frauen gedacht worden. Auf den Zusammenhang von Häuslicher Gewalt und der strukturellen Gewalt von Wohnungslosigkeit machen obdachlose Frauen und Sozialarbeiter*innen schon seit Beginn der 1980er Jahre aufmerksam. Seitdem berichten sie von körperlicher und sexualisierter Gewalt in den Herkunftsfamilien, in Kinder- und Jugendheimen, Pflegefamilien, Partnerbeziehungen und vom gefährlichen Leben auf der Straße. Traumatisierungen und eine mangelhafte Ausstattung an Ressourcen sind eine der wesentlichen Ursachen von Obdachlosigkeit. Die daraus entstehenden multifaktoriellen Problemlagen verdecken in der Logik des Hilfesystems sowohl den Entstehungszusammenhang von Gewaltverhältnissen und Wohnungslosigkeit als auch die Praxen eines immer noch weithin patriarchal und paternalistisch strukturierten Hilfesystems.

Auf der Grundlage einer wissenschaftlichen Untersuchung zur Mehrfachdiskriminierung und zum Recht von wohnungslosen Frauen auf Schutz vor Gewalt (Blank 2021) konnte der Fachausschuss Frauenkoordination der Bundesarbeitsgemeinschaft für Wohnungslosenhilfe (BAG W) die nationalen und europäischen Lobbyvertreter*innen des BIK-Bündnis Istanbul Konvention[47] für den Ausschluss bzw. die Nichtbeachtung dieser Gruppe von Frauen sensibilisieren. Im Rahmen der Untersuchung sind Indikatoren für ein umfassendes intersektional ausgerichtetes Gesamtkonzepts zur Prävention geschlechtsbezogener Gewalt, so lautet die fünfte Kernforderung der IK, entwickelt worden. Verbindliche Maßnahmen

---

46 Peers sind Personen und Gruppen mit vergleichbarem Alter, sozialem Status und Einkommen. Das können Jugendliche, Kolleg*innen oder Communities sein oder Personen und Gruppen mit Erfahrungen aus gleicher Betroffenheit. Im Text wird daher meist synonym zu Peer der Begriff „Gleichbetroffene“ verwendet.

47 BIK-Bündnis Istanbul Konvention: https://www.buendnis-istanbul-konvention.de/2021/03/23/2413/ [Zugriff: 02.08.23]

zur Gewaltprävention, zum Aufbau einer unabhängigen Existenz sowie zur Aufarbeitung von Traumata können nun auch für wohnungslose Frauen finanziert werden. Mit der Einrichtung von Koordinierungsstellen sollen niederschwellig erreichbare Angebote für Frauen in Wohnungsnot geschaffen werden. Das Maßnahmenspektrum umfasst neben Rechtsberatung die psychologische Betreuung, finanzielle Beratung, Hilfen im Zugang zu Unterbringungsmöglichkeiten (Frauenhäuser, Notunterkünfte und andere Wohnformen, Kontingente in Hotels etc.), Schutzkonzepte in den Einrichtungen der Wohnungslosenhilfe bis zu Aus- und Weiterbildung und Unterstützung bei der Suche nach Arbeit.

Wohnungslose Frauen sind nun in den nationalen und internationalen Menschenrechtsschutz inkludiert. Sie können, wenn die Ressourcen tatsächlich bereitgestellt werden, an den rechtlich garantierten Gewaltschutz- und Präventionsprogrammen partizipieren.

> „Auch drei Jahre nach Inkrafttreten des Übereinkommens fehlen in Deutschland eine ressortübergreifende Gesamtstrategie, handlungsfähige Institutionen und die notwendigen Ressourcen, um das Recht aller Frauen und Mädchen auf ein gewaltfreies Leben umzusetzen. Insbesondere für Gruppen, wie Frauen mit Flucht- oder Migrationsgeschichte, mit Behinderungen, diversen geschlechtlichen Identitäten oder in Wohnungslosigkeit, ist der in der Konvention verankerte Zugang zu Prävention, Schutz, Beratung und Recht nach wie vor mangelhaft."[48]

Die Covid-19-Pandemie hat der Öffentlichkeit die Dringlichkeit von wirkungsvollen Schutzkonzepten und Unterstützungsangeboten für Mädchen und Frauen vor Augen geführt. Zum Internationalen Tag zur Beseitigung von Gewalt gegen Frauen hat die Bundesjustizministerin auf den erschreckenden Anstieg der Zahlen hingewiesen. Jeden Tag wird eine Frau lebensgefährlich verletzt und jeden dritten Tag durch ihren Beziehungspartner oder Ex-Partner getötet. Ob bewusst oder unbewusst ist das Ziel des Täters die Sicherung von Macht und Kontrolle. Auch Frauen können Täterinnen sein. Doch geht geschlechtsbezogene Gewalt nach der Statistik des Bundeskriminalamtes des Jahres 2022 zu 91,7 Prozent von tatverdächtigen Männern aus[49].

> „Die hohe Gewaltbetroffenheit von Frauen und Mädchen wird durch eine repräsentative Studie aus dem Jahr 2004 belegt: vierzig Prozent der befragten Frauen gaben an, seit ihrem 16. Lebensjahr körperliche und/oder sexuelle Gewalt erlebt zu haben. Jede vierte Frau in Deutschland hat Gewalt durch aktuelle oder ehemalige Beziehungspartner erlebt (häusliche Gewalt). Auch Mädchen sind stark von Gewalt betroffen. Sie

48 Ebd.

49 Bundeskriminalamt: Häusliche Gewalt. Bundeslagebild 2022, S. 34: https://www.bka.de/SharedDocs/Downloads/DE/Publikationen/JahresberichteUndLagebilder/HaeuslicheGewalt/HaeuslicheGewalt2022.html?nn=219004 [Zugriff: 02.08.23]

sind bis zu dreimal so häufig Opfer von sexuellem Missbrauch wie Jungen (fünfzehn bis dreißig Prozent) und das vorwiegend im familiären Kontext." (Bündnis Istanbul Konvention 2021: 4)

Die historisch, sozial und kulturell geprägten Vorstellungen von Geschlechterrollen und -praxen sind omnipräsent. Sie legitimieren Gewalt gegen Frauen und Mädchen. Gewalt gegen Frauen in Wohnungsnot und Armut wird aufgrund ihrer Exklusion und von negativen Zuschreibungen – in der Resonanz von Diskriminierungserfahrungen und Selbstbild – nicht als das, was sie ist, wahrgenommen: Gewalt in ihren vielfältigen Erscheinungsformen und Ausprägungen. Das Spektrum bildet verbale, emotionale, soziale, digitale, psychische, physische und sexualisierte Gewalt ab, bis hin zu Formen von institutioneller und struktureller Gewalt. Der Verlust einer sicheren Wohnung ist strukturelle Gewalt. Sie wirkt wie ein Einfallstor für alle anderen Ausprägungen von Gewalt. Jede Form von Gewalt ist sowohl auf der personalen als auch systemischen Ebene wirkmächtig.

Die verschiedenen Formen von Gewalt treffen unabhängig von ihrer sozialen Herkunft alle Frauen gleich. In patriarchal strukturierten Gesellschaften wird Häusliche Gewalt als privat tabuisiert und ist mit Scham belegt. Die betroffenen Frauen wollen sich, wie alle Menschen, nicht als Opfer sehen und in Ohnmacht verharren. Tatsächlich sind sie aus Furcht vor sozialem Abstieg und sozialer Ausgrenzung kreativ in Überlebensstrategien. Wegen ihrer ökonomischen Abhängigkeit oder Lebensgefahr verlassen die Frauen, trotz des Wohnungsverweises und Rückkehrverbotes des Täters, häufig erst nach einer letzten Abwägung von Leben und Tod (mit ihren Kindern) die gemeinsame Wohnung. Damit sind sie wohnungslos und nicht die Täter. Bei genauerer Betrachtung macht nicht die Wohnungslosigkeit im Frauenhaus oder in einer Notunterkunft den Unterschied, sondern die öffentliche Wahrnehmung und die damit einhergehende politische Verteilung von Ressourcen zum Gewaltschutz aller Frauen. Gewalt gegen Frauen in Armut und Wohnungsnot, im Frauenhaus, in Not- und Flüchtlingsunterkünften, auf der Straße oder in der Illegalität erscheint infolge ihrer Schutzlosigkeit in der patriarchalen Ordnung (im öffentlichen Raum ohne Mann) und aufgrund ihrer Bewältigungsstrategien, etwa mithilfe von Suchtmitteln und/oder Prostitution, als selbstverschuldet.

Das Übereinkommen des Europarats zur Verhütung und Bekämpfung von Gewalt gegen Frauen und Häusliche Gewalt ist ein großer Schritt für den Menschenrechtsschutz von Frauen und Mädchen. Es ist ein Beispiel für die Durchsetzung von begrenzender Macht, die der Staat und eine Staatengemeinschaft zum Schutz vor Gewalt ausüben und rechtlich absichern kann.

1.5 Schutzräume: Safety First!

Grundvoraussetzung für das Leben und Überleben ist Sicherheit. Eine eigene Wohnung, ein selbst bestimmter geschützter Ort ist existentiell. Einer der am häufigsten genannte Gründe für die Migration und Flucht nach Europa ist das Bedürfnis nach Sicherheit. Physische, psychische und soziale Sicherheit sind gleichbedeutend mit der Abwesenheit von Kriegen, jeder Form von Gewalt und Diskriminierung, Hunger, Obdachlosigkeit, Armut und Krankheit.

Ein sicherer Ort kann eine Gruppe Gleichbetroffener sein und die Kraft, die in Zusammenschlüssen und Gemeinschaften entsteht. Für Kinder und Jugendliche sollten ihre Familien ein sicherer Ort sein. Schutz und Sicherheit bieten bestärkende Familien. Sie ermutigen ihre Kinder trotz alltäglicher Diskriminierungserfahrungen, geben ihnen Selbstvertrauen und Rückhalt. Die Soziologin Nkechi Madubuko beschreibt in diesem Zusammenhang „Empowerment als Erziehungsaufgabe". So lautet der Titel ihres Buches, das sich an Eltern richtet, deren Kinder potenziell von Rassismus betroffen sind. Die Autorin gibt ihnen Empowerment-orientierte Handlungskompetenzen an die Hand und ermutigt zur täglichen Bestärkung der Kinder, gleichsam als Schutzmantel vor Alltagsrassismus (Madubuko 2016).

Ein sicherer Ort kann ein Mensch sein, der*die wert- und absichtsfrei zuhören kann. Auch in der Kunst und im kreativen Tun (Blank 2015), in der Wissenschaft und im Forschen, in Büchern und beim Schreiben, in der Musik oder in einem Glauben kann ein Safe Space gefunden werden. Für Martin Luther King (1929–1968) ist die Liebe ein sicherer Ort und die größte Macht zugleich. Die Rückbindung an eine tief empfundene Kraft der Liebe, die keine Hautfarben oder andere Unterschiede zwischen Menschen kennt, hat ihn bis zu seinem gewaltsamen Tod getragen. Während des Civil Rights Movement ist er zum Vorbild für Amerikaner*innen aller Hautfarben geworden. Der Theologe und Bürgerrechtler hat eines der größten gesellschaftlichen Probleme der US-amerikanischen Gesellschaft darin gesehen, dass die Konzepte von Liebe und Macht immer als Gegensätze betrachtet werden. Seine gesellschaftliche Analyse beschreibt die Probleme der ganzen Menschheit. Mit Mitgefühl für sich selbst und Empathie für das Leid der anderen lassen sich Möglichkeitsräume des Vertrauens und der Hoffnung aufbauen. Von dieser Chance ist der amerikanische Psychiater Robert Lifton nach einem langen Forscherleben überzeugt, das er der Frage gewidmet hat, was Menschen weiterleben lässt, denen Furchtbares widerfahren ist – oder nachdem sie anderen Menschen Grausames angetan haben.

Handlungsmacht entsteht aus sicheren inneren und äußeren Orten. In Ermächtigungsprozessen können sich philosophische, spirituelle, wissenschaftliche, künstlerische, soziale und politische Quellen zu sicheren Räumen der Ermutigung verbinden. Auch eine sinnstiftende Aufgabe kann einen sicheren Raum schaffen. Die Menschenrechtsaktivistinnen Sojourner Truth, Nadja Murad und Lamija Adschi haben diesen Weg gewählt. Ein anderes Beispiel ist Viktor Frankl[50]. Als Psychiater und Überlebender der Shoah hat er seine Erfahrungen in den Konzentrationslagern mit folgenden Worten im Titel seines Buches zusammengefasst: „...trotzdem Ja zum Leben sagen“ (Frankl 1946). In die Logotherapie, die dritte Wiener Schule der Psychoanalyse, ist die Essenz seines Lebens und Wirkens eingegangen: „Es gibt nichts auf der Welt, das einen Menschen so sehr befähigt, äußere Schwierigkeiten oder innere Beschwerden zu überwinden, – als das Bewusstsein eine Aufgabe im Leben zu haben.“ (Frankl zit. n. Klingberg 2000: 162).

50 Viktor Frankl (1905–1997): Begründer der Logotherapie (gr. *lógos*: Sinn, Gehalt) und Existenzanalyse; der dritten Wiener Schule (neben Sigmund Freud und Alfred Adler) der Psychoanalyse.

2. Multidimensionalität von Power

Die semantische Mehrdeutigkeit von Power erweitert die Perspektiven auf Machtquellen und Handlungsmacht.

Die in Empowerment implizite *power* hat im Englischen mehrere Bedeutungen. Zur Übersetzung benötigen wir im Deutschen nicht nur einen, sondern mehrere Begriffe: Kraft, Stärke, Rechte und Berechtigung, Macht und Gewalt[51]. Dies lässt vielfältige Nutzungen in sehr unterschiedlichen Zusammenhängen zu: *political, nation, person and group, right, authority, ability, skills, emotion, output, electricity, dioptres, math* und andere mehr[52].

Im politischen Kontext sind *control* (Macht)*; influence* (Einfluss)*; gay/black power movement* (Schwulenbewegung / Schwarze Bürgerrechtsbewegung) genannt. Bei *to be in somebody's power* (völlig unter jemandes Einfluss stehen); *to have somebody under one's power*[53] (jemanden in der Gewalt haben) können personale, soziale und politische Machtverhältnisse angesprochen sein.

Anhand dieser Aufzählung können wir ablesen, welchen Einfluss die semantische Mehrdeutigkeit auf das Verständnis und die Theoriebildung von Empowerment haben muss. Sie reicht von der personalen Stärken- und Ressourcenperspektive über die sozialen Selbstorganisationsprozesse und organisationalen Supportstrukturen bis hin zur gesamtgesellschaftlichen Fokussierung von Macht- und Herrschaftsverhältnissen.

Macht kann in Gewalt übergehen und umgekehrt ist Gewaltausübung mit Macht assoziiert. Gewalt kommt aus dem althochdeutschen Verb „verwalten", beziehungsweise „waltan", stark sein, beherrschen; von seiner Wortherkunft her vom „Verfügen-können über das innerweltliche Sein". „Der Begriff bezeichnet also ursprünglich und gelegentlich noch heute rein das Vermögen zur Durchführung einer Handlung und beinhaltet kein Urteil über deren Rechtmäßigkeit."[54] In diesem Verständnis ist Gewalt eine neutrale Form von Handlungsmacht. Gewalt kann zur Durchsetzung des individuellen oder gruppenbezogenen Willens, entgegen dem Willen der anderen, eingesetzt werden. Aber auch zur Durchsetzung

---

51 Vgl. Pons Online-Wörterbuch, auch exekutive-legislative Gewalt, Naturgewalt. [Zugriff: 22.04.2023]

52 Ebd.

53 Ebd.

54 Vgl. https://www.bionity.com/de/lexikon/Gewalt.html [Zugriff: 22.04.2023]

des Willens zur Machtbegrenzung in Form von Gesetzen und rechtsstaatlicher Gewaltenteilung.

Kraft und Stärke fördern das Selbstbewusstsein und die Resilienz. Eigene Bedürfnisse können geäußert und eingefordert, Widerständen entgegnet werden. Gestärkt wird der Wille, Rechte und Teilhabe einzufordern. Die aktivierte Eigenmacht berührt die politischen Verhältnisse und die rechtlichen Voraussetzungen der Gesellschaft. Diese wiederum bestimmen über den Grad von Zugangsgerechtigkeit und Durchsetzungschancen oder von strukturellen Behinderungen in allen Bereichen des Lebens; vom Gesundheits- und Bildungswesen bis zur Arbeits- und Wohnumwelt.

Psychologische und mentale Prozesse des Aneignens von Kraft und Stärke werden in den Strukturen und System in denen wir leben und handeln wirksam. Umgekehrt wirken Strukturen und Systeme auf das Individuum und seine biopsychischen und kognitiven Möglichkeiten zurück. Ein Bewusstsein über das, was soziale und gesellschaftliche Macht, aber auch die personale Kraft und Stärke als Quellen von Eigenmacht ausmachen, ist der Ausgangspunkt einer selbstbestimmten Identität. Ohne eine Vorstellung über die eigene Identität kann es kein echtes Kämpfen oder Bemühen um Befreiung geben, so der brasilianische Pädagoge und Begründer der „Pädagogik der Befreiung“, Paolo Freire (1980). Selbstbestimmung und Bewusstsein bestätigen als Schlüsselressourcen ihre aufschließende Wirkung in Ermächtigungsprozessen.

Die Übersetzungen von Power in Kraft, Stärke, Rechte und Berechtigung, Macht und Gewalt bedürfen einer Kontextualisierung. Im jeweiligen lebensweltlichen Zusammenhang kann das Ermächtigungswissen gemeinsam erarbeitet werden. Wie definiere ich, wie definieren wir, diese Begriffe? Wo zeigen sich Kraft und Stärke? Welche Rechte sind bekannt? Wozu habe ich (haben wir) oder fehlen mir (uns) Berechtigungen? Welche Vorstellung von Macht habe ich, haben wir? Was hat Gewalt mit Macht zu tun? Solche und andere Frage können die Kategorien von Power schärfen und einordnen helfen. Mithilfe einer Bild- und Symbolsprache kann der begriffliche Zugang so gestaltet werden, dass auch (funktionale) Alphabet*innen an Bildung und Wissen teilhaben können. Freire hat dies in seinen Alphabetisierungsprogrammen von Landarbeiter*innen in Brasilien durch Comics anschaulich gemacht. Ein Beispiel aus einem Empowerment-Forschungsprojekt mit Frauen mit Migrationsgeschichte und Fluchterfahrung in Freiburg im Breisgau (Blank 2012: 204–222) veranschaulicht diesen Ansatz in Form von bildgestützten Interviews. Die Didaktik/Methodik geht bis in die Renaissance, der Frühzeit der Reformpädagogik, auf Johan Amos Comenius zurück. Sein Grundsatz lautet: *omnes omnia omnino,* allen Menschen soll auf umfassende und ganzheitliche Weise alles gelehrt werden. Jeder einzelne Mensch, ungeachtet seines Alters, seiner Besitzverhältnisse, seines gesellschaftlichen Standes und seines Geschlechts sollte von allem das Wesentliche erlernen können. In seinem bebilderten Schulbuch „Orbis sensualium pictus“ – Sichtbare Welt in Bildern (1658), hat er ein bahnbrechendes Werk für die Einheit von Sprach- und Sachunterricht in lateinischer und deutscher Sprache verfasst. Übertragen auf das partizipative Forschungsprojekt ist bei der Anwendung des Bildungs- und Coachingprogramms *dieSchatzsuche* (Blank 2021: 175–188) für die Frauen ohne Deutschkenntnisse oder Lesekompetenzen eine Symbol-Bild-Sprache eingesetzt worden, die herkunftsunabhängig und kulturübergreifend bekannt ist und von allen Menschen verstanden werden kann.

Die Mehrdeutigkeit von Power erweitert das Spektrum von Machtoptionen und von Handlungsmacht. Diese wiederum eröffnen neue Handlungsräume, in denen Ermächtigung möglich wird. Eine Einteilung und Zuordnung der Machtdimensionen sind zu deren Konkretisierung hilfreich.

- Macht der Stärke und Kraft: personale Ressourcen, Resilienz, Widerständigkeit (*reactance*). Selbstbestimmung und Kontrollbewusstsein. Selbstwirksamkeit und Handlungsmacht. Personale und Sozialökologische bzw. sozialräumliche Ressourcen von Einzelnen und Gruppen. Etc.
- Macht des Rechts: Menschen-, Bürger*innen- Grundrechte, Sozialrechte. Rechtsgarantien für Einzelne, Minderheiten, Nationen, Staatenbünde wie die Europäische Union und die Vereinten Nationen. Schutzrechte. Berechtigungen in Verbindung mit Personenstandsrechten und politischen Rechten bspw. Mandatsrechte, Mitbestimmungs- und Partizipationsrechten. Etc.
- Macht der sozialen, gesellschaftlichen und politischen Teilhabe: Status und Einfluss. Die Ausübung sozial anerkannter Rollen. Die Macht der Vielen. Formen des Zusammenschlusses Gleichbetroffener, von Peers. Reziproke Beziehungen und Austauschformen. Für alle verfügbaren Ressourcen, kostenfreier Zugang zu Gemeingütern (*commons*). Organisationsformen wie Selbstorganisationen, Gemeinwohlprojekte, Genossenschaften. Etc.
- Macht der Verfügungsgewalt, der Begrenzungsmacht und des Power-Sharing: Staatlich garantierte Rechte bspw. Mietrecht, Hausrecht. Schlüsselgewalt. Beteiligungsrechte. Teilen von Macht und Privilegien. Gewaltmonopol des Staates. Gewaltenteilung. Gewaltschutz. Schutzgarantien, Schutzräume und Schutzzonen. Rechtsstaatlichkeit. Demokratische Organisationsformen. Etc.

Die begriffliche Zuordnung der Power-Dimensionen verstärkt im Prozess des Identifizierens von Machtquellen die Handlungsmächtigkeit, die *power action*, im Sinne von ermächtigen, bemächtigen und berechtigen. Die Interdependenz, gemeint ist hier die Verwobenheit der synonymen Begriffe Kraft, Stärke, Macht und Gewalt, macht deutlich, dass Ermächtigungsprozesse notwendigerweise sowohl auf der psychologischen als auch politischen Ebene stattfinden und beide nicht getrennt voneinander gedacht werden können.

Abbildung 1: Aneignung von Power Dimensionen – Power Quellen – Power Aktion

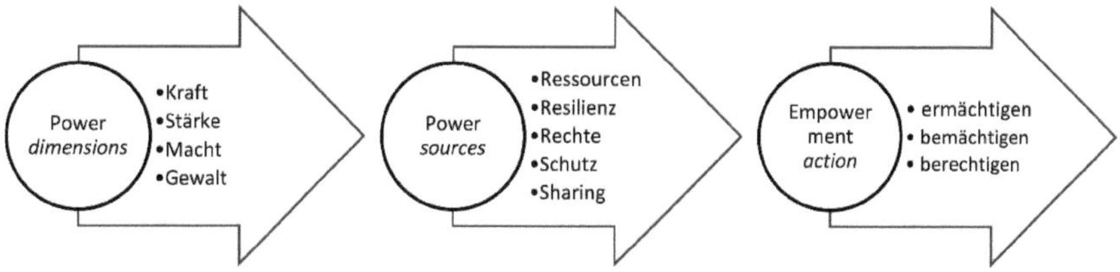

Neil Thompson (2007: 17) schlägt, nach der Übersetzung von Georg Theunissen, eine Zuordnung vor, die psychologische, politische und unterstützende Ebenen von Power umfassen:

1. „*Power from within* als eine Kraft und Stärke, die von der Person und ihren individuellen Ressourcen ausgeht,
2. *power over*, die ungleiche Machtverhältnisse reflektiert, die es im Falle von Unterdrückung, Missbrauch oder Benachteiligung durch Nutzung einer Widerstandskraft zu überwinden gilt,
3. *power with*, die auf die erkenntnisleitende soziale Ressource „gemeinsam sind wir stark verweist" und
4. *power to*, die sich auf die professionelle Aufgabe bezieht, Menschen zu „starken" Persönlichkeiten zu befähigen." (vgl. Theunissen 2013: 53f)

„Zusammengefasst verweist die begriffliche Konnotation auf *self-empowerment, political empowerment* und *supported empowerment*", so Theunissen (ebd.).

3. Capabilities – das Vermögen zu Ermächtigung

Erst das Zusammenspiel von Ressourcen und Fähigkeiten bildet ein komplexes Vermögen, wie beispielsweise das Vermögen zu Partizipation.
John Rawls

Um Ermächtigung verstehen zu können, werden Theorien und Analysen der Macht und der Machtprobleme benötigt. Die intersektionale Perspektive der Verwobenheit mehrerer sozialer Ungleichheitskategorien bietet als Analyseinstrument (Walgenbach 2017, Winker & Degele 2010) einen Orientierungsrahmen zum Verständnis und zur Sichtbarkeit von Diskriminierungsverhältnissen und damit von Problemen der Mindermacht an. Die Diagnostik von Machtquellen und Machtstrukturen (vgl. Staub-Bernasconi 2018: 281f) ermöglicht eine differenzierte Analyse von Macht und eröffnet konkrete Handlungsoptionen für die Soziale Arbeit, beispielsweise in der Hilfe-, Jugendhilfe- und Sozialplanung. Der Capability Approach (Sen & Nussbaum 1993) verbindet die individuellen und gesellschaftlichen Herausforderungen auf dem Weg zur Verwirklichung eines guten Lebens. Seit der Antike ist die philosophische Frage nach dem guten Leben mit Aristoteles verbunden, dessen Kriterien in Martha Nussbaums moderne Auslegung der Definition, woran sich ein gutes Leben messen lassen kann, eingegangen sind. Die Frage wird hier im Kontext von Ermächtigung mit der menschenrechtlichen Definition eines menschenwürdigen Lebens zusammengefasst: ein gutes Leben ist ein Leben, das der Würde des Menschen entspricht.

Die Elemente Ressourcen, Grundgüter und Macht bilden das Vermögen, die Capabilites, ab und damit die Voraussetzungen zur Verwirklichung eines guten, menschenwürdigen Lebens. Mit Vermögen sind nicht nur die individuellen Voraussetzungen gemeint, also im Sinne der Fähigkeit etwas Bestimmtes zu tun zu vermögen, sondern auch die gesellschaftlichen Voraussetzungen zur Verwirklichung individueller Kompetenzen. Die Ressourcen der Krankenversicherung und der Bildung sind von politischen Aushandlungsprozessen abhängig. Sie geben vor, inwieweit alle Bevölkerungsgruppen kostenlosen und ausreichenden Zugang zu Grundgütern haben. „Grundgüter, von denen man annehmen kann, dass sie jeder vernünftige Mensch haben möchte." (Rawls 1975:83, in: Schrödter 2013: 79)

> „Es geht darum, welche Ressourcen Personen benötigen, um bestimmte Fähigkeiten aktivieren zu können. Dieses Zusammenspiel von Ressourcen und Fähigkeiten bilden

dann erst ein komplexes Vermögen wie beispielsweise das Vermögen zu Partizipation am lokalen Gemeinwesen." (ebd.)

Der Cabability-Ansatz des indischen Ökonomen und Philosophen Amartya Sen sowie der US-amerikanischen Philosophin Martha Nussbaum ist ein normativer Referenzrahmen für Gerechtigkeitsurteile. Die Voraussetzungen für ein gutes Leben sind von Nussbaum in einer Liste von menschlichen Grundfähigkeiten, in Capabilities, zusammengefasst worden. Sie möchte sie als Diskussionsgrundlage verstanden wissen:

- **Leben und Lebensdauer:** Die Fähigkeit, ein Leben von normaler Länge zu leben.
- **Körperliche Gesundheit und Integrität:** Die Fähigkeit, sich guter Gesundheit zu erfreuen, sich angemessen zu ernähren, eine angemessene Unterkunft und Möglichkeiten zur sexuellen Befriedigung zu haben, sich in Fragen der Reproduktion frei entscheiden, sich von einem Ort zum anderen bewegen zu können und frei von Gewalt zu sein.
- **Emotionen:** Die Fähigkeit, sich an Dinge und Menschen zu binden. Die Fähigkeit, unnötigen Schmerz zu vermeiden und freudvolle Erlebnisse zu haben.
- **Praktische Vernunft:** Die Fähigkeit, seine Sinne und seine Fantasie zu gebrauchen, zu denken und zu urteilen.
- **Zugehörigkeit:** Die Fähigkeit, mit anderen zu leben, an sozialen Interaktionen teilzunehmen und mit Würde behandelt zu werden.
- **Mitlebewesen:** Die Fähigkeit, mit Tieren, Pflanzen und der Natur zu leben und für sie zu sorgen.
- **Spielen:** Die Fähigkeit zu lachen, zu spielen, sich zu erholen.
- **Kontrolle und Teilhabe:** Die Fähigkeit zu politischer Teilnahme, zu Arbeit und Besitz. (vgl. Nussbaum 1999: 200–203)

Capabilities sind „immer schon sozial kontextualisiert" (Schrödter 2013: 78). Sie stehen systemisch und strukturell im Zusammenhang mit den Ungleichheitskategorien sozioökonomische Herkunft *(class)*, Geschlecht *(gender)*, Ethnie *(‚race')*, Körper *(body)*, Beeinträchtigungen *(dis_abilities)* und anderen. Für das Ermöglichen von Ermächtigungsprozessen im Hilfesystem ist ein Verständnis über die Funktionsweisen von Systemen unverzichtbar. Daraus können Strategien abgeleitet werden, wie die behindernden Strukturen, unter denen ressourcenarme und machtschwache Menschen in ihrem Alltag leiden, beeinflusst und in eine Pendelbewegung gebracht werden können. Ein wirkungsvolles Instrument ist die Partizipation von Anfang an. Jeder Mensch hat das Bedürfnis, zu verstehen, welche ökonomischen und sozialen Hilfen für sie*ihn geplant werden, weshalb und mit welchem Ziel. Die meisten möchten, wenn es um ihre Zukunft und die ihrer Kinder geht, mitreden und an den Entscheidungen beteiligt werden.

Ermächtigung beginnt mit der Kontrolle über das eigene Leben und mit der Deutungs- und Definitionsmacht über die eigenen Bedürfnisse und Ziele.

Damit daraus Handlungsmacht entstehen kann, bedarf es des Zugangs zu Wissen über Menschenrechte und Strategien der Menschenrechtsdurchsetzung auf nationaler, europäischer und internationaler Ebene. Rechte und die Voraussetzungen zur Fähigkeit der Durchsetzung sind elementare Capabilities. Es lohnte sich darüber nachzudenken sie in die Nussbaums Liste aufzunehmen.

3.1 Interdisziplinäre menschenrechtliche Fallarbeit

Das folgende Schaubild zeigt, wie der Prozess der Verwirklichung eines menschenwürdigen Lebens in die Praxis umgesetzt werden kann. Menschenrechte können trotz vieler Hindernisse, etwa bei der Ablehnung oder vorläufigen Duldung des Aufenthalts geflüchteter Menschen oder der Verweigerung der Inklusionsrechte von Menschen mit Behinderungen[55] erfolgreich durchgesetzt werden.

Die für die Lehre von der Verfasserin entwickelte Didaktik/Methodik der multiperspektivischen menschenrechtlichen Fallarbeit ist mit der Wissenschaft Soziale Arbeit und den Rechtswissenschaften interdisziplinär angelegt. Mithilfe des Instruments der Fallvignette können sich Studierende und Sozialarbeitende forschend der handlungswissenschaftlich begründeten Durchsetzung des Menschenrechtsschutzes annähern. Dabei werden die Dimensionen der individuellen und gesellschaftlichen Herausforderungen gleichermaßen beachtet.

Die individuellen Herausforderungen manifestieren sich in unbefriedigten Bedürfnissen. Als konkrete Perspektive werden die Verwirklichungschancen mithilfe der identifizierten Capabilities verbessert. Die Ermächtigung der Person beginnt mit ihrer Erfahrung von Selbstwirksamkeit. Im Menschenrechtsfall bekommt sie Wissen über ihre Ausstattung an Rechten. Sie kann eigene Ziele formulieren und sich an der Rechtsdurchsetzung beteiligen. Dabei gewinnt sie Schritt für Schritt die Kontrolle über ihr Leben zurück. Das steigert ihr Kontrollbewusstsein, das Sicherheitsempfinden und den Bewältigungsoptimismus. Dies sind Grundvoraussetzungen bzw. basale Fähigkeiten für weitere Schritte in Richtung Selbstbestimmung, Verantwortung und gesellschaftliche Teilhabe; kurz, zur Generierung weiterer Capabilities.

55 Der Begriff „Menschen mit Behinderungen" ist komplex und relativ. Komplex, weil er verschiedene Kategorien von Beeinträchtigungen beinhaltet und relativ, weil zum einen die Übergänge von nicht-behindert zu behindert fließend sind und zum anderen Barrieren im öffentlichen Leben und in den Köpfen der Mitmenschen behindernde Strukturen und Vorurteile erkennen lassen. Menschen mit Handicaps werden in der Gesellschaft auf vielfache Art und Weise behindert, mehr als sie körperlich, kognitiv oder psychisch eingeschränkt sind.

Abbildung 2: Prozess des Aufbaus und der Generierung von Capabilities

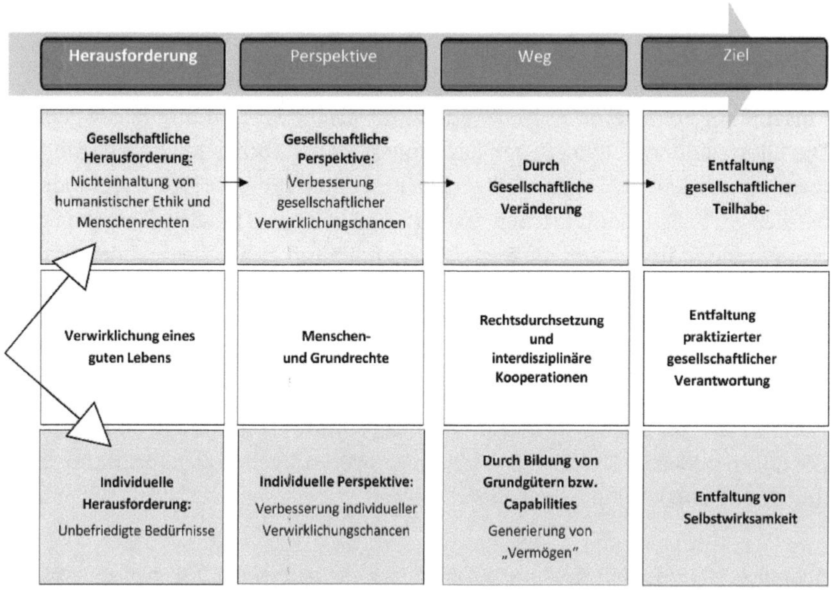

Beispiel: Das Recht auf Beteilung in der Kinder und Jugendhilfe

Das Recht auf Beteiligung ist in den Sozialgesetzen festgeschrieben und hat den Status eines Menschenrechtes. Es ist jeweils auf der individuellen Ebene zu verwirklichen. Für die Kinder- und Jugendhilfe gilt seit 1993 nach § 8 SGB VIII, dass Kinder und Jugendliche entsprechend ihres Entwicklungsstandes an allen sie betreffenden Entscheidungen der öffentlichen Jugendhilfe zu beteiligen sind. Dies hat zur Konsequenz, dass Soziale Arbeit für sie adäquate Formen der Beteiligung entwickeln und anbieten muss, so dass ihre Teilhabe nicht auf dem Papier stehen bleibt. Dies können individuelle und altersgerechte Formen der Partizipation an der Hilfeplanung sein oder auch die Inanspruchnahme einer Ombudsstelle.

Die praktizierte gesellschaftliche Verantwortung wird mit der Durchsetzung des Menschenrechtsschutzes verwirklicht. Soziale Arbeit nimmt die Rolle des Advocacy, der Interessenvertretung ein, indem sie ihr Menschenrechtsmandat umsetzt und dabei gewissermaßen nebenbei die Menschenrechtsbildung fördert. Dabei kann sie von Expert*innen aus dem juristischen Bereich, aus der Zivilgesellschaft oder dem Deutschen Institut für Menschenrechte und anderer Menschenrechtsorganisationen unterstützt werden. Mit einem breiten Unterstützungsnetzwerk gehen Vertrauensbildung in den demokratischen Rechtsstaat und in Verwirklichungschancen zur Überwindung individueller und sozialer Probleme einher.

3.2 Lehrbeispiel: Diskriminierungsverbot von geflüchteten Kindern

Ein geflüchtetes Kind aus Syrien hat drei Jahre einen Kindergarten besucht. Die Einschulung steht bevor. Es ist die Aufnahme in eine Sprachförderklasse geplant. Die Eltern sind weder von Seiten des Kindergartens noch der Schule darüber informiert worden. Sie bekamen die Aufnahmeunterlagen per Post zugesandt und wurden vor vollendete Tatsachen gestellt. Die Eltern sind mit dem Vorgehen nicht einverstanden und bitten die Sozialarbeitenden um Hilfe. Sie sind der Ansicht, dass ihr Kind die deutsche Sprache so gut beherrsche, dass es in eine ‚normale' Klasse gehen könne. Ihnen liegt daran, dass ihr Kind Kontakt zu deutsch-muttersprachlichen Kindern hat und so besser Sprache und Kultur erlernen kann. Zunächst schien keine Intervention zugunsten der Ziele der Eltern möglich zu sein. Mit der systematischen Erforschung der Capabilities konnte zugunsten der Ziele der Eltern und ihres Kindes ein Horizont von Verwirklichungschancen aufgezeigt und der Ermessenspielraum genutzt werden.

Abbildung 3: Menschenrechtsbasierte Fallvignette am Beispiel des Diskriminierungsverbotes von geflüchteten Kindern

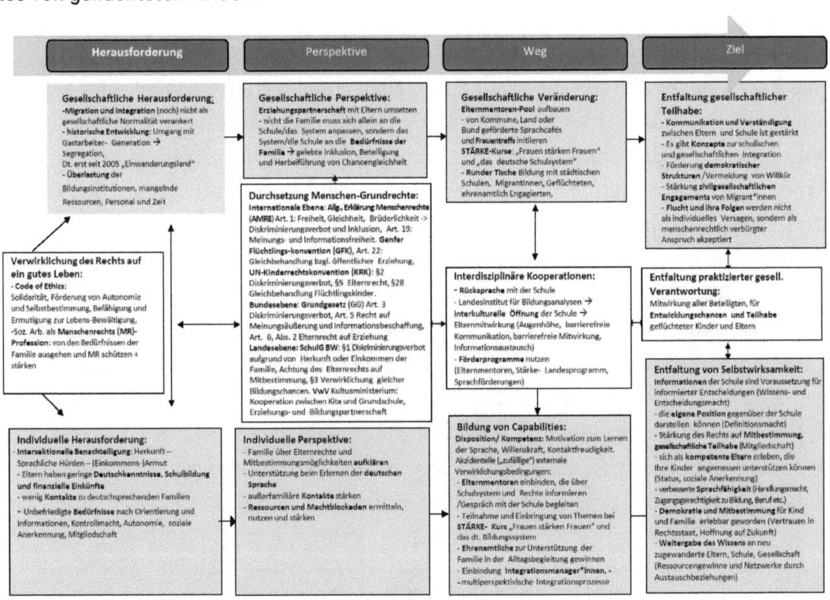

3.3 Menschenrechtliche Selbstmandatierung der Sozialen Arbeit

Für das Verständnis sozialer Probleme ist das Wissen um die Erscheinungsformen und Strukturen der Macht in der alltäglichen Lebenswelt und Gesellschaft unverzichtbar. Soziale Über- und Unterordnungsverhältnisse entscheiden über die Regeln der Interaktion und über die Legitimation der Verteilung von Ressourcen. Begrenzende Macht dient der Durchsetzung von Zugangsgerechtigkeit zu ökonomischer und gesellschaftlicher Teilhabe. Sie hegt mit rechtsstaatlichen Mittel und in demokratischen Aushandlungsprozessen die Privilegien und den Machtstatus derjenigen ein, die aufgrund ihrer Machtfülle über die soziale Ordnung bestimmen. Im Falle von Machtbegrenzung werden bestimmte Gruppen in ihrer Freiheit zur Machtausübung eingeschränkt, während andere Zugang zu Machtquellen bekommen, die sie für die Verwirklichung ihres Rechts auf ein menschenwürdiges Leben benötigen. Soziale Arbeit agiert in den konflikthaften Prozessen von Interessen und Macht. Anstelle von Symptombekämpfung sollen gemäß ihrem berufsethischen Standard die Ursachen von sozialer Ungleichheit adressiert werden. In Interaktions- und Aushandlungsprozessen kann sie sich für die Würde und Rechte der Menschen stark machen und ihr Wohlergehen fördern.

Gleichzeitig wird in Lehrbüchern und vielerorts in der Praxis, neben der Hilfe, die Pflicht zur Überwachung der Hilfe im Sinne einer individuellen Verhaltens- und Anpassungskontrolle betont. Das „Doppelmandat" (Böhnisch & Lösch 1973) wird in einem Double Bind[56] von Macht und Ohnmacht nicht hinterfragt, sondern gleichsam als unabwendbares Schicksal angenommen, „dem Soziale Arbeit stets ausgesetzt ist", so Peter-Ulrich Wendt (2015: 29–28).

> „Im Spannungsverhältnis zwischen Anlass gerechten und angemessen fachlichen Maßnahmen und den rechtlich-organisatorischen Rahmenbedingungen, denen Soziale Arbeit unterliegt [...] wird deren professionelle Autonomie eingeschränkt: Sie unterstützt zum einen die Menschen, mit denen sie [zu d.V.] tun hat, muss aber zum anderen Ansprüche der Gesellschaft auch gegen diese Menschen verwirklichen (und sich an „normalen" Lebensumständen u. a. orientieren, die als gesellschaftlich „angemessen" gelten), die sich v. a. in Form gesetzlicher Vorschriften abbilden (z. B. in konkreten Vorgaben, die das Verhalten von Menschen begrenzen, sei es, wie sich Jugendliche im öffentlichen Raum bewegen können oder welche Schutzrechte Kinder und welche Pflichten ihre Eltern haben). Damit wird das doppelte Mandat (Böhnisch/Lösch 1973, insb. S. 28) beschrieben, dem Soziale Arbeit stets ausgesetzt ist: Soziale Arbeit fördert nicht nur das Wohlbefinden von Menschen, sie kontrolliert zugleich immer auch, inwieweit Menschen das verfolgen, was in der gegebenen

---

56 Double Bind: Doppelbotschaft oder auch Doppelbindung. In der Psychologie und den Kommunikationswissenschaften ist damit ein paradoxes, dysfunktionales Kommunikationsmuster gemeint, das zu ‚gestörten' Beziehungen führen kann oder diese kennzeichnet.

> Gesellschaft als ein Wohlbefinden beschrieben und als wünschenswert betrachtet wird. Dieses Mandat weist Sozialer Arbeit also einerseits einen Hilfeauftrag zu und stattet sie zugleich andererseits mit einer spezifischen Form von Macht aus, gesellschaftliche Verhaltenserwartungen an Einzelne auch durchzusetzen, z. B. in Form von Zwangs- und Schutzmaßnahmen (wie das Beispiel des Kinderschutzes zeigt; vgl. dazu die Beiträge in Thole / Retkowski / Schäuble 2012, insb. Wagenblass 2012)."

Die Weiterentwicklung des Doppelmandats zum „Tripelmandat" beschreibt Silvia Staub-Bernasconi folgendermaßen:

> „Das Doppelmandat als Beruf besteht in der Vermittlung zwischen den Interessen der Träger des Sozialwesens als Repräsentanten der Gesellschaft und den AndressatInnen Sozialer Arbeit. Eine Profession hat, neben dem Mandat seitens der AdressatInnen und seitens der Träger – ein drittes Mandat (einen weiteren Auftrag) und zwar seitens der Profession; und dieses hat zwei Komponenten: Wissenschaftsbasierung der speziellen Handlungstheorien / Methoden und dem Ethikkodex." (Staub-Bernasconi 2007: 198f)

Das dritte Mandat kann als Selbstermächtigung der Profession gelesen werden.

> „Dieses dritte Mandat ist zugleich die Legitimationsbasis für die Annahme und Verweigerung von Aufträgen und damit für die Formulierung eigen- bzw. professionsbestimmter Aufträge. Es ermöglicht auch die Rückgabe eines Auftrages und damit der Verantwortung an den Träger und/oder die PolitikerInnen, wenn sich die gesellschaftliche oder organisationellen Rahmenbedingungen so verändern, dass wissenschaftsorientiertes und/oder professionsethisches Verhalten nicht mehr möglich ist." (ebd.)

Die wissenschaftlich und ethisch legitimierte Selbstmandatierung soll Handlungsspielräume eröffnen, um das Spannungsverhältnis zwischen Hilfe und Kontrolle durch eine ethische Reflexion von Macht unter Bezugnahme auf die Menschenrechte aufzulösen (vgl. Staub-Bernasconi 2011).

Doch, ist dies möglich? Kann der Anspruch des Tripelmandats – in seiner Bindung an das Doppelmandat – eingelöst werden? Lässt sich der, unter dem paternalistischen Duktus der Durchsetzung von gesellschaftlichen Verhaltenserwartungen an Einzelne liegende, historisch gewachsene Machtanspruch der Sozialen Arbeit mithilfe von Wissenschaftlichkeit und Berufsethik überwinden? Ist es diesem Kontext möglich, Soziale Arbeit "kritisch und relational" (Enggruber 2020: 51) zu denken? Die Subjektorientierung hat ihre Wurzeln in der Aufklärung; die Soziale Arbeit bzw. Sozialpädagogik ihre im Spannungsfeld von Hilfe und Kontrolle. Kann sie, verstrickt in Bindungs- und Abhängigkeitsverhältnisse, die darunter liegenden Ebenen der Macht aufdecken?

> „Für die Sozialpädagogik ist diese Subjektkonstruktion historisch im Spannungsfeld von Hilfe und Kontrolle angesiedelt (Hilfe als Kontrolle, Kontrolle als Hilfe). In gewisser Weise ist Sozialpädagogik damit Teil des historischen Prozesses der Verfeinerung von Unterwerfungspraktiken. [...] Diesen Aspekt kann – eine im Sinne der Aufklärung – an Gerechtigkeit, Emanzipation und demokratischer Teilhabe orientierte Sozialpädagogik nur schwer integrieren. Foucaults Machtanalytik wird hier oft nur in ihrem totalisierenden Effekt – „Macht ist überall, es gibt kein Entrinnen" – wahrgenommen; [...]." (Maurer 2001: 132)

Damit bleibt innerhalb der Sozialpädagogik bzw. Sozialen Arbeit „die strategische Seite" des Konzepts von Macht ungenutzt, resümiert Susanne Maurer. (ebd.)

Zur Annäherung an diese professionstheoretischen Fragestellungen werden Thesen[57] für den Diskurs mit Studierenden, Lehrenden und Praktiker*innen formuliert:

These 1: Die Konstruktion des Doppelmandates bzw. des Hilfe-Kontrolle-Paradigmas der Sozialen Arbeit ist nicht durch die Gesetze des demokratischen Rechtsstaats legitimiert. Der dem Doppelmandat inhärente Kontrollbegriff ist an die vordemokratische Staatsform gebunden und historisch tradiert. Mit der Einführung des Grundgesetzes gelten die rechtsstaatlichen Prinzipien, basierend auf den allgemeinen Menschenrechten. In deren Zentrum stehen die Würde und Grundrechte des Menschen. Demnach ist es die Aufgabe der Sozialen Arbeit, die Adressat*innen in der Wahrung ihrer Menschenwürde und Rechte zu unterstützen. Diese sind eng an die Befriedigung ihrer universellen Bedürfnisse (Staub-Bernasconi 2018: 175f) gebunden.

These 2: Es ist im Verständnis einer basalen Verwiesenheit auf Reziprozität richtig und legitim, dass sozialstaatliche Hilfen Mitwirkungspflichten einfordern können. Ihr Leitprinzip der Hilfe zur Selbsthilfe hat unter anderem die Unabhängigkeit von staatlicher Hilfe zum Ziel. Die Kontrollaufgaben hierfür obliegen den dafür zuständigen staatlichen Organen, der Polizei sowie der Justiz (in Weisung durch die Justiz auch an die Bewährungshilfe). Eine ausdrückliche Zuweisung von verwaltungs-, straf- oder ordnungsrechtlichen Kontrollaufgaben an die Soziale Arbeit kann nicht aus den gesetzlichen Grundlagen abgeleitet werden

These 3: Der rechtsstaatlich legitimierte Kontrollbegriff steht in direktem Bezug zur Menschenwürde und Durchsetzung der Menschenrechte. Auch im Sinne der Wahrnehmung von Begrenzungsmacht von Behörden, etwa in der Rechtsdurchsetzung von rechtsstaatlich garantierten Ansprüchen. Dennoch kann der

57 Einige Thesen sind mit Manuel Arnegger, dem ich für die produktive Zusammenarbeit danke, im Rahmen der Lehre am Center for Advanced Studies der DHBW entwickelt worden.

Kontrollbegriff auch hier keinen Bestand haben, da das Hilfe-Kontroll-Mandat nicht in eine Selbstmandatierung transformiert werden kann. Folgerichtig müssten beide Begriffe, sowohl das Doppel- als auch das Tripelmandat, aufgegeben werden. Ein vom Doppel- und Tripelmandat losgelöstes Mandat könnte aus den Menschenrechten als eigenständiges Mandat im Sinne einer übergeordneten Aufgabenbeschreibung abgeleitet werden. Dem Menschenrechtsmandat geben die Grund- und Menschenrechte die Orientierung für ein wissenschaftlich und ethisch begründetes Handeln vor.

These 4: Die Überwachung und Disziplinierung von Menschen, die nicht den Normalitätsvorstellungen der Mehrheitsgesellschaft entsprechen, kann nicht mit einer undefinierten „spezifischen Form von Macht" (Wendt 2015) legitimiert werden. Im Konfliktfalle muss die Profession ihr Können in Aushandlungsprozessen beweisen und im Sinne der Menschenrechte und des Grundgesetzes die Würde und Rechte ihrer Adressat*innen wahren. Hierzu hat sie rechtlich und fachlich legitimierte Instrumente. Beispielsweise die Partizipationsrechte, Beschwerde- und Ombudsstellen, vielfältige Beteiligungsformen bis hin zur partizipativen Forschung. Sie verpflichten die Profession zur Anhörung der Stimmen der Adressat*innen und zu ihrer Beteiligung. In diesem Sinne müssen ihnen Rechte zur Selbst- und Fremdkontrolle – auch der Kontrolle von Fachpersonen – zur Verfügung stehen und sie im Umgang damit aufgeklärt und geschult werden.

These 5: Auch ohne eine ausdrückliche Verpflichtung zur Übernahme von Kontrollaufgaben ist Soziale Arbeit direkt und indirekt davon betroffen. In der alltäglichen Praxis können sich Menschen- und Grundrechte konfliktreich gegenüberstehen. Die Kindeswohlgefährdung steht für das Spannungsverhältnis zwischen Eltern- und Kindesrecht (GG Art. 6). In der Abwägung beider Rechtsgüter sprechen Gerichte Recht. Staatliche Gewalt legitimiert das Durchsetzen des Grundrechts des Kindes auf Leben und Unversehrtheit. Sie kann und muss die Rechte der elterlichen Erziehungsgewalt begrenzen, wenn diese ihrer Fürsorgepflicht nicht nachkommen. Die Kontrollfunktion der Sozialen Arbeit, begrifflich in das „Wächteramt" des Staates gefasst, ist an die Schutzbedürftigkeit des Kindes gebunden und nicht an die Kontrolle des Verhaltens ihrer Klientel bzw. der Eltern. Pädagogische Maßnahmen des Belohnens und Strafens, der Gewährung oder Verweigerung von Hilfen, sind wenig geeignete Instrumente zur Menschenrechtsdurchsetzung. Die Menschenrechtsbildung der Sorgeberechtigten und der Bezug auf die Rechte und Würde ihres Kindes hingegen begründen und legitimieren die Aufgaben der Sozialen Arbeit. Dies ist keine naive Sicht auf die Wirklichkeit der betroffenen Kinder und Jugendlichen, sondern ein Plädoyer für die Rollentrennung von wissenschaftlich begründeten Interventionen und von Rechtsdurchsetzung durch die dazu legitimierten staatlichen Organe.

These 6: Dem Sorgebegriff können in guter Absicht bevormundende Spannungsverhältnis immanent sein. In Anlehnung an den angelsächsischen Care-Begriff werden verschiedene Formen von Care (Lob-Hüdepohl 2013) diskutiert. Im Falle von Kindeswohlgefährdung steht fraglos das Recht des Kindes auf Leben und Unversehrtheit an erster Stelle. Die Macht- und Abhängigkeitsverhältnisse zwischen Erwachsenen und Kindern sind unstrittig. Gleichzeitig geht es auch hier um die Anerkennung der Rechte des Kindes und die der Eltern auf ein gelingendes Leben. Hierfür benötigt die Soziale Arbeit Instrumente des Machtausgleichs und der Konfliktbewältigung beispielsweise in neuen Formen des Umgangs und von Kooperationen, bis hin zu einem Zusammenleben von leiblichen und Pflegeeltern in einer für beide Seiten hilfreichen nachbarschaftlichen Lebens- und Wohnform (Stichwort: afrikanisches Dorf). Das, was mit dem Begriff des Wächteramtes in der Sozialen Arbeit verknüpft wird, könnte durch den Begriff der „Verantwortungsgemeinschaft" ergänzt oder ersetzt werden. Soziale Arbeit bzw. das Jugendamt hätte dann den Auftrag, die Verantwortungsgemeinschaft nach den Bedürfnissen und Partizipationsrechten aller Beteiligten zu unterstützen. Ein solch empirisch belegtes, wirkungsvolles Instrument ist der „Familienrat" (Früchtel & Roth 2017, Hilbert et al. 2017). Die systemische und partizipative Methodik des Familienrates kann als ein Empowerment-Training[58] par Exzellenz verstanden werden.

3.4 Die handlungswissenschaftliche Begründungsbasis von Empowerment

Die interdisziplinäre Fallarbeit ist ein geeignetes Instrument zur Umsetzung des Menschenrechtsmandats. Die Methodik der multiperspektivischen, menschenrechtlichen Hilfeplanung ist im handlungswissenschaftlichen Verständnis Sozialer Arbeit kontextualisiert.

Die wissenschaftliche Begründung für die „Soziale Arbeit als Handlungswissenschaft" geht auf Silvia Staub-Bernasconi (2007, 2018) und die „allgemeine normative Handlungstheorie" von Werner Obrecht (1995) zurück. Wissenschaftlich begründetes Wissen aus empirisch gesicherten Erkenntnissen wird mit den Sichtweisen und den Lebenslagen der Adressat*innen sowie mit der ethischen Ausrichtung der Profession gleichsam in Handeln übersetzt und reflektiert. Mithilfe des „transformativen Dreischritts" (Staub-Bernasconi 2007: 245–270) kann der Prozess der Umwandlung von nomologischen Aussagen, das heißt von den wissenschaftlich herleitbaren Erkenntnissen, bis zu den professionellen Handlungsleitlinien nachvollzogen werden.

58 Familienrat-Training: https://www.familienrat-training.de/familienrat/ [Zugriff: 22.10.2023]

Die prozessual systemische Denkfigur kann für die theoretische Begründung und die daraus ableitbaren Handlungsleitlinien des Ermächtigungsansatzes angewandt werden. Staub-Bernasconi hat ihre Analyse des Empowerment-Konzepts unter der Überschrift: „Vom transdisziplinären wissenschaftlichen Bezugswissen zum professionellen Handlungswissen am Beispiel der Empowerment-Diskussion" (2017: 245–270) dargestellt. Sie macht deutlich, welche elementare Bedeutung die wissenschaftliche Begründung von Macht im Kontext des Empowerment-Begriffs hat.

Schritt 1: Problembeschreibung und nomologische Aussagen

Wissenschaftlich begründetes Wissen aus den Bezugsdisziplinen ist die Grundlage der Wissenschaft Soziale Arbeit bzw. der Sozialarbeitswissenschaft. Das transdisziplinäre Wissen, gemeint ist theoretisches Wissen, das in Bezug zu praktischem Wissen gesetzt, analysiert und weiterentwickelt werden kann. Etwa mit Hilfe von empirischen Studien zu den Sichtweisen und Lebenslagen der Adressat*innen (Forschung). Die subjektorientierte Transformation macht eine rein kognitive, gegenstandsorientierte (telelogische) Wissenschaft zu einer Handlungswissenschaft.

Die Beziehungen und Wechselwirkungen in Problemkontexten sind immer in Bezug zu wissenschaftlichen Gesetzmäßigkeiten zu setzen. Probleme im Alltag der Menschen können Merkmale für individuelle Konstellationen und Bewältigungshandeln sein, aber auch infrage gestellt werden. Zum Beispiel wenn wissenschaftliche Größen durch neue Erkenntnisse nicht mehr haltbar sind und die Ursachen ihres Verhaltens als ein darunter liegendes soziales Problem, beispielsweise als Alltagsrassismus, identifiziert wird.

Die Kenntnisse des Forschungsstandes zum Untersuchungsgegenstand (Empowerment), das Wissen aus den Bezugsdisziplinen zu wissenschaftlichen Erklärungsgrößen werden recherchiert und eingeordnet. Wie werden die grundlegenden Begriffe Macht und soziale Probleme, Machtlosigkeit und Intersektionalität sozialer Ungleichheit, Diskriminierung und Ermächtigung in Bezug zu Systemen und systemischem Handeln, zu Ressourcen und Ressourcenförderung sowie Partizipation definiert? Zur Beschreibung eines sozialen Problems, das mit dem Ermächtigungsgeschehen verbunden ist, wird wissenschaftlich fundiertes Wissen benötigt, um die individuellen, sozialen, kulturalisierten sowie gesellschaftlichen Kontexte analysieren und aus verschiedenen Perspektiven betrachten zu können. Wenn das zu untersuchende Problem, das im Zuge von Ermächtigungsprozessen bearbeitet werden soll, nicht genügend wissenschaftlich analysiert ist, bleibt es bei Symptombekämpfung; die Ursachenanalyse unbestimmt und unklar. Indikatoren für ein ermächtigendes Handeln können so kaum identifiziert werden.

Schritt 2: Formulierung handlungstheoretischer Hypothesen
Beispiele:

- Wenn das Wissen über Macht für ermächtigende Prozesse bestimmend ist, dann folgt daraus, dass alle Beteiligten über Machtverhältnisse und ihre Wirkweisen aufgeklärt werden und entsprechende Bildungsprogramme entwickelt werden sollten.
- Wenn Ermächtigung zu den Grundbedingungen des Menschseins gehört, dann folgt daraus, dass es in unser aller Interesse ist, mehr darüber zu wissen und zu forschen.
- Wenn das Empowerment-Wissen der Adressat*innen und der sie begleitendenden Fachpersonen essenziell für die Weiterentwicklung des demokratischen Zusammenlebens und Aushandelns von sozialer Gerechtigkeit ist, dann folgt daraus, dass es im gesellschaftlichen Interesse ist, Ermöglichungsräume und die Partizipation aller Beteiligten verstärkt zu fördert.

In einem Zwischenschritt werden ethische Werte und Normen Sozialer Arbeit in Beziehung gesetzt zu den wissenschaftlichen Erkenntnissen aus den Schritten 1 und 2.

Schritt 3: Formulierung von professionellen Handlungsleitlinien
Die zentralen Fragestellungen sind: Wer soll was womit und wie tun oder verhindern? Welche Handlungsleitlinien bzw. welche Handlungskonzepte sind an die Schritte 1 und 2 anschlussfähig? Ist geklärt, ob Empowerment als Handlungsleitlinie bzw. Konzept in den vorgefundenen Strukturen möglich ist und Empowerment-Tools eingesetzt werden können? Oder müssen zuerst Ermöglichungsräume ausgehandelt und geplant werden? Welche Ermächtigungsstrategien könnten daran anknüpfen?

Der Prozess der Analyse ist für das Verständnis und die Umsetzung des Ermächtigungsparadigmas essenziell. Wissenschaftlich fundiert wird begründet, ob der Empowerment-Ansatz die richtige Wahl ist und wenn ja, weshalb. Nur so kann dem Gebrauch von Empowerment als inhaltsleeres Modewort entgegengewirkt werden. Die Analyse der Machtausstattung gibt Aufschluss, ob Ermächtigung in den vorgegebenen Strukturen und Systemen gelingen kann, oder ob nicht zunächst eine schrittweise Vorgehensweise, etwa die einer systematischen Ressourcenförderung und der Aufbau von Capabilites, das Mittel der Wahl professionellen Handelns sein sollte.

Anschließend oder auch schon während des Prozesses wird die Partizipation der Adressat*innen integriert. Hierfür hat die Verfasserin den transformativen Dreischritt mit eine handlungswissenschaftlich begründete Beteiligungsstruktur erweitert (Blank 2016f o. J.[59]). Die W-Fragen (Was, Weshalb, Wozu, Wie, Wenn ...) werden sowohl aus der Perspektive der Fachpersonen als auch aus der Adressat*innen formuliert und für den konkreten Gegenstand, beispielsweise im Rahmen einer Projektentwicklung, beantwortet. Die normative, subjektorientierte Handlungswissenschaft ist damit mit der Perspektive und dem Wissen der Adressat*innen prozessual-systemisch erweitert worden.

Zusammenfassung

Als Handlungswissenschaft benötigt Soziale Arbeit das Wissen aus der Philosophie, Soziologie, Psychologie, Pädagogik, Politik, Ökonomie, Geschichte, dem Recht und anderen Fachdisziplinen, um Handlungskonzepte beispielsweise für ein Beteiligungsprojekt begründen, entwickeln und umsetzen zu können. Als Bezugsdisziplinen sind sie Grundlagen für die Theoriebildung Sozialer Arbeit und für die wissenschaftliche Begründung ihres Handelns. Im Kreislauf von Wissen, Handeln und forschungsgestützter Begründung von Handeln, ist Soziale Arbeit eine komplexe und anspruchsvolle Disziplin.

Als Profession agiert Soziale Arbeit in vielfältigen Kontexten zwischen den Polen von Macht und Ohnmacht. Unvermeidbar sind die sich daraus ergebenden Spannungsverhältnisse und Fragen: Wie wirken sie in der Hilfebeziehung, den institutionellen Praxen und wohlfahrtsstaatlichen Strukturen? Welchen Einfluss haben sie auf die individuellen Erfahrungen von Machtlosigkeit, die aus der Zugehörigkeit zu einer stigmatisierten Minderheit herrühren? Schenkt die Profession dem Wissen über Macht und Herrschaft die notwendige Aufmerksamkeit? Nutzt sie Instrumente für Problem- und Ressourcenanalysen (vgl. Staub-Bernasconi 1998, Geiger 2004, Arnegger 2005), um Machtbeziehungen einerseits als behindernd und andererseits als potenzielle Machtquelle identifizieren zu können? Klärt sie ihre Adressat*innen über Macht auf? Teilt sie ihre Macht mit ihnen?

Im Wortsinn bedeutet Teilhabe, teilhaben an Macht und Teil sein von einem Ganzen. Wenn der professionelle Umgang mit Macht zu einer selbstverständlichen Arbeitsweise wird, kann Soziale Arbeit für sich in Anspruch nehmen Ermächtigung zu ermöglichen. Im Verständnis einer Interessenvertretung kann sie in einem zuvor geplanten und eingerichteten Ermöglichungsraum die Adressat*innen dazu ermutigen, ihre Menschenrechte einzufordern und sich Capabilities für ein gutes, sinnerfülltes Leben aufzubauen. Ein Vermögen, das sich in sozialen Netzwerken, mit Gemeingütern (*commons*), einer Gemeinwohlökonomie und anderen Supportstrukturen vermehren und absichern lässt.

59 Bei der Autorin erhältlich.

4. Empowerment-Forschung

Aus den detaillierten Rückblicken der Teilnehmenden der Studie geht eine gemeinsame und konsistente Vorstellung von Empowerment hervor als ein Prozess des Werdens, als ein geordneter und fortschreitender Prozess des Entwickelns von partizipatorischen Fähigkeiten und politischer Verständnisse.[60]
Charles Kieffer

Es gibt mehrere Zugangswege zu Empowerment-Forschung:

- Forschung über Empowerment (Grundlagenforschung und Diskursanalyse)
- Forschung in Empowerment-Prozessen (Handlungsforschung oder partizipative Forschung)
- Forschung im Feld (ethnographische Forschung, begleitende Beobachtung)

Die partizipative Forschung als eine emanzipatorische Sozialforschung zeichnet eine Community-basierte Forschung aus. Sie berücksichtigt alle Ebenen der Ermächtigung, sowohl im Forschungsdesign als auch in der Kommunikation und in der Zusammenarbeit mit allen am Forschungsprozess Beteiligten.

Ein partizipatorischer Forschungsansatz befähigt die Teilnehmenden, selbst Forschende zu werden. Ausgehend von ihren Bedürfnissen und Interessen können sie sich beteiligen, wenn sie dies ausdrücklich wollen. Ihre Aufklärung über die im Forschungsprozess bestehenden Machtasymmetrien ist Voraussetzung für ihre Entscheidungsgrundlage. Unter diesen Prämissen werden Fachexpert*innen und Erfahrungsexpert*innen zu Forschenden, die durch ihre Perspektivwechsel verändern und verändert werden (vgl. Lather 1986: 263). In einem Community-basierten Forschungsrahmen ist die Forschungsgemeinschaft der direkte Nutzen für die Teilnehmenden. Durch den Prozess werden die Mitglieder in der Lage sein, zu informieren und zu leiten sowie den Fortschritt zu überwachen. Sie stärken sich selbst und ihre Gemeinschaft. Sie teilen die Ergebnisse als gemeinsam generiertes Wissen und entscheiden, mit wem sie dieses Wissen teilen möchten. Erfahrungswissen ist ein großer Wissensschatz für jeden Einzelnen, für die Gestaltung des sozialen Wandels (vgl. Chesler 1991) und den gesamtgesellschaftlichen Transformationsprozess.

60 Übersetzung d. V.

4.1 Lehrbeispiel: Ermächtigung von Personen mit niedrigem Einkommen in Bürgerbeteiligungsprozessen

Charles H. Kieffer hat die Ergebnisse seiner empirischen Untersuchung in „Citizen Empowerment: a developmental perspective"[61] zusammengefasst. Er erforscht Phänomene der Ermächtigung von Personen mit niedrigem Einkommen (*working class*) in Bürgerbeteiligungsprozessen. Seine Forschungsmethode der dialogischen Retrospektive hat ihre Wurzeln in den Traditionen der Existenzphänomenologie und der lebensgeschichtlichen Forschung sowie in der Pädagogik von Paolo Freire (1981). Die qualitative und partizipative empirische Untersuchung ist mit einer Kohorte[62] aus fünfzehn Teilnehmenden durchgeführt worden.

Als Barkeeper oder Krankenschwester berichten sie von der täglichen Anstrengung, sich und ihre Familien zu ernähren, so dass kein Gedanke für etwas Anderes übrigbleibt. Emily sagt über ihren täglichen Existenzkampf als Krankenschwester und Familienernährerin:

> „Leute wie wir ... haben eine harte Zeit, den täglichen Lebensunterhalt zu sichern. Wenn du für deine täglichen Grundnahrungsmittel, Unterkunft, Kleidung und Sicherheit arbeiten musst, bleibt nicht viel Energie übrig, um zu Meetings zu gehen. Menschen ... sind so beschäftigt, ihren Lebensunterhalt zu verdienen, dass sie nicht wirklich innehalten und darüber nachdenken ... welchen Einfluss sie als Bürger haben könnten."
> Und:
> „Du hast das Gefühl, dass du Dinge einfach *nicht schaffen kannst* [sic]. Das lässt dich zögern aufzustehen und deine Stimme zu erheben, deinen Standpunkt zu vertreten. Du gibst eher auf, als dich einzubringen." (Kieffer 1984: 17, Übers. d. V.)

Angesichts dieser Erfahrungen ist die zentrale Fragestellung der Studie umso bemerkenswerter. Wie gelingt es dem*der Einzelnen aus der Situation von Hoffnungslosigkeit und Unterdrückung herauszukommen? Auf welche Weise beleuchten die Erfahrungen von unterschiedlichen Menschen die schwer fassbare Idee der Ermächtigung?

Aus den detaillierten Rückblicken der Teilnehmenden der Studie geht eine gemeinsame und konsistente Vorstellung von Empowerment hervor

61 In: Studies in Empowerment: Steps Towards Understanding and Action (Rappaport et al. 1984: 9–36)

62 Kohorte: Eine Gruppe von Menschen, die zur selben Zeit ein gemeinsames, prägendes Erlebnis hatten, z. B. eine Altersgruppe, eine Schulklasse oder wie hier eine bürgerschaftlich engagierte Gruppe mit vergleichbarem Einkommen und Erfahrungen von Existenzsorgen.

„als ein Prozess des Werdens, als ein geordneter und fortschreitender Prozess des Entwickelns von partizipatorischen Fähigkeiten und politischer Verständnisse. Empowerment bekommt eine doppelte Bedeutung. Es bezieht sich sowohl auf eine Längsschnittdynamik der Entwicklung als auch eine Reihe von Einsichten und Fähigkeiten, die am besten als „partizipative Kompetenz" beschrieben werden können." (vgl. ebd.: 17–18, Übers. d. V.)

Aus der Auswertung der Beschreibungen der Teilnehmenden zu ihren Erfahrungen im Übergang aus dem Gefühl von Ohnmacht in die Teilhabekompetenz hat Kieffer ein kohärentes Entwicklungsschema für die Konstruktion von Ermächtigungsprozessen abgeleitet und eine Einteilung in vier Phasen entwickelt, die bis heute für den Empowerment-Diskurs, die Theoriebildung und Konzeptionierung, richtungsweisend sind. Die aus den Hauptthemen der Teilnehmenden abgeleiteten Muster sind mit dem biographischen Lebensmodell vergleichbar.

Die Vier-Phasen-Einteilung kann als Prozesslandkarte der Ermächtigung bezeichnet werden:

1. Phase des Eintritts (*era of entry*).
2. Phase des Fortschritts (*era of advancement*).
3. Phase der Verinnerlichung (*era of incorporation*).
4. Phase des Engagements (*era of commitment*).

Abbildung 4: Die Prozesslandkarte der Ermächtigung nach Charles H. Kieffer (1984)

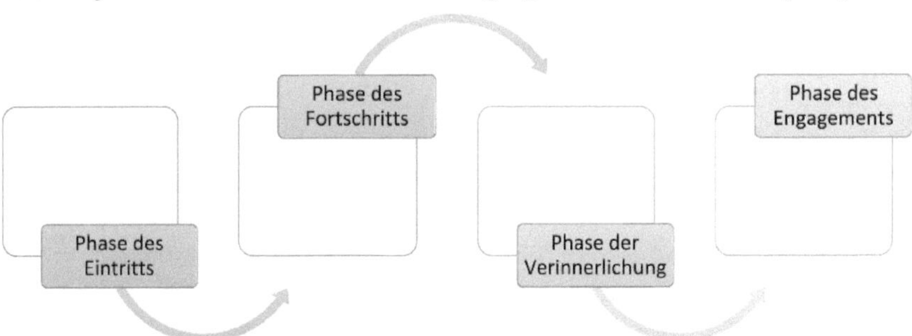

Kieffer bezieht seine Einteilung auf den Prozess, den seine erwachsenen Forschungsteilnehmenden vom Eintritt, über die Erfahrung des Fortschritts und der selbstwirksamen Verinnerlichung bis hin zur Aktivität durchlaufen haben. Ihm ist wichtig, die Phasen nicht statisch, sondern zyklischen und als ein „long-term process of adult learning and development" (Kieffer 1984: 9) zu verstehen.

Die Phase des Eintritts charakterisiert in ihrem Alltag- trotz des Erlebens von Machtlosigkeit, das die prägende Lebenserfahrung aller Teilnehmenden kennzeichnet – das Gefühl der Integrität in ihrer wahrgenommenen Selbstidentität. Zu den Aspekten dieser Grundhaltung gehört ein starkes Gefühl von Stolz und Entschlossenheit. Eine tiefe Verwurzelung in der Gemeinschaft und die Verpflichtung zur Eigenständigkeit sowie die Gefühle der Verbundenheit und Unterstützung in der Gemeinschaft von ähnlich betroffenen Menschen in vergleichbaren Lebenssituationen.

Für alle Studienteilnehmenden ist die alltägliche Erfahrung von Ungerechtigkeit und Ausbeutung eine Provokation. Doch für alle ist erst die direkte und konkrete Bedrohung der individuellen oder familiären Eigeninteressen die Initiation für eine ermächtigende Reaktion. Emily spricht über ihre Besorgnis über den geplanten Bau eines Elektrizitätswerkes, das ihr Heimattal zerstören und überschwemmen könnte:

> „Mein Herz und meine Seele, meine Lebensart, alles ist hier ... Dieses Tal bin ich. Es ist ein Teil von uns ... Werden sie jetzt reinkommen und das alles zerstören? Nein! Und ich werde hierbleiben und kämpfen, bis mich jemand auf die eine oder andere Weise erschießt." (ebd. 18)

Als Erkenntnis aus seinen Forschungen hat Kieffer die geordnete und fortschreitende Entwicklung der Partizipation, gewissermaßen als Synonym zu Empowerment vorgeschlagen. Partizipatorische Kompetenzen bringen Ermächtigung hervor und sind gleichzeitig ihr Ergebnis. In seiner Dissertation *The Emergence of Empowerment: The Development of Participatory Competence Among Individuals in Citizen Organizations* (1981)[63] identifiziert er auf der Basis der Erkenntnisse seiner Studie eine überlappende und interaktive Abfolge von zehn Entstehungsthemen, vier Beteiligungsphasen als Entwicklungsmodell und fünf Lern- und Entwicklungsstufen der Ermächtigung. (vgl. Kieffer 1984: 19, Übers. d. V.)

1. *Integrity & Mobilizing Period* (Integrität & Mobilisierungszeitraum)
2. *Support – Peer and Professionals* (Unterstützung – Gleichbetroffene und Fachpersonen)
3. *Experience: Action – Reflection Cycle* (Erfahrung: Aktions- Reflexionszyklus)
4. *Reconstruct beliefs about self, community* (Überzeugungen über sich selbst und die Gemeinschaft rekonstruieren)
5. *Four years of intense experience* (Vier Jahre intensive Erfahrung)

Anhand der Phasen- und Entwicklungsmodelle von Kieffer hat Wolfgang Stark ein Vier-Stufen-Modell in den deutschsprachigen Diskurs der gemeindenahen sozialpsychiatrischen Versorgung eingeführt:

1. „Mobilisierung"
2. „Engagement und Förderung"

63 Veröffentlicht in: Rappaport et al. 1984.

3. „Integration und Routine"
4. „Überzeugung und ‚brennende Geduld'" (vgl. Stark 1996: 120f).

Die Erkenntnisse der empirischen Studie Kieffers etablieren ein voneinander abhängiges dreidimensionales Konzept von Wirkfaktoren. Sie sind gekennzeichnet von

a) einem stärkeren oder wirksameren Selbstgefühl,
b) funktionaleren Strategien und Ressourcen für soziales und politisches Handeln und
c) einem kritischeren Verständnis sozialer und politischer Beziehungen.

Wie Solomon hat Kieffer intrapersonale und externale strukturelle Faktoren verbunden. Dazu gehört die Auseinandersetzung mit Glaubenssätzen und Überzeugungsmustern über sich selbst und innerhalb der Community. Die Reflexion von Vorurteilen, eigenen Werten und den in den bürgerschaftlichen Organisationen gemachten Erfahrungen fördert ein kritisches Verständnis für soziale und politische Beziehungen.

Vor dem Hintergrund von Kieffers empirischen Studien und umfassenden Auswertungen wird Empowerment zu Unrecht als nebulös und unbestimmt wahrgenommenen. Erstmals werden Ermächtigungsprozesse transparent und wie von einer Expedition in unentdecktes Land wissenschaftlich fundiert kartografiert.

Empowerment beginnt vom Subjekt aus und führt über alle Handlungs- und Wirkungsebenen in zirkulären Prozessen wieder zum Individuum zurück. In der deutschsprachigen Literatur werden in Anlehnung an Kieffer im Wesentlichen vier Prozessebenen unterschieden:

1. personale Ebene
2. soziale Ebene
3. organisationale Ebene und
4. gesellschaftliche Ebene.

Die Ebenen bedingen und beeinflussen sich in ihrer Verwobenheit (Interdependenz). Als zirkulärer Kreislauf (*cycle of empowerment*) bilden sie den Prozess der Ermächtigung ab. In Abbildung 5 sind die Soziale Gruppenebene und die gesellschaftliche Ebene mit zwei weiteren Handlungs- und Wirkungsbereichen erweitert dargestellt. Damit können diese beiden Ebenen spezifisch betrachtet und angeeignet werden. Diese Ausdifferenzierung hat sich bewährt. Denn nicht selten gerät die Ebene der Selbstorganisation aus dem Blick oder wird mit unterschiedlichen Argumenten für nicht umsetzbar erklärt. Auch die gesellschaftliche Ebene wird in der Praxis eher als Überforderung, denn als Chance gesehen.

Abbildung 5: Zyklus der Ermächtigung. Die Handlungs- und Wirkungsebenen.

1. Subjektebene: Meine Lebenssituation
   Fragestellung: Wie mache ich mich stark?
2. Soziale Gruppenebene:
   Meine persönlichen Beziehungen, Familie, (Wahl-)Verwandtschaften, Gemeinschaften
   Fragestellung: Wie geben wir uns Rückhalt?
   2.1 Selbstorganisationsebene: Gruppe von Leuten, denen es so geht wie mir (Peers)
   Fragestellung: Wie machen wir uns stark?
3. Organisationsebene: soziale Einrichtungen, Ämter u. a.
   Fragestellung: Wie ermöglichen Fachleute meine Ermächtigung?
4. Gesellschaftliche Ebene: Bürger*in, Staat, Demokratie, Zivilgesellschaft
   Fragestellung: Wie setzen wir gemeinsam Teilhabe um?
   4.1 Sozialraumebene: Soziale Netzwerke, Nachbarschaft, Dorf, Stadt
   Fragestellung: Wie organisieren wir Geben und Nehmen?

Abbildung 6: Zyklus der Ermächtigung von geflüchteten Menschen in einer Not- und Gemeinschaftsunterkunft in Anlehnung an Müller et al. (2018)

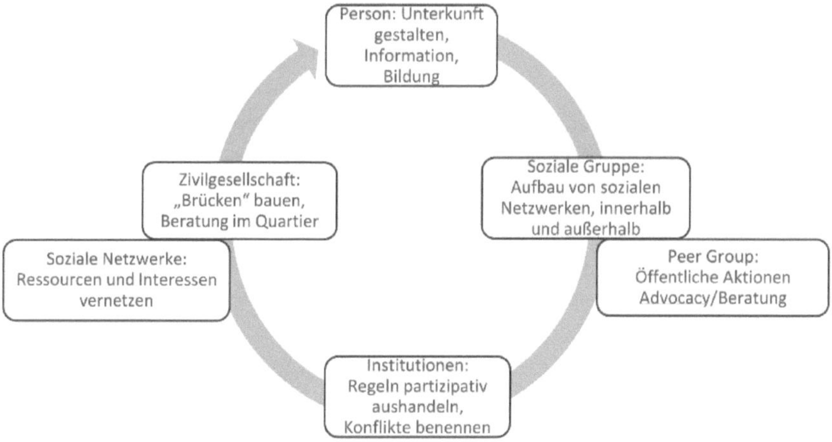

Die Inhalte in den Elementen der Ebenen wurden aus dem Beitrag von Müller et al. (2018: 563–574): „Soziale Arbeit mit geflüchteten Menschen in Not- und Gemeinschaftsunterkünften", zusammenfassend und beispielhaft wiedergegeben.

Der Wunsch in einer Gemeinschaft aktiv zu werden, entspricht unserem Grundbedürfnis nach Zugehörigkeit, sozialer Anerkennung und Gerechtigkeit. Insofern sind Bedürfnisse wichtige internale Treiber, selbst aktiv zu werden, sollten jedoch keinesfalls funktionalisiert und manipulativ missbraucht werden. Der kritische Blick auf das Beteiligungsparadigma in einen aktivierenden Sozialstaat, mit den darin vorgefundenen sozialen Ungleichheiten, Macht- und Herrschaftsverhältnissen, kann durch ein selbstermächtigendes Idealbild des*der aktiven Bürger*in leicht geblendet werden. Die Beteiligten sollten deshalb die Kontrolle über ihr Engagement und ihre Ziele haben können.

> Empowerment kann als eine Verbindung zwischen einem Gefühl der persönlichen Verbundenheit definiert werden, als Kompetenz, Wunsch und Bereitschaft, in einem gemeinschaftlichen Umfeld aktiv zu werden. (vgl. Zimmerman & Rappaport 1988) Alternativ kann Ermächtigung auch als Prozess beschrieben werden, durch den Menschen, Organisationen und Gemeinschaften die Kontrolle über ihr Leben und ihre eigenen Ziele erlangen können (vgl. Rappaport 1987).

4.2 Lehrbeispiel: Langzeitwirkungen von Ermächtigungsprozessen bei ehemals obdach- und wohnungslosen Frauen

Aus einer im Winter 1980 gegründeten Notunterkunft für Frauen, dem ersten Haus für obdachlose Frauen und ihre Kinder in der damaligen Bundesrepublik, hat sich ein von Studierenden der Sozialen Arbeit begleitetes und von Ehrenamtlichen unterstütztes, selbstorganisiertes Wohn-, Arbeits-, Bildungs- und Kulturprojekt entwickelt.

Die qualitativ-empirische Fallstudie (vgl. Blank & Huber 2017) hat diesen Erfahrungsraum in der Retrospektive beleuchten und nach den Langzeitwirkungen von Ermächtigungsprozessen fragen können. Die an der Untersuchung beteiligten Frauen waren in den Jahren 1986–1987 schon einmal an einem partizipativen Forschungsprojekt beteiligt und haben in einem Buchprojekt (Blank 1990) ihre Biografien veröffentlicht. Daran konnte dreißig Jahre später angeknüpft werden.

Das Forschungsdesign weist signifikante Gemeinsamkeiten mit Charles Kieffers auf. Beide stehen in der Tradition der dialogischen Retrospektive, der Bewusstseinsbildung nach Paolo Freire und Martin Bubers dialogischem Prinzip, auf das sich Freire bezogen hat. Erweitert wird der existenzphänomenologische, dialogisch-partizipative Ansatz durch Zugänge aus den Empowerment Studies, der Frauen-, Geschlechter- und Intersektionalitätsforschung. Anhand der Aufzeichnungen aus dem Alltag der Projektarbeit, aus Protokollen zu gemeinsam erarbeiteten Mitbestimmungs-, Selbst- und Fremdeinschätzungsregeln und aus autobiografischen Veröffentlichungen werden Indikatoren abgeleitet. Die Interviews sind entlang dieses Rahmenkonzepts geführt worden. Die leitende Fragestellung lautet: Lassen sich Wirkungen und Langzeitwirkungen von Empowerment-Prozessen in den Lebensverläufen der befragten Frauen feststellen?

Die Auswertung bezieht sich auf die ermittelten Perspektiven und Indikatoren:

- Biografische Perspektive (Aneignung von Raum, soziale Beziehungen, Ressourcen, Eigenmacht)
- Empowerment-Prozessperspektive (personale, soziale, selbstorganisationale und gesellschaftliche Ebene)
- Empowerment-Strukturperspektive (Thematisierung und Angleichung von Machtverhältnissen beispielsweise durch das Teilen von Ressourcen und Privilegien)
- Menschenrechtliche Perspektive.

Die Erkenntnisse der an der Untersuchung beteiligen Frauen können hier lediglich zusammenfassend in den folgenden Fragen skizziert werden:

Was war rückwirkend gesehen am wichtigsten?

- Karen[64]: „Ich würde jetzt mal sagen, so dieses Mitspracherecht. Das war so ein wichtiger Teil und aber auch, dass in der ASH ganzheitlich gearbeitet wurde, also, dass man da den Menschen ganzheitlich gesehen hat."
- Anette: „... in allen Gruppenprozessen auch, in allen Arbeitsprozessen haben wir teilgehabt, konnten wir mitreden, konnten wir mitbestimmen. Wir hatten auch immer Lust, recht oft Nein zu sagen."

Was war die Motivation für die Beteiligung an der Studie?

- „Das Mischkonzept" [aus Wohnen, Arbeiten, Bildung, Kunst und Kultur d. V.] „sollte erhalten bleiben." „So was sollte es überall geben. Es ist wichtig, solche Projekte als einen wichtigen Bestandteil in unserer Gesellschaft mit einzubauen (...) dass es so einen Bereich geben muss, dass sich Frauen einfach ausprobieren können."

Zentrale Ergebnisse der Fallstudie:

- Die ermächtigende Wirkung von Selbst- und Mitbestimmung stärkten die Bewältigung von Traumata (sexualisierte Gewalt und Schutzlosigkeit), Sucht, Erkrankung (psychisch und physisch) und Krisen. Die Widerstandkräfte wurden dadurch gesteigert.
- Resilienz kann noch im Erwachsenalter aufgebaut werden.
- Bei Belastungen im späteren Lebensverlauf konnte auf die in den Partizipationsprozessen gemachten Erfahrungen von Selbstwirksamkeit und Solidarität sowie auf neu erworbene Bewältigungsstrategien und die in vielen verschiedenen Bereichen erworbenen Kompetenzen zurückgegriffen werden.
- Die zu der Zeit für Frauen ungewohnten Erprobungsräume, vom Handwerk in verschiedenen Gewerken, dem LKW-Fahren, über das Lernen des neuen Mediums Personal Computer, bis hin zu Moderations-, Management- und Führungskompetenzen, waren allesamt Ermächtigungsräume.
- Die Ressourcenverlustspirale konnte nachhaltig umgekehrt werden.
- Institutionelle Partizipation und Power Sharing sollten in den Einrichtungen und im Hilfesystem strukturell und rechtlich abgesichert verankern werden und nicht vom Goodwill der Sozialarbeitenden und/oder der Entscheidung der Einrichtung/des Trägers abhängig sein.
- Das Entwickeln und der Erwerb von partizipatorischen Kompetenzen standen im Mittelpunkt der Reflexion von Langzeitwirkungen in den Lebensverläufen. Bemerkenswert ist, dass die Interviewerin nicht explizit nach Mitbestimmung, Teilhabe und Power Sharing gefragt und diese Begriffe nicht genutzt hat.

64 Namen sind selbstgewählte Pseudonyme. Sie entsprechen den Vornamen der autobiographischen Texte, in: Die Meerjungfrau lernt fliegen (Blank 1990).

- Erkenntnisreich ist der Vergleich und die signifikante Übereinstimmung mit den Ergebnissen aus Kieffers Forschung. Demnach wird in beiden Studien Partizipation als Ermöglichungsraum benannt und der Erwerb von partizipatorischen Kompetenzen als Wirkfaktor in Ermächtigungsprozessen hervorgehoben.

5. Ermächtigungsparadigma der Sozialen Arbeit

Social work promotes the empowerment and liberation of people.
International Federation of Social Workers

Auf der Suche nach Antworten auf die Frage wie der Ermächtigungsbegriff für die Soziale Arbeit konkretisiert werden kann, stellt Solomon die Analyse der Macht- und Diskriminierungsverhältnisse in den Mittelpunkt und zeigt die Wirkungen von Rassismus auf die Mitglieder der Black Communities auf. Sie und andere Minderheiten, die Hispanics[65] und Native Americans[66] sind überwiegend das Klientel Sozialer Arbeit, während die Sozialarbeitenden mehrheitlich allein wegen ihrer Hautfarbe privilegiert sind. Solomon entwickelt Kriterien und Strategien für eine historisch als ‚weiß' geprägte Soziale Arbeit.

In ihrem Empowerment-Konzept verknüpft sie die individuellen, sozialen, organisationalen und politischen Ebenen. Das verbindende Element ist die Wirkung von Macht auf die Menschen und Gemeinschaften sowie auf die staatlichen Institutionen und das Hilfesystem. Erfolg und Misserfolg von Empowerment macht sie von dem Grad der Ermöglichung oder Blockierung von Ermächtigungsprozessen im Hilfesystem abhängig.

Etwa zeitgleich zur Bürgerrechtsbewegung der Afroamerikaner*innen bildet sich in der US-amerikanischen politischen Philosophie eine neue Sicht auf die Kraft von sozialen Gemeinschaften heraus. Im Unterschied zur Vorstellung des Liberalismus von einer uneingeschränkten Freiheit des Individuums, betont der Kommunitarismus[67] die Verantwortung des Einzelnen für das Gemeinwohl. Die Rückbindung auf die Familie und angestammte Gemeinschaft beeinflusst die sich etablierende gemeindepsychologische Arbeit in den Communities. Die sozialen Kräfte und Ressourcen der Gemeinschaften sollten für die Gesundheit ihrer Mitglieder erschlossen werden können.

---

65 Hispanics: Alle Amerikaner*innen, die in den spanisch-sprechenden Ländern Südamerikas geborenen worden sind oder ihre Herkunft nach Spanien oder in frühere spanische Kolonien zurückverfolgen können.

66 Nativ Americans: Ureinwohner*innen Nordamerikas, auch First Nations oder indigene Völker Nordamerikas.

67 Kommunitarismus: lat. *communitas*, Gemeinschaft. Die Strömung der anglo-amerikanischen politischen Philosophie betont die Verantwortung des Individuums für die Gemeinschaft. Die freie Entfaltung des Individuums wird befürwortet, solange sie sozial verträglich ist. In der Konsequenz ist der Einzelne den Regeln der Gruppe unterworfen.

Die Pioniere des gemeindepsychologischen Ermächtigungsansatzes, die Psychologen Julian Rappaport, Robert Hess, Charles Kieffer sowie die Psychologin Carolyn Swift, leiten mit der gemeindenahen Versorgung und Prävention des Public Health[68] einen Paradigmenwechsel ein. Das Verständnis von psychosomatischer und psychischer Gesundheit (Mental Health) steht in der Tradition der Positiven Psychologie und der Salutogenese (Aaron Antonovsky 1997) als Alternative zur Pathogenese. Hierzulande erreicht der gemeindepsychologische Ermächtigungsansatz in den 1990er Jahren im Gesundheits- und Sozialwesen eine Breitenwirkung. Die weitgehende Schließung der großen psychiatrischen Landesanstalten, die Psychiatrie Enquéte und die Gründung der ambulanten sozialpsychiatrischen Versorgung in den Bundesländern und Kommunen sind bedeutende Einflüsse für die Entwicklung der Gemeinwesen orientierten Gesundheitsversorgung.

Beeinflusst durch die Selbsthilfegruppen hat sich die Sicht auf das Vermögen von psychisch erkrankten, von Suchtmittel abhängigen und von behinderten Menschen verändert. Ausgehend von der People First-Bewegung in den USA ist Empowerment in die Heilpädagogik und Behindertenhilfe übertragen worden (Theunissen 2009, Theunissen & Plaute 2002). Sie haben den Weg für das Inklusionsprinzip mit geebnet. Die psychosoziale Beratung (Nestmann 1997), die Psychotherapie und Psychiatrie haben ebenso profitiert. Der Ansatz, (ehemalige) psychisch kranke Menschen als Expert*innen in das Gesundheitssystem einzubeziehen, geht auf das angloamerikanische Recovery Modell (Knuf 2016) zurück.

Für die Soziale Arbeit hat Norbert Herriger den (gemeinde-)psychologischen Ansatz in den deutschsprachigen Raum übertragen. Sein Standardwerk „Empowerment in der Sozialen Arbeit" (1997) und seine Philosophie der Menschenstärken haben Generationen von Studierenden und Sozialarbeitenden in ihrem Verständnis von Selbstermächtigung beeinflusst.

> „Empowerment beschreibt mutmachende Prozesse der Selbstbemächtigung, in denen Menschen in Situationen des Mangels, der Benachteiligung oder gesellschaftlichen Ausgrenzung beginnen, ihre Angelegenheiten selbst in die Hand zu nehmen, in denen sie sich ihrer Fähigkeiten bewusstwerden, eigene Kräfte entwickeln und ihre individuellen und kollektiven Ressourcen zu einer selbstbestimmten Lebensführung nutzen lernen." (Herriger 2010: 20)

Der Einfluss des psychologischen Ermächtigungsansatzes, unterlegt durch die Pionierarbeit der US-amerikanischen Gemeindepsycholog*innen und ihren Forschungen sowie der Selbsthilfebewegungen, haben die Rezeptionsgeschichte und Definition von Ermächtigung im deutschen Gesundheits- und Sozialwesen ge-

68 Public Health: Wissenschaft und Praxis der Prävention von Krankheiten und der Förderung von physischer und psychischer Gesundheit.

prägt. Für viele gilt Julian Rappaport als der „geistige Vater“[69], als Begründer des Empowerment-Konzepts. Die Frage: Was ist Empowerment? beantwortet er so:

> „The idea is more important that the thing itself. We do not know what empowerment is, but like obscenity, we know it when we see it. The idea stimulates attempts to create the thing itself." (Rappaport 1981: 2)

Wie könnte Rappapports Definition verstanden und eingeordnet werden? „Die Idee ist wichtiger als die Sache selbst. [...] Die Idee stimuliert Versuche, das Ding selbst zu erschaffen.“[70] Worauf nimmt er Bezug? Aus erkenntnistheoretischer Sicht kann die Vorstellung von etwas, „das Ding“, das Phänomen,[71] hervorbringen. Der Geist bewegt die Materie, postuliert der dem römischen Dichter Vergil zugeschriebene Sinnspruch. Die Phänomenologie[72] sieht den Ursprung der Erkenntnisgewinnung in den Dingen, die in der Welt der Erfahrungen aufscheinen (vgl. Husserl 2007). Sie werden in der Lebenswelt mit allen Sinnen begreifbar. Im Alltag können wir aber auch die Erfahrung des unbegreiflichen machen. Etwas scheinbar Unmögliches ist uns gelungen. Wir fühlen uns gestärkt, ohne genau sagen zu können, was die Erfahrung von Eigenmacht bewirkt hat. Insofern kann Rappaports Antwort, dass wir nicht wissen, was Empowerment ist, sowohl als eine schwer mit Begriffen fassbare Erfahrung, als auch als sokratische Weisheit der Begrenztheit allen menschlichen Wissens gelesen werden. Im Stadium des wissenden Nicht-Wissens können wir aus der Kraft des gegenwärtigen Augenblicks schöpfen und unmittelbar Einsicht gewinnen. Mit der Haltung eines echten Interesses, größtmöglicher Unvoreingenommenheit und der Offenheit für das, was unmittelbar wahrgenommen und gemeinsam geteilt werden kann, sollten Fachpersonen wissende Nichtwissende sein. Wir wissen aber auch, dass Ermächtigung nicht einfach mal so durch die Kraft des Geistes erzeugt werden kann. Solche Manifestation ist uns Normalsterblichen nicht gegeben. Viel mehr sind es die Situationen des Mangels, der Diskriminierung und Schutzlosigkeit, die alle Aufmerksamkeit und Kraft zur Lebensbewältigung auf sich ziehen.

Eine andere Perspektive auf menschliches Handeln nimmt Max Weber ein. Ihm zufolge sind es nicht die Ideen, die uns leiten, sondern Interessen. Aber, Ideen, welche die Vorstellungswelt der eigenen Gemeinschaft und Interessen-

---

69 Herriger 2022: https://www.socialnet.de/lexikon/Empowerment [Zugriff: 17.02.2023]

70 Übers. Zitat in: Rappaport (1981: 2): Die Idee ist wichtiger als die Sache selbst. Wir wissen nicht, was Ermächtigung ist, aber wie Obszönität erkennen wir sie, wenn wir sie sehen. Die Idee regt Versuche an, das Ding selbst zu erschaffen.

71 Phänomen: altgriech phainómenon Sichtbares, Erscheinung.

72 Edmund Husserl (1859–1938) entwarf zu Beginn des 20. Jh. eine neue Denkschule, einen neuen Zweig der Philosophie, die Phänomenologie. Charles Kieffer bezieht sich in „Emergence of Empowerment“ auf den darin verorteten existenzphänomenologischen Ansatz.

gruppe prägen, können die Richtung vorgeben. Dies unterstreicht die Bedeutung von Zusammenschlüssen und die Kraft des Wir in Ermächtigungsprozessen.

> „Interessen (materielle und ideelle), nicht: Ideen, beherrschen unmittelbar das Handeln der Menschen. Aber: die ‚Weltbilder', welche durch ‚Ideen' geschaffen wurden, haben sehr oft als Weichensteller die Bahnen bestimmt, in denen die Dynamik der Interessen das Handeln fortbewegte." (vgl. Weber 1989: 101)

Beide, Interessen und Ideen, bestimmen die Möglichkeiten und Grenzen von Empowerment. Die Analyse der hinter den Interessen stehenden Machtverhältnisse ist eine wichtige Voraussetzung zum Verständnis der Phänomene der Macht. Welche Interessen stehen hinter Diskriminierungen? Wie wirken sie sich auf die betroffenen Menschen, ihre Familien und Gemeinschaften aus?

Barbara Solomon zufolge sollten zuerst die Machtverhältnisse analysiert und die Auswirkungen von Stigmatisierungen erforscht werden, um von da aus sagen zu können, wie Ermächtigung in Erscheinung treten und definiert werden kann. In der Tradition der Black Studies[73] verbindet sie theoretisches und empirisches Wissen und erforscht die Auswirkungen von Rassismus auf die Communities der Afroamerikaner*innen. Es geht ihr dabei nicht nur um die Aufarbeitung der Sklaverei, Apartheid oder Kolonialgeschichte. Erforscht werden sollte auch, wie sich diese historischen Ereignisse auf die chronische Armut und gesundheitliche Verfassung der Familien der Nachfahren der Sklaven auswirken und weshalb sich die Wissenschaft allgemein wenig mit der Untersuchung von Macht- und Diskriminierungsverhältnissen befasst. Aus ihren Forschungen leitet sie Indikatoren ab, die sie als intern und extern wirksame Machtblockaden definiert. Daraus können psychologische und strukturelle Muster abgeleitet werden, die für alle Personen und Gruppen, die durch Diskriminierungsverhältnisse an der Verwirklichung ihrer Interessen und Ziele gehindert werden, gleich wirksam sind.

Solomons Empowerment Theory ist nicht nur für die Gemeinschaften der Schwarzen, sondern für alle diskriminierten Personen und Gruppen in einer dominanten Mehrheitsgesellschaft richtungsweisend. Sie analysiert den Einfluss von Machtverhältnissen auf der psychologischen und systemischen Ebene. Dies erweitert den gemeindepsychologischen mit dem machttheoretischen Ansatz

73 Black Studies oder Africana Studies ist eine interdisziplinäre akademische Disziplin mit dem Fokus auf Geschichte, Soziologie, Religion, Kultur, Literatur, Kunst und Politik der afroamerikanischen Bevölkerung und der afrikanischen Diaspora, von der Karibik bis zu den Britischen Inseln. Sie sind in den USA entstanden und als Fachbereich in den 1960er Jahren eingerichtet. Sie befassen sich mit den Erfahrungen Schwarzer Menschen in der Gesellschaft und analysieren die sozialen und ökonomischen Verhältnisse, die Familienstrukturen und Rollen in der Gesellschaft mit rassistischer Diskriminierung korrespondieren und machen den Einfluss von rassistischen Denkweisen (*racial bias*) deutlich.

und verbindet das psychologische mit dem politischen Empowerment. Damit wird das Verständnis von Empowerment inklusiv und universell.

Die Vereinigung zweier getrennt voneinander erscheinender Zugänge kann in der Globalen Definition von Sozialer Arbeit[74] mit den Worten „Soziale Arbeit fördert Ermächtigung und Befreiung der Menschen“ und „beteiligt Menschen und Strukturen“ übersetzt werden.

> “Social work is a practice-based profession and an academic discipline that promotes social change and development, social cohesion, and the *empowerment and liberation* [Hervorhebung d. V.] of people. Principles of social justice, human rights, collective responsibility and respect for diversities are central to social work. Underpinned by theories of social work, social sciences, humanities and indigenous knowledge, social work *engages people and structures* [Hervorhebung d. V.] to address life challenges and enhance wellbeing. The above definition may be amplified at national and/or regional levels.”[75]

Die deutschsprachige Definition des Deutschen Berufsverbands für Soziale Arbeit (DBSH) weicht von der englischen Fassung der International Federation of Sozial Workers (IFSW) bei der Übersetzung von *empowerment and liberation* und *engages people and structures* ab:

> „Soziale Arbeit fördert als praxisorientierte Profession und wissenschaftliche Disziplin gesellschaftliche Veränderungen, soziale Entwicklungen und den sozialen Zusammenhalt sowie die *Stärkung der Autonomie und Selbstbestimmung* [Hervorhebung d. V.] von Menschen. Die Prinzipien sozialer Gerechtigkeit, die Menschenrechte, die gemeinsame Verantwortung und die Achtung der Vielfalt bilden die Grundlage der Sozialen Arbeit. Dabei stützt sie sich auf Theorien der Sozialen Arbeit, der Human- und Sozialwissenschaften und auf indigenes Wissen. Soziale Arbeit *befähigt und ermutigt* [Hervorhebung d. V.] Menschen. so dass sie die Herausforderungen des Lebens bewältigen und das Wohlergehen verbessern, dabei bindet sie Strukturen ein. Diese Definition kann auf nationaler und/oder regionaler Ebene weiter ausgeführt werden.“ (vgl. DBSH 2016: 2)

In der Übersetzung kündigen sich die Zielkonflikte im Professionsverständnis an. Die mit einer Disziplin verbundenen grundlegenden Begriffe sind mit wissenschaftlichen Definitionen unterlegt. Es macht einen Unterschied, ob der mehrperspektivische Ermächtigungsbegriff oder die Stärkung der Autonomie und Selbstbestimmung der Menschen betont wird. Wie das Befähigen und Er-

---

74 Definition Soziale Arbeit 2016: https://www.dbsh.de/media/dbsh-www/redaktionell/bilder/Profession/20161114_Dt_Def_Sozialer_Arbeit_FBTS_DBSH_01.pdf [Zugriff: 27.05.2023]

75 Global Definition of Social Work 2014: https://www.ifsw.org/what-is-social-work/global-definition-of-social-work/ [Zugriff: 7.05.2023]

mutigen adressiert der Stärkenbegriff primär die psychologische Ebene und verengt die Perspektiven auf die Beteiligung der Menschen und Strukturen beim Adressieren von Lebensbewältigung und Wohlergehen.

Trotz unterschiedlicher professionstheoretischer Positionen sollte allgemein anerkannt werden können, dass die englischsprachige Definition sowohl die personalen als auch strukturellen Arbeitsebenen und -prinzipien Sozialer Arbeit benennt. Im Zusammenhang mit Befreiung wird Empowerment emanzipatorisch und politisch. Für ein inklusives Verständnis von Ermächtigung wird ein umfassendes Set an Theorien, eine Methodologie der Ermächtigung, wissenschaftlich begründetes Handeln und strategisches Können gebraucht.

Die Kritik an der deutschsprachigen Version der internationalen Definition Soziale Arbeit soll keineswegs die Verdienste der Pionier*innen schmälern, die maßgeblich zu dem tiefgreifenden Wandel der Profession beigetragen und trotz Widerstände auf einem positiven, humanistischen Menschenbild bestanden haben. Unter dem Einfluss des psychologischen Ermächtigungsansatzes hat sich die Soziale Arbeit in ihrem Selbstverständnis und in Theorie und Praxis von Grund auf neu ausgerichtet. Die Kritik an der Macht der Fachpersonen und umgekehrt die Kritik am Ermächtigungsparadigma beschäftigt den sozialwissenschaftlichen Diskurs bis heute.

6. Empowerment-Kritik

Die Wunde, die Empowerment zu heilen verspricht,
schlägt es in gleichem Maße stets neu.
Ulrich Bröckling

Die Multidimensionalität von Power trägt zur Ausstreuung in verschiedene Disziplinen bei. Die Bandbreite des Diskurses bewegt sich von der Psychologie über die Soziale Arbeit, die Politik und Entwicklungszusammenarbeit, bis zur Betriebswirtschaftslehre. David Vossebrecher und Karin Jeschke (2009) sprechen aus der Perspektive der kritischen Psychologie von einem Höchstmaß an „theoretischer Diffusion", die der Empowerment-Diskurs erreicht habe. Das Auseinanderfallen des Empowerment-Begriffs in mehrere wissenschaftlichen Disziplinen zeigt sich gleichsam als Wunde. In sie legen die Kritiker*innen den Finger und fordern eine kohärente Theorie ein. Die Gefahr der doppelten Ausgrenzung von sowieso schon marginalisierten Personen und Gruppen werde von den Empowerment-Befürwortenden nicht genügend erkannt und beantwortet. Es mangele an gesellschaftstheoretischer Fundierung und damit einhergehend an einer klaren Vorstellung von „emanzipatorischer ‚Sozialveränderung'", so Vossebrecher und Jeschke. Sie fordern eine kritische Auseinandersetzung mit dem Empowerment-Ansatz, „als ein Versuch, den Vermittlungszusammenhang zwischen Individuum und Gesellschaft entgegen Individualisierungs- und Psychologisierungstendenzen zu berücksichtigen (ebd. 53)."

Je nach Perspektive und Disziplin werden unterschiedliche Standpunkte eingenommen und grundsätzliche Fragen aufgeworfen. Kann es eine Begründung für die Theorie der Ermächtigung und eine wissenschaftliche Legitimation für den Empowerment-Begriff geben? Letzteres wird insbesondere aus soziologischer und sozialarbeitswissenschaftlicher Perspektive verneint. Ulrich Bröckling (2007) und Silvia Staub-Bernasconi (2007) haben sich intensiv mit der Frage nach der wissenschaftlichen Legitimation des Empowerment-Begriffs beschäftigt. Die Vision der Ermächtigung sei eher eine naive Vorstellung, so Bröckling. Denn mit der pauschalen Zuschreibung von Eigenmacht würden die Ursachen von Notlagen individualisiert und damit letztlich die Machtlosigkeit der Adressat*innen der Hilfe verstärkt. Die Empowerment-Autor*innen interessierten sich weniger für die Ursachen von Machtasymmetrien als vielmehr für individual- wie sozialpsychologischen Effekte. Somit entsteht ein Ermächtigungsparadox: „Die Wunde, die Empowerment zu heilen verspricht, schlägt es im gleichen Maße stets neu." (Bröckling 2007: 19)

Die Wegbereiterin des Verständnisses von Sozialer Arbeit als kritische Disziplin und Profession hat die Frage nach der Macht nicht aus ihrer handlungswissenschaftlichen Begründung ausgeklammert. Im Gegenteil. Es ist Staub-Bernasconis Verdienst, dass die Machtprobleme im Kontext von sozialen Problemen analysiert und mittels ihrer prozessual-systemischen Denkfigur konkretisiert werden können. Dennoch wird der Machtbegriff in Theoriebildung und Praxis der Sozialen Arbeit wie auch im interdisziplinären Empowerment-Diskurs weitgehend ausgeblendet (Staub-Bernasconi 2007: 245–270, Blank 2018: 327–340). So verwundert es nicht, dass sie die individualistische, neoliberale Auslegung von Empowerment hinterfragt. Zum Abschluss ihrer „Kritischen Anfragen – Wo bleibt die Macht?" empfiehlt Staub-Bernasconi (2007) anstelle des Empowerment-Begriffs „eine weniger irreführende Bezeichnung". (vgl. ebd. 252)

> „So wird damit den Adressat(inn)en der Sozialen Arbeit die Aufklärung, das heißt das Wissen darüber vorenthalten, was Macht ist. Und es wird ihnen Macht versprochen, ohne den Anspruch handlungstheoretisch einlösen zu können. Es erstaunt deshalb nicht, dass die Empowerment-Vorstellung problemlos von der konservativen Bush-Regierung (senior und junior) sowie von der Betriebswirtschaftslehre übernommen werden konnte." (ebd. 251)

Und:

> „Es geht bei dieser Kritik nicht darum, das Konzept als völlig untauglich zu bezeichnen, sondern vielmehr darum, eine weniger irreführende, bescheidenere Bezeichnung dafür zu finden, so zum Beispiel „individuelle wie gemeinwesenbezogene Ressourcenerschließung dank partizipativer Lern- und Kooperationsprozesse." (ebd. 252)

Das weitgehende Ausklammern der Frage nach der Macht hat fraglos zur theoretischen Unbestimmtheit des Ermächtigungsbegriffs beigetragen. Die Kritiker*innen müssen sich ihrerseits kritisch fragen lassen, ob sie in ihrer Diskursanalyse alle Empowerment-Theoretiker*innen einbezogen und ob sie sich mit Solomons Grundlagenwerk wirklich auseinandergesetzt haben? Hätten sie sich mit dem Wissen um ihren machttheoretischen und rassismuskritischen Empowerment-Begriff genauso kritisch geäußert? In der Rückschau auf die Zeit nach dem Erscheinen von Solomons Grundlagenwerkes muss die Frage, was wäre, wenn? erlaubt sein. Wie hätte sich der Diskurs mit Solomon als eine im angelsächsischen und deutschsprachigen Raum anerkannte Wissenschaftlerin weiterentwickelt? Wäre die neoliberale Vereinnahmung einer menschlichen Grundkonstante und ihre Umdeutung zu einer vermarktbaren Selbstoptimierungslogik so selbstverständlich möglich geworden? Und hätte im Empowerment-Diskurs selbst die Frage nach der Macht so nachhaltig ausgeklammert werden können?

Zusammenfassung

Ermächtigungsprozesse sind in die Entwicklungsgeschichte der Menschheit eingeschrieben. Es sind Held*innenreisen im Kampf für Freiheit, Selbstbestimmung, Anerkennung und ein menschenwürdiges, gutes Leben; trotz Diskriminierung, Unterdrückung, Gewalt und Schutzlosigkeit. Wie haben sich die Erfahrungsexpert*innen aus ihrer Hoffnungslosigkeit befreit? Welche Bewältigungsstrategien haben sie entwickelt? Welche Kompetenzen gewonnen und welches Wissen genutzt? Weshalb hat ihr Kampf um Selbstbestimmung und Freiheit viele Menschen inspiriert? Wie ist das Ermächtigungswissen von Einzelnen, von Minderheiten und der Hälfte der Menschheit, der Frauen und Mädchen, in Symbole und Sprache verfasst übermittelt worden und in die Geschichtsschreibung eingegangen?

Der psychosoziale Zugang betont die personale Ermächtigungsdimension. Ausgehend von der Humanistischen und Positiven Psychologie werden Community-basierte, sozialräumliche Zugänge zur Überwindung der erlernten Hilflosigkeit (Seligman 1974) entwickelt und die Bedeutung von Selbstwirksamkeitserwartungen hervorgehoben. Im Rückgriff auf die existentielle Phänomenologie scheinen die Phänomene der Ermächtigung in der Lebensgeschichte und biografischen Forschung auf. Edmund Husserl entwickelte seinen Lebensweltbegriff aus der Welt der Erscheinungen. In ihr sieht er den Ursprung der Erkenntnisgewinnung. Denn, so sein Grundsatz: Ohne die Welt der Erfahrungen, die unsere Lebenswelt ist, gibt es kein Bewusstsein, das zu untersuchen möglich wäre (vgl. Husserl & Sowa 2008).

Daran schließt Hans Thiersch sein Konzept der Lebensweltorientierung Sozialer Arbeit an. Die Profession findet eine Begründung im phänomenologisch-interaktionistischen Zugang zur Lebenswelt und zugleich Handlungsleitlinien in den Struktur- und Handlungsmaximen (Grunwald & Thiersch 2004: 26–28). In einem reflexiven, kritischen Verständnis von Alltag wird das je Vorgefundene zum Mittel und Medium des professionellen Interagierens, Intervenierens und Eindringens in die Eigensinnigkeit der Lebenswelt. In subjektiver Sicht auf objektive Lebensbedingungen konstruieren wir unsere Weltsicht und suchen einen Sinn im Gelingen und Scheitern. Dabei bewegt sich die den Alltag begleitende Soziale Arbeit im Spannungsfeld zwischen dem Respekt vor der Eigensinnigkeit der Lebenswelt und dem Menschen in seiner Lebenswelt einerseits und in der Destruktion von Lebenswelt im Sinne von Freisetzung von Möglichkeiten und Beseitigung von Hemmnissen andererseits (vgl. Thiersch 2000).

Selbstwirksamkeit erfahren wir in der Bewältigung unseres Alltags, in Deutungen und Sinngebungen. Mit Selbstwirksamkeitserwartung beginnen Ermächtigungsprozesse. Die Hoffnung ist ein Zeitfenster. Der Ort und Ermöglichungsraum die Lebenswelt. Ressourcen und soziale Beziehungen sind gewissermaßen die Dinge, in denen uns unsere Welt in Erscheinung tritt. Mit ihnen können wir in autonomer Zuständigkeit auf unser Leben gestaltenden Einfluss nehmen. Mehr noch, in der Gebürtlichkeit des Menschen, so sagt es Hannah Arendt, liegt sowohl der Zwang zum Handeln als auch die Freiheit zur schöpferischen Kraft.

Die soziologische Perspektive untersucht die gegebenen Lebenslagen und die Ursachen von sozialen Problemen. Auch die Erscheinungsformen der Macht und die Funktionsweisen der Systeme in der Lebenswelt. Macht- und Diskriminierungsverhältnisse bestimmen die Kommunikation, die Interaktion und den Zugang zu Wissen und Wissensproduktion. Das Ignorieren der Stimmen der Adressat*innen ist eine Form von indirekter Gewalt. Das Verschweigen oder Vereinnahmen von indigenem Wissen und das von diskriminierten Minderheiten ebenso. Der Übergang zu epistemischer Gewalt ist fließend. Damit geht ein Wissensschatz verloren. Subtile Gewalt zeigt sich auch in der Sprache. Diskriminierungs- und geschlechtersensible Sprache hingegen verschafft den Mindermächtigen Zugang zu Definitions- und Deutungsmacht. In der Überwindung von Diskriminierung und unterdrückenden Machtverhältnissen ist menschenrechtliches Empowerment begründet.

Eine Ermächtigung ermöglichende Soziale Arbeit erkennt die Ursachen und Wechselwirkungen von Diskriminierungs- und Machtverhältnissen. Ihre Interventionen zielen darauf ab, Machtblockaden in Mikro- und Makroprozessen zu identifizieren, um von da aus ihr gesamtes Wissen und fachliches Können für das Ermöglichen von Ermächtigung auf der Subjekt- und Systemebene einsetzen zu können. Dem entsprechend ist dies Solomons Antwort auf die Ausgangsfrage: Was ist Ermächtigung?

> „Ermächtigung ist definiert als ein Prozess, bei dem die Sozialarbeitenden oder andere professionell Helfende eine Reihe von Aktivitäten mit dem*der Klient*in durchführen, um die Ohnmacht bzw. Mindermacht, die aus der Erfahrung von Diskriminierung herrührt, zu reduzieren, weil er*sie einer stigmatisierten Gruppe (Nachbarschaft, Gemeinschaft, Minderheit) angehört. Diese Aktivitäten zielen insbesondere darauf ab, solchen negativen Bewertungen entgegenzuwirken. Der Erfolg oder Misserfolg von Empowerment hängt direkt davon ab, inwieweit das Hilfesystem selbst ein Hindernisparcours oder Chancensystem ist." (Solomon 1976: 29, Übers. d. V.)

In der Wechselbeziehung von psychologischer und soziologischer Perspektive, von subjektbezogener personaler und strukturbezogener systemischer Ebene, kann Solomons Empowerment Theory verortet werden. Sie sieht jedoch auch deren Leerstellen und benennt die Ursachen für die schwere Fassbarkeit des Ermächtigungsparadigmas. Sie sieht die Gründe in der mangelhaften Erforschung der Phänomene der Macht und Mindermacht. Deren psychologischen, sozialen und politischen Folgen sind nicht ausreichend untersucht, um sagen zu können, wie der Prozess der Aneignung von Macht, wie Ermächtigung, verstanden und definiert werden kann (vgl. Solomon 1976: 11–29). Ohne diese Grundlagenforschung könne nicht hinreichend erklärt werden, was Empowerment ist. Ihre richtungsweisende sozialwissenschaftliche Fundierung bleibt ein Desiderat.

Mehr als vier Jahrzehnte nach dem Erscheinen ihres Grundlagenwerks ist die angemahnte Leerstelle immer noch nicht ausreichend erforscht. Viele Fragen bleiben offen. Kann das in Sprache gefasste und allgemein bekannt gewordene Ermächtigungswissen neue Erkenntnisse zur Lebensbewältigung und zum Umgang mit gesellschaftlichen Herausforderungen generieren? Und das individuelle und kollektive Handeln inspirieren? Beeinflusst die Konstruktion von Ermächtigung gleichsam performativ[76] die ‚empowerte' Person oder Community? Könnte sich über alle unterschiedlichen Identitäten hinweg eine gemeinsame Begriffsbildung der Ermächtigung herausbilden, so wie es die Forschungsergebnisse von Kieffer (1984), Blank & Huber (2017) nahelegen?

76 Die Sprechakttheorie bezeichnet mit dem Begriff Performativität einen spezifischen Zusammenhang von Sprechen und Handeln. Ein Beispiel: Die Philosophin und Geschlechterforscherin Judith Butler sagt in Gender Trouble (1990), dass die geschlechtliche Identität durch den Sprech-Handlungsakt (*doing gender*) hervorgebracht wird und nicht durch ein ‚dahinterstehendes' biologisches Geschlecht. Die Performativität, die Sprechhandlung in Form einer Konstruktion von Geschlecht, ist nicht ein einzelner und für immer festlegender Akt, sondern relativ und veränderbar.

Teil II: Macht – Ohnmacht – Mindermacht – Ermächtigung neu denken

Rethinking power, powerlessness, and empowerment.

Macht ist für menschliches Leben und Zusammenleben grundlegend. Sie spielt daher eine bedeutende Rolle in Gesellschaft und Wissenschaft. Obwohl Macht unser aller Leben durchdringt, gibt es kein allgemein akzeptiertes Verständnis von Macht. Im Wissenschaftsdiskurs wird Macht, wie Empowerment auch, aus soziologischer, philosophischer, politischer, juristischer, historischer, anthropologischer und psychologischer Perspektive analysiert und ausbuchstabiert. Entsprechend der disziplinären Vielfalt ist der Machtbegriff ebenso von „theoretischer Konfusion" (Han 2005) geprägt.

Je nach Zugang verschiebt sich der Fokus auf die Omnipräsenz einer beziehungs- und strukturbildenden gesellschaftlichen Grundkonstante, die sich in höchst vielfältigen und widersprüchlichen Erscheinungsformen zeigen kann. Für die einen bedeutet Macht Unterdrückung. Für andere kann sie ein konstruktives Element in der zwischenmenschlichen Kommunikation oder auch Gestaltung von Politik sein.

Für Saul D. Alinsky, dem Wegbereiter des Community Organizing, ist die Handlungsmacht das bestimmende Element der Ermächtigung. Alinskys „Anleitung zum Mächtigsein" (1971)[77] will den Menschen das Wissen für Instrumente an die Hand geben, mit denen sie sich selbst helfen und nicht auf Wohltätigkeiten angewiesen sind. Mit deren Einsatz sollen sie sich basisdemokratisch organisieren und als Gemeinschaft so mächtig werden können, dass sie die Ursachen für die Probleme der Armut und Diskriminierung beseitigen können. Dem Zusammenschluss der Vielen steht die Selbstermächtigung des Individuums (*self-empowerment*) zum Zweck der Selbstoptimierung in einer auf Konkurrenz aufgebauten Leistungs- und Ellenbogengesellschaft (*survival the fittest*) gegenüber.

Der machttheoretische Ansatz steht im Zentrum eines inter- und transdisziplinären Verständnisses von Ermächtigung. Er wird in den modernen Machttheorien, hier primär bei Weber, Popitz, Luhmann, Foucault, Bourdieu, Butler und Han, verortet. Die Prozesse der Macht und Ohnmacht beziehungsweise

77 Erstausgaben: *Reveille for Radicals* (1946) und *Rules for Radicals* (1971).

Machtlosigkeit und Mindermacht (*powerlessness*) sowie der Ermächtigung werden nicht getrennt voneinander, sondern in ihren wechselseitigen Bedingtheiten gewissermaßen ethnografisch beobachtet und hermeneutisch gedeutet. Macht ist mit den vielfältigen Formen der Diskriminierung, die als Phänomene der Entmächtigung und der Machtlosigkeit in Erscheinung treten können, verwoben. Sexismus, Queerfeindlichkeit, Homophobie, Rassismus, Antisemitismus, Antiziganismus, Islamfeindlichkeit, Klassismus, Sozialrassismus, Ableismus, Adultismus und andere -ismen sind Machtstrukturen. Als Diskriminierungsinstrumente stabilisieren sie die herrschende Ordnung und Gesellschaften.

Demgegenüber steht die Begrenzungsmacht der Menschen- und Grundrechte. Systematische Benachteiligungen und Herabwürdigungen verletzen die Menschenwürde. Sie verhindern den Aufbau von internen und externen Verwirklichungsbedingungen, von Capabilites (vgl. Teil I, 3). Fehlen über längere Zeit die Voraussetzungen für ein Leben, das der Würde des Menschen[78] entspricht, entstehen soziale Probleme (vgl. Teil II, 3.2).

78 Grundgesetz Artikel 1 und Allgemeine Erklärung der Menschenrechte Artikel 1.

1. Macht – ein alltägliches soziales Phänomen

Macht ist weder ‚gut' noch ‚böse', sondern soziologisch amorph.
Max Weber

Macht ist allgegenwärtig. Gleichsam fraglos bestimmt sie als anthropologische Größe unser Leben und Zusammenleben.

> „Wir unterstellen in großer Selbstverständlichkeit, dass Macht ein allgemeines Element der conditio humana sei. Macht bestimmt das Wesen menschlicher Vergesellschaftung von Grund auf. Wenn wir das unterstellen, müssen wir auch von Grund auf fragen: Worauf beruht menschliche Macht? Auf welchen Handlungsfähigkeiten, welchen vitalen Bedingtheiten?" (Popitz 1992:11)

Was also ist Macht und worauf beruht sie?

„Macht ist weder ‚gut' noch ‚böse', sondern „soziologisch amorph" (Weber 1976: 28). Für den Mitbegründer der Soziologie ist Macht per se neutral, sozial vielgestaltig und ohne festgelegte soziale Ordnung. Mit Blick auf das starre Ordnungsprinzip der Herrschaft, in das wir gewissermaßen vergesellschaftet hineingezwungen sind, ist Macht eine gestaltbare und frei zirkulierende Kraft. Dies gilt ebenso für die Chancen und Wirkungen der Macht in privaten wie auch gesellschaftlichen Beziehungsverhältnissen. Das Verhältnis von Macht und Herrschaft kann untersucht werden, eine „soziologisch amorph" erscheinende, also sich einer bestimmten gesellschaftlichen Ordnung entziehende Macht, hingegen nicht. Webers systematische Soziologie enthält daher nur eine knappe Definition. Er beschreibt Macht weiter als

> „Chance, innerhalb einer sozialen Beziehung den eigenen Willen auch gegen Widerstreben durchzusetzen, gleichviel worauf diese Chance beruht." (ebd.)

Alle denkbaren Qualitäten eines Menschen und alle denkbaren Konstellationen können jemanden in die Lage versetzen, den eigenen Willen in einer jeder sich bietenden Chance durchzusetzen. Diese Gelegenheiten müssen allerdings erkannt und genutzt werden. Machtinstinkt wird den ‚für die Politik geborenen' Menschen attestiert. Untersucht werden kann, welche Chancen wie genutzt werden und mit welchen Mitteln sich Herrschaft konstituiert. Fragen, warum ein Befehl befolgt wird, wie der Einsatz von Belohnung und Bestrafung menschliches Verhalten beeinflusst oder wie sich soziale Ordnungen herausbilden, können beobachtet und Fragen nach der Gestaltung von Machtstrukturen beantwortet werden.

Der Wille zur Macht und die Durchsetzungsmacht sind in sozialen Beziehungen die bestimmenden Gestaltungsprinzipien von Macht, jedoch nicht notwendigerweise in Organisationen und gesellschaftlichen Systemen. Im Unterschied dazu setzt Herrschaft, gemeint ist die „Chance, für einen Befehl bestimmten Inhalts bei angebbaren Personen Gehorsam zu finden" (Weber 1980: 28), eine legitime, also eine (rechts-)gültige und allgemein anerkannte Ordnung voraus. An Max Webers klassische Definitionen von Macht und Herrschaft schließen sich Machtkonzepte und Vertreter*innen unterschiedlicher Theorietraditionen an und sind heute noch, auch für das zirkuläre Verständnis von Macht in Ermächtigungsprozessen, aktuell. Auch die Bedeutung des eigenen Willens wird betont. Auf der personalen Ebene wird der Wille und die Kraft zum Mächtigsein wirksam. Auf der institutionellen und gesellschaftlichen Ebene ermöglichen partizipative Strukturen innerhalb einer demokratisch legitimierten Ordnung dem Individuum die Chance, dass sein*ihr Wille gehört wird und sich auf legitime Weise durchsetzen kann.

Die Übergänge von Handlungsmacht zu subtilen, manipulativen, kränkenden Aktionen bis zu direkter Gewaltanwendung sind fließend. Machtausübung und die vielfältigen Formen von Gewalt können eng beisammen liegen. Der Faktor Macht kann jede soziale Beziehung bestimmen oder gar beherrschen, wenn der eigene Wille, den des Anderen übergeht. Selbst das Verneinen des Respekts vor dem Widerstreben ist eine Form von Gewalt. Für den Soziologen Heinrich Popitz ist Gewalt eine über Webers Definition hinausgehende, spezifische Form der Machtausübung bis hin zur Tötung. Die Verletztbarkeit des Menschen durch den Menschen ist in vielerlei Formen möglich. Seine Aktionsmacht (Popitz 1986: 68–107) ist nicht aufhebbar, bis zum Schluss nicht.

Machtaktionen sind vielfältig und vollziehen sich in einer Vielzahl von Variationen und Abstufungen, von sozialer Ächtung bis zu Hunger, Versklavung und Vergewaltigungen als Kriegswaffe. Aktionsmacht beruht auf dem menschlichen Körper und seiner Körpermacht. Sie wird von der Drohung bis zur direkten Gewaltausübung eingesetzt, aber auch zur Verteidigung gegen Gewalteinwirkung von außen. In der zwischenmenschlichen Interaktion und Kommunikation beginnen Machtaktionen mit der Missachtung der Grenzen von Mindermächtigen, etwa die von Kindern, Jugendlichen, alten Menschen und Frauen. Auf der personalen und politisch-strukturellen Ebene ist in langen gesellschaftlichen Prozessen, ausgelöst durch die Frauenbewegung der 1970er Jahre, nach und nach der Gewaltschutz von Frauen und Kindern verbessert worden. Vergewaltigung in der Ehe ist erst seit 1997 strafbar. Ab 2000 hat sich mit der Einführung des Gewaltschutzgesetztes und des Wohnungsverweises des Täters die Situation für die Opfer verbessert.

Demokratisch legitimierte Gewalt in Form von Regeln und Gesetzen sichert die Durchsetzung der Grundrechte, der Sozialrechte und des Rechtsbeistands in den vorgegebenen Machtstrukturen. Angesichts der erschreckenden Zahlen von Häuslicher Gewalt mit Todesfolge (vgl. Teil I, 1.4 und II, 3.1) sind dringend weitere Policies nötig. Die Konventionen der Vereinten Nationen zum Schutze der Menschenrechte sowie die europäischen und nationalen Grundrechte sind unverzichtbare Instrumente zur Stärkung von Durchsetzungsmacht der Machtschwächeren, aber auch zur Stärkung der Demokratie und ihren Fähigkeiten zur Aushandlung von sozialen Regeln der Machtverteilung und zur Sicherung von legitimer und rechtlich legitimierter Begrenzungsmacht (vgl. Staub-Bernasconi 2018: 414f).

Gewalt kann zur Durchsetzung von egoistischen Interessen eingesetzt werden. Aber auch zu deren Machtbegrenzung. Die Gewaltenteilung zwischen Legislative, Exekutive und Judikative sowie der sogenannten vierten Gewalt im Staat, des freien Journalismus, sind Grundlagen der Rechtsstaatlichkeit und von Meinungsfreiheit. Eine demokratisch legitimierte Verfassung handelt Regeln und Gesetze aus, die die Macht von Einzelnen und Interessengruppen begrenzen. Bei einigen wenigen Menschen und ihren Netzwerken konzentrieren sich unverhältnismäßig viele überlebenswichtige Ressourcen und Instrumente zu ihrer Willensdurchsetzung. Mit ihrer Machtfülle an Energiequellen, Naturressourcen, Daten, Infrastruktur, Geld und Waffen haben sie die Fähigkeiten, der gesamten Menschheit ihren Willen aufzuzwingen. Alle staatliche Gewalt, die vom Volke und dem Völkerrecht ausgeht, ist mit Blick auf die Machtkonzentration in den Händen einiger wenigen positiv konnotiert. Sie begrenzen die Durchsetzungsmacht und die Todesmacht von Menschen über Menschen.

Der Sozialen Arbeit kommt die Aufgabe zu, die rechtsstaatlichen Capabilites, gemeinsam mit der Zivilgesellschaft zu stärken. Das Tripelmandat (ebd.: 111–123) kann die Profession zur Menschenrechtsdurchsetzung nutzen. Advocacy ist ein Instrument der menschenrechtlichen Ermächtigung. Die Erfolge bei der Rechtsdurchsetzung und die Selbstwirksamkeitserfahrungen sind für alle am Prozess Beteiligten ein Gewinn. Ein neues Instrument zur Machtbegrenzung des Hilfesystems und zur Stärkung der Kinderrechte sind die seit 2021 im Kinder- und Jugendhilfestärkungsgesetz (§ 9a SGB VIII) verankerten Ombudsstellen. In der von Machtasymmetrien geprägten Jugendhilfe können sich Kinder, Jugendliche und Familien nun von unabhängigen Beratungsstellen unterstützen lassen (vgl. Arnegger 2016).

Das von Max Weber gesetzte Primat des Willens zur Macht lässt die Frage offen, ob es einen freien Willen überhaupt geben kann. Ich kann so oder anders entscheiden. Aber bin ich in der Wahl meiner Entscheidung wirklich frei? Der Kant'sche Imperativ der autonomen Willensentscheidung muss mit Blick auf die alles durchdringende Macht in Frage gestellt werden. Auf welcher Grundlage entscheide ich? Ist das, was ich will, nicht vielmehr von meiner habituellen Prägung[79], der sozialen Herkunft und frühkindlichen Entwicklung abhängig? Wie weiß ich, was ich wollen soll und kann? Tatsächlich bin ich biophysisch und biopsychisch von meinen Sinnen abhängig. Sie filtern, was ich wahrnehme und auch wie ich meine Vorerfahrungen einschätze. Mein vorurteilsbehaftetes Mindset hilft meinem Gehirn beim Sortieren, damit es nicht mit Informationen überflutet wird und die Entscheidungsfindung blockiert. Und dann sind da noch die harten Fakten meiner gesundheitlichen, ökonomischen und sozialen Voraussetzungen und meines Alters. Jeweils am Beginn und Ende des Lebens ist die Autonomie des Menschen eingeschränkt. All diese Einflussfaktoren lassen an der Existenz eines freien Willens zweifeln. Doch aus einer absoluten Perspektive ist der Mensch frei und kann seine geistigen Begrenzungen erweitern. Kant fordert nicht nur das scheinbar Unmögliche; er ermutigt auch, sich selbst zu ermächtigen: Habe Mut, dich deines eigenen Verstandes zu bedienen.

Möglicherweise sind die subjektiven Gefühle von Freiheit und Macht stärker aneinandergekoppelt, als uns bewusst ist. Das Phänomen des Raum-Zeit-Kontinuums von Macht führt der Philosoph Byung-Chul Han ein. Er weist darauf hin, dass Macht mit einem Gefühl von Freiheit verbunden ist, das uns selbst immer größer werden lässt, je mächtiger wir uns fühlen. Insofern ist Macht ein Phänomen des Kontinuums, verbunden mit dem Gefühl der Ausdehnung. Je größer das Machterleben, das mit Freiheit assoziiert wird, umso mehr scheint einem die Welt zu Füßen zu liegen.

> „So ist die Erscheinungsform der Macht durch deren innere Vermittlungsstruktur bedingt. Sie verschafft dem Machthaber einen weiten *Raum* des *Selbst*. Diese Logik der Macht erklärt, warum der totale Machtverlust als ein absoluter Raumverlust erfahren wird. Der Leib des Machthabers, der gleichsam eine ganze Welt ausfüllte, schrumpft auf ein ärmliches Stück Fleisch zusammen. Der König hat nicht nur einen natürlichen Körper, der sterblich ist. Beim Machtverlust wird er auf diesen kleinen sterblichen Körper zurückgeworfen. So wird der Machtverlust als eine Art Tod erlebt." (Han 2005: 15)

Die Figur des Königs repräsentiert die Macht, die einen weiten Raum einnimmt. Sie kann sich mithilfe des Internets global bis ins Weltall hinein ausdehnen. Insofern sind die Tech-Giganten Elon Musk, Bill Gates, Jeff Bezos, Mark Zuckerberg moderne Könige. Die Entzauberung von Scheinriesen geschieht in ihrem Macht- und Raumverlust. Für uns alle zeigt er sich im unvermeidbaren Schwinden der Körpermacht, bis zur kompletten Auflösung im Sterbeprozess. Auch die

---

79 Habitus: Die Gesamtheit aller sozialen, sozioökonomischen, kulturellen, symbolischen Prägungen. Vgl. Bourdieu, P. 1997: Zur Genese der Begriffe Habitus und Feld.

Kündigung der Wohnung und des Arbeitsplatzes, oder die Flucht aus der Heimat, ist ein Raum- und Machtverlust. Das Streben nach einem menschenwürdigen Leben und Sterben, kann im Macht-Raum-Zeit-Kontinuum als Ermächtigungs- und Entmachtungsprozess zugleich verstanden werden.

„Es ist ein irriger Glaube, dass die Macht nur hemmend und zerstörend wirkt" (ebd.). Macht ermöglicht und erschafft auch. Allein die Durchsetzung des eigenen Willens zur Befriedigung elementarer Bedürfnisse ist ein lebensnotwendiger Vorgang und die basale Erfahrung von Eigenmacht. Popitz spricht hier von „Instrumenteller Macht" als eine „anthropologische Grundform von Macht" (vgl. Popitz 1992: 11f). Sie beruht auf der Sorge menschlicher Existenz um ihre Zukunft. Abgesichert wird die Existenzsicherung durch positive und negative Sanktionen, Versprechungen und Drohungen. Doch der Mensch hat jenseits von Druckmitteln, Manipulation und Gewalt auch ein anderes Handlungsvermögen, um seine existentiellen Bedürfnisse zu befriedigen. Neurowissenschaftliche Forschungen belegen, dass dies mit kooperativem und reziprokem Verhalten erfolgreicher möglich ist. Umfangreiche Studien des National Bureau of Economic Research in Cambridge, USA (vgl. Spitzer 2017) haben nachweisen können, dass der Mensch auf Liebe und Anerkennung, auf Geben und Nehmen hin ausgerichtet ist. Soziale Kooperation macht ihn erfolgreicher als mit Konkurrenzverhalten. Als einen evolutionären Prozess beschreibt der Neurowissenschaftler Joachim Bauer die epigenetische Entwicklung in „Das kooperativen Gen" (2006). Dem gegenüber stehen die Interessen einer auf Gewinnmaximierung und Konkurrenz beruhenden Ökonomie. Ihre Strukturen schwächen und blockieren das ursprünglich menschliche Verhalten.

An Webers Sicht auf Macht, als eine von sich aus neutrales Phänomen, schließt Michel Foucault (2005) an. Auch er beschreibt Macht als neutral, jedoch als eine höchst ungleich verteilte Ressource. Mit einem ressourcenorientierten Verständnis betont er, dass Macht an sich produktiv ist, zwischen Individuen zirkuliert und selbstverstärkend wirkt. Aus dieser Perspektive ist Macht eine Ressource eigener Art, zu der grundsätzlich jeder Mensch Zugang hat. Damit kommt dem Machtbegriff eine weitere Ermächtigung ermöglichende Dimension zu. Daran sind Handlungskonzepte wie die Förderung von Ressourcen und Reziprozität, von Coummunity Building und Peer-Beratung, von Empowerment-Trainings und politischer Bewusstseinsbildung anschlussfähig. Es sind geschickte Mittel zur Unterstützung von Ermächtigungsprozessen.

Macht unterdrückt, behindert und begrenzt nicht (nur), sondern erschafft auch. Macht ist kein Besitz oder die Eigenschaft eines Menschen, der mächtig ist, sondern eine Relation, ein Kräfteverhältnis. Dieses durchzieht wie ein Netz die gesellschaftlichen Verhältnisse und Systeme vollständig.

„Die Macht ist nicht etwas, was man erwirbt, wegnimmt, teilt, was man bewahrt oder verliert; die Macht ist etwas, was sich von unzähligen Punkten aus und im Spiel ungleicher und beweglicher Beziehungen vollzieht." (Foucault 1983: 94)

In „Überwachen und Strafen" (1975) und „Der Wille zum Wissen" (1983) entwirft Foucault einen neuen, komplexeren Machtbegriff, dessen wichtigstes Merkmal die Betonung der produktiven Wirkung von Macht ist. Die Produktivität geht aus der Allgegenwärtigkeit von Machtbeziehungen zwangsläufig hervor. Machtverhältnisse bestimmen die gesamte lebensweltliche und institutionelle Praxis einer Gesellschaft. Für Foucault gibt es folglich nichts ‚außerhalb' von Machtbeziehungsverhältnissen. An den neutralen und produktiv-strategischen Machtbegriff Foucaults kann sich der Ermächtigungsbegriff unmittelbar anschließen. Machtasymmetrien sind nicht statisch und unverrückbar. Durch Machtverschiebungen, beispielsweise durch die Beteiligung von Vielen oder durch die Herstellung von Öffentlichkeit, können Machtasymmetrien in Bewegung gebracht werden. In der professionellen Ermächtigungsarbeit haben sich Strategien und Methoden bewährt, die durch einen in gewisser Weise exklusiven Besitz an Ressourcenausstattung, Kompetenzen und Wissen einen Machtausgleich bewirken können.

Beispiel: Machtausgleich durch Wissen und Kompetenzen
Erwerbslose, arme, wohnungslose Menschen mit und ohne Beeinträchtigungen werden in neuen Themen weitergebildet, die von ressourcenstarken Gruppen nachgefragt sind. Darin werden sie exklusiv weitergebildet, um ihnen als ressourcenschwächere und diskriminierte Gruppen einen Wissens- und Kompetenzvorsprung zu verschaffen. Anschließend setzen sie ihr Vermögen, ihre Capabilities dazu ein, diejenigen zu schulen, die das begehrte Wissen haben möchten. Auf diese Art und Weise wird ihr Reziprozitätsvermögen und ihr Status gesteigert. Sie werden zu Gebenden und Lehrenden. Software-Skills waren zu Beginn der 1990er Jahre bei Führungskräften sehr begehrt. Wohnungs- und arbeitslose Frauen sind in der Anwendung der neuen Programme ausgebildet worden und haben in ihrem gemeinnützigen Medienservicezentrum als Dozentinnen ihr Wissen an Frauen in leitenden Funktionen weitergegeben. In der Quartiersarbeit ist um die Jahrtausendwende mit langzeitarbeitslosen Männern (mit und ohne Migrationsgeschichte) und mit den bürgerschaftlich Engagierten (meist gut ausgebildete Frühpensionäre) dieselbe Vorgehensweise erprobt worden. Solche Ermächtigungsstrategien können auf mehreren Ebenen festgefügte Vorurteile und Strukturen in Bewegung bringen.

Meist werden die alltäglichen Diskriminierungen nicht als Machtblockaden wahrgenommen. Die ihnen zugrundeliegende Weltsicht, Wahrnehmungs- und Bewertungsschemata sind nicht so leicht als Macht zu erkennen. Etwa weil die Interessen bestimmter Gruppen durch pseudowissenschaftliche Narrative verschleiert werden oder weil die immer schon vorgefundene Ordnung von der Mehrheitsgesellschaft als ‚normal' und ‚natürlich' empfunden wird. Die Philosophin und Geschlechterforscherin Judith Butler (1990) macht dies am Beispiel der Konstruktion von Geschlecht deutlich und schließt sich Bourdieus soziologischem Blick auf die verborgenen Mechanismen der Macht (vgl. 1992: 81–86) an. Für beide ist Geschlecht die machtgebende Strukturkategorie einer Gesellschaft. Die Wahrnehmung und gesellschaftliche Kontextualisierung von Geschlecht sind nicht ‚von Natur aus' festgelegt, sondern sozial konstruiert und wandelbar.

> „Erneut stellt sich gerade jene Macht als besonders (deutungs-)mächtig heraus, die als so selbstverständlich und naturhaft wahrgenommen wird, dass ihr Machtcharakter gar nicht erst in den Blick gerät." (vgl. Folkerts 2019)

Das Wissen um Macht, Machtverhältnisse und Machtquellen ist für die Soziale Arbeit zum Verständnis der Interaktion von Individuen, Gruppen und Gemeinschaften, von Lebenswelt und Gesellschaft unverzichtbar. Soziale Über- und Unterordnungsverhältnisse entscheiden über die Stellung und den Status in der Gesellschaft. Sie bestimmen die Regeln der Interaktionen und Sanktionen. Durch sie wird die Verteilung von Ressourcen, die zur Erhaltung der Lebensgrundlagen und die Befriedigung menschlicher Bedürfnisse elementar sind, geregelt. Begrenzende Macht dient als Instrument zur Herstellung von sozialer Gerechtigkeit. Sind Machtasymmetrien wie die Verteilung von Armut und Reichtum innerhalb einer demokratisch legitimierten Ordnung und ihrer Organisationen stark ausgeprägt, können Macht und Privilegien derjenigen begrenzt werden, die direkt oder indirekt ihre Interessen, über die des Gemeinwohls stellen. Die rechtsstaatlich und demokratisch legitimierte Begrenzungsmacht ist eine wesentliche Voraussetzung für soziale, ökonomische und ökologische Gerechtigkeit, gesellschaftliche Teilhabe, politische Partizipation und die fortwährende Ermächtigung der Mindermächtigen.

Zusammenfassung

Übereinstimmung besteht in der Annahme, dass Macht in Beziehungen, Familien und Gruppen eine feste anthropologische Größe zu sein scheint. Denn von keiner sozialen Beziehung oder Gesellschaft kann behauptet werden, dass sie frei von Machtverhältnissen sei. Insofern verbinden sich Macht und Herrschaft in der Vergesellschaftung des Individuums und umgekehrt mit dem Individuum in seiner Sozialität; in seiner Angewiesenheit auf Unterstützung und soziale Beziehungen. Ohne sie kann der Mensch nicht leben und überleben.

Macht ist eine alles durchdringende Kraft. Doch wie sich Macht konstituiert, ist keine feststehende Determinante. Phänomene der Macht können beobachtet und analysiert werden. Gleichzeitig wissen wir, dass die daraus abgeleiteten Interpretationen von dem, was uns als wirklich erscheint von unserer subjektiven Weltsicht abhängig ist und von der Beeinflussung durch die Zeit und Gesellschaft, in der wir leben. Die darin vorherrschenden Diskurse, Überzeugungsmustern, Vorurteile und Stereotype prägen unser Mindset. Als unbewusste Voreingenommenheit wirken Biases wie eine stille Macht. Sie bestimmen mit, was wir wissen können und als wahr annehmen. Zum Aufspüren der unsichtbar wirkenden Denkmuster ist es hilfreich, sich von einer dualistischen Vorstellung einer ‚guten' und ‚bösen' Macht zu trennen. Ein dialektisches Verständnis von Macht eröffnet Einsichten in ein alltägliches soziales Phänomen, das anthropologische und konstruktivistische Dimensionen hat.

Max Weber versteht Macht als Willensdurchsetzung. Seitdem wird die Dialektik der Macht, die jeder Interaktion immanent ist, viel diskutiert und ausbuchstabiert. Macht zirkuliert zwischen Individuen, damit kann niemand ohne Macht sein. Für Heinrich Popitz ist jedes Verändern-Können Macht. Die im Prozess des Gestaltens gemachte Erfahrung der Selbstwirksamkeit ist eine Chance zur Macht. Doch auch für sie gilt, dass jede Macht im Konflikt mit der Freiheit ist und einen Eingriff in die Selbstbestimmung anderer bedeutet (Popitz 1992: 19–23). An Popitz' Gestaltungoption und den produktiv-strategischen Machtbegriff Foucaults kann sich der Ermächtigungsbegriff unmittelbar anschließen.

Für Foucault wird Macht „nur auf ‚freie Subjekte' ausgeübt, und nur sofern diese ‚frei' sind." (Foucault 1987: 255) So handele es sich aus seiner Sicht bei Sklaverei nicht um ein Machtverhältnis, sondern vielmehr um ein physisches Zwangsverhältnis (vgl. ebd.). Vielfältige Formen von Gewalt bis hin zu Folter und Todesdrohung werden eingesetzt, um den Willen zu brechen. Doch erst dann, wenn die Freiheit des Gegenübers nicht eingeschränkt wird und er*sie dem Willen des Machthabenden aus freien Stücken folgt, offenbare sich das wahre Potential der Macht: Die Internalisierung des Unterdrückungsverhältnisses, das gleichsam als frei gewählter Wille erscheint. Dies ist die Vollendung von Macht. Der Philosoph Byung-Chul Han führt den Gedanken weiter: „Wer eine absolute Macht erreichen will, wird nicht von der Gewalt, sondern von der Freiheit des Anderen *Gebrauch* [sic] machen müssen" (Han 2005: 14). Bereits das Vorhandensein eines Widerstands, der gebrochen werden muss, ist eine Schwäche der Macht (vgl. Han 2005: 9). Das Machtgeschehen erschöpft sich nicht in dem Versuch, Widerstand zu brechen oder Gehorsam zu erzwingen. Die Macht muss nicht die Form eines Zwanges annehmen. Dass sich überhaupt ein gegenläufiger Wille bildet und dem Machthabenden entgegenschlägt, zeugt gerade von der Schwäche seiner Macht, so Han. Je mächtiger die Macht ist, desto stiller wirkt sie. Wo sie eigens auf sich hinweisen muss, ist sie bereits geschwächt. Insofern schöpfe der Machtbegriff Webers, der die Durchsetzung des Willens auch gegen Widerstreben beinhaltet, nicht das volle Potential der Macht aus.

Die stille Macht der Manipulation zum Beispiel, steuert unser Bedürfnis nach sozialer Anerkennung und Teilhabe. Wir stimmen der Nutzung unserer Daten im Internet mit einem Klick zu, um Kontaktbörsen, Informationen oder vermeintlich kostenlose Downloads nutzen zu können. Eine andere stille Macht, der wir unentrinnbar ausgeliefert zu sein scheinen, sind negative Wertungen über uns selbst. Solomon ist sich deren Wirkung auf rassistisch diskriminierte Menschen und ihre Gemeinschaften bewusst. Eine ermächtigende Soziale Arbeit müsse daher darauf hinwirken, Stigmata (Goffman 1975) und negative Bewertungen von Familien, Kindern und Jugendlichen aufzudecken und zu deren aktiven Überwindung beitragen. Auch die Kognitionsforschung spricht von der Inkorporation sich immer wiederholender Gedankenschleifen, die sich in negativen Glaubenssätzen manifestieren können. Wir bestrafen uns gleichsam unfreiwillig freiwillig selbst und nehmen das als Wahrheit an, was andere über uns sagen. Den Opfern wird eingeredet sie seien Verursachende und Schuldige an der gegen sie verübten Gewalt. Eine über längere Zeit andauernde Abwertungen schwächt die Resilienz. Eine angegriffene Widerstandskraft kann weniger Energie mobilisieren, um die Verlustspirale an Ressourcen und Selbstachtung zu stoppen und umzukehren.

Von hier aus, vom ausweglos erscheinenden Punkt menschlicher Existenz, sind Ermächtigungsprozesse zu denken. Soziale Arbeit hat gemäß ihrer internationalen Definition die Aufgabe, die Ermächtigung und Befreiung ihrer Adressat*innen zu fördern. Dieser Anspruch muss handlungstheoretisch, konzeptionell und methodologisch eingelöst werden können. Das advokatorische Handeln, die Strategien zur Überwindung von Machtblockaden, die Unterstützung der Communities, das Teilen von Macht, reziproke Beziehungen und die Bereitschaft zum Von-und-miteinander-Lernen sollte für eine Empowerment ermöglichende Profession selbstverständliches Wissen und Können sein. Dabei kann sie sich im Umgang mit Machtproblemen auf eine für die Soziale Arbeit ausbuchstabierte Handlungstheorie stützen (Staub-Bernasconi 2018: 405–448).

Zum Weiterlesen:
In ihrem Grundlagenwerk „Soziale Arbeit als Handlungswissenschaft" hat Silvia Staub-Bernasconi den „Umgang mit Machtquellen und Machtstrukturen als spezielle Handlungstheorien Sozialer Arbeit" (vgl. 2018: 405f) für die Profession nutzbar gemacht.

Heinrich Popitz beschreibt anschaulich, mit vielen Beispielen und Erzählungen aus der Geschichte der Menschheit unterlegt, die „Phänomene der Macht" (1992, 1986).

2. Wissen, Sprache und Bewusstseinsbildung

Sprache ist niemals neutral.
Paolo Freire

Wissen ist Macht, so lautet eine allseits bekannte Redewendung. Sie geht auf den englischen Philosophen Francis Bacon (1561–1626) zurück. Im Geist der Aufklärung macht er auf die Macht der aufkommenden Wissenschaft und Technik aufmerksam: Denn Wissen selbst ist Macht[80], so Bacon.

Den Zusammenhang von Wissen, Bildung und politischer Macht propagieren die im 19. Jahrhundert erstarkte Arbeiterklasse und die Frauenbewegung. Bildung wird zu einer Emanzipationsbewegung, organisiert in Arbeiter- und Arbeiterinnenbildungsvereinen sowie den Frauenverbänden der Städte und ländlichen Regionen. Mit der Gründung der ersten Volkshochschulen im Jahr 1919 soll Bildung für alle zur Verfügung stehen. Der Zugang zu Wissen und formaler Bildung wird als entscheidender Faktor für die Generierung von Kapitalien (vgl. Bourdieu 1983) und damit zu personaler, sozialer, ökonomischer, kultureller und politischer Macht erkannt. Dem entsprechend stehen freie und formale Bildung im Zentrum der Aneignung von Kraft, Stärke und Macht. Sie ist der Weg der Befreiung aus Unmündigkeit und Unfreiheit. Die Startchancen in die schulische Bildung hängen vor allem davon ab, wie gut oder schlecht die Deutschkenntnisse der Kinder sind. Jedes fünfte Kind wächst in Deutschland in einer armutsgefährdeten Familie auf. Von der sozialen Herkunft hängt immer noch maßgeblich der Bildungserfolg ab.[81]

Eine Voraussetzung für die Aneignung von Wissen in den Bildungseinrichtungen und im Alltag ist eine barrierefreie Sprache. Sprache offenbart ungeschminkt Ungleichverhältnisse. Anglizismen verstärken wie Fremdwörter auch Ausgrenzungserfahrungen. Für Beteiligte eines Bürgerbeteiligungsverfahrens in den 2000er-Jahren ist Empowerment zu einem Reizwort geworden. Sie forderten ganz im Sinne ihres Ermächtigungsprozesses die deutschsprachige Verwendung ein und machten Alternativvorschläge. Etwa zur selben Zeit sind deutschlandweit Strukturen für Sprachkurse aufgebaut und die „Leichte Sprache“ eingeführt wor-

80 Vgl. Böttcher et al. (1981): „*(For) knowledge (itself) is power*“.

81 Quelle: https://www.bertelsmann-stiftung.de/de/themen/aktuelle-meldungen/2023/januar/neue-zahlen-zur-kinder-und-jugendarmut-jetzt-braucht-es-die-kindergrundsicherung [Zugriff: 17.05.2023]

den. Menschen mit Beeinträchtigungen sind inzwischen gefragte Expert*innen für eine verständliche Sprache. Der brasilianische Pädagoge Paolo Freire (1981) hat aus der Perspektive der kritischen Pädagogik seine Erwachsenenbildungsprogramme entwickelt und neue Wege der Beziehung zwischen Lernenden und Lehrenden aufgezeigt. Für Freire ist Sprache nie neutral. Sie reflektiert mehr oder minder offensichtlich die herrschenden Machtverhältnisse. Aufklärung über Machtungleichheiten geht mit politischer Bewusstseinsbildung einher. Sie beginnt mit der Reflexion des eigenen Sprachgebrauches der Person mit der mächtigeren Position in einer Lehr- oder Hilfebeziehung.

Foucault beschreibt die Generierung von Wissen als sozialen Konstruktionsprozess. Abhängig von den jeweiligen gesellschaftlichen Machtverhältnissen wird die Wissensproduktion von Diskursen, Personen, Institutionen und Instrumenten wie die Medien und von alltäglichen Praktiken bestimmt (vgl. Foucault 1978, 1988). Der moderne Mensch im Beziehungsgeflecht der historisch veränderlichen Ordnung des Wissens und der Macht steht für ihn im Mittelpunkt seiner Überlegungen. Wie ist der Mensch als ein mit Bewusstsein ausgestattetes, denkendes, erkennendes und handelndes Wesen zum Subjekt geworden und wie kann als solches verstanden werden? Zur Untersuchung dieser Fragen nimmt er eine konstruktivistische Perspektive auf Machtmechanismen ein (Wiedemann 2019: 212). Er geht davon aus, dass alles menschliche Wissen auf einem gesellschaftlich legitimierten Weltbild beruht, das aus bestimmten Machtkonstellationen hervorgeht. Je nach gesellschaftlicher Ordnung ist dieses Wissen auf unterschiedliche Weise veränderbar (ebd.: 212f). Die soziale Wirklichkeit wird in den meinungsbildenden gesellschaftlichen Diskursen entworfen. Auf diese Weise wird eine Wirklichkeit konstruiert, die darüber entscheidet, was als wahr, angemessen und relevant angesehen wird. Somit spielt der Diskurs eine zentrale Rolle für das, was möglich ist oder als möglich erscheinen könnte. Die vorherrschende Debatte bestimmt, wie das soziale Subjekt positioniert und eingeschränkt wird (Foucault 1974: 318). Die Demokratisierung von Zugängen zu Wissen und formaler Bildung bewirkt eine Demokratisierung von Macht und Gesellschaft. Das erklärt ihre enorme gesellschaftspolitische Bedeutung.

Sprache hat grundsätzlich und insbesondere in Ermächtigungsprozessen eine bewusstseinsbildende und infolgedessen eine Eigenmacht generierende Wirkung. Daher wird begrifflich zwischen den Begriffen Ohnmacht, Machtlosigkeit und Mindermacht differenziert (vgl. Teil II, 4). Im gesellschaftlichen Diskurs ist die Achtsamkeit für geschlechtergerechte und diskriminierungssensible Sprache ein relativ neues Phänomen. Sprache schafft Bewusstsein für Diskriminierungen und für die hinter ihnen stehenden Machtstrukturen.

2.1 Diskriminierungssensible und geschlechtergerechte Sprache

Sozialarbeitende sind in Bildung, Einkommen und ethnischer Zugehörigkeit meist Angehörige der ‚weißen' Mehrheitsgesellschaft. Solomon setzt sich dafür ein, dass deutlich mehr junge Afroamerikaner*innen und Hispanics Stipendien bekommen und studieren können. Gleichzeitig entwickelt sie Lehreinheiten für ihre überwiegend weiß-gelesenen Studierenden, die mit den heutigen Critical Whiteness[82] Trainings vergleichbar sind. Sie sagt: „Viel umfassender sollte reflektiert werden, dass unser gesamtes Wissen ‚weiß' ist." ‚Weiß' sind die Vordenker der Aufklärung. ‚Weiß' die Autor*innen der Weltliteratur. ‚Weiß' die Forscher, die definiert haben, was als wissenschaftlich gilt. Die Schwarzen Philosoph*innen, Autor*innen, Wissenschaftler*innen, Historiker*innen – unbekannt; oft nicht einmal in Lexika verzeichnet (vgl. Scholz 2015). In die systemisch-strukturelle Durchdringung der psychologischen und mentalen Prägungen ‚weißen' Denkens bezieht sie alle mit ein, auch die Afroamerikanische Community.

Schwarze Menschen und People of Colour sind nicht nur von den typischen Formen der Gewalt betroffen, sondern auch von „epistemischer Gewalt" (Spivak 1988). Das bedeutet, dass sie aus dem imperialistischen Wissen der kolonialen Expansion Europas, dem akademischen Betrieb und der Wissenschaft der ‚Weißen', strukturell verdrängt und intellektuell enteignet werden (vgl. Marmer 2018). Damit geht ein Wissensschatz verloren. Was wird von wem diskutiert, für wissenswert erachtet, erforscht und veröffentlicht? Was (könnten) wir wissen? Was voneinander und miteinander lernen?

In den ‚weiß' dominierten Wissenschaftsbetrieb haben sich in den 1960 Jahren US-amerikanische Schwarze Studierende eingemischt und den Diskurs um eine diskriminierungssensible Sprache in Gang gesetzt. Die Bezeichnungen „schwarzer Mann" oder „farbige Frau" können nicht mehr auf eine vermeintlich existente „Rasse" bezogen werden. Vielmehr werden sie als Herstellungs- und Rechtfertigungsprozesse von sozialer Ungleichheit, der Sklaverei und des Kolonialismus verstanden. Vergleichbar damit ist die seit Jahrhunderten andauernden Diskriminierung des weiblichen Geschlechts und Gewalt gegen Frauen.

82 Das Konzept Critical Whiteness ist eng mit der amerikanischen Geschichte der Rassentrennung verbunden; universitär mit der Kritischen Weißseinsforschung. Gegenstand ist die Reflexion des Entstehens und der Wirkungen von Rassifizierungen, Privilegien, kultureller Aneignung und Machtverhältnissen. In Deutschland wird über diese Themen wenig gesprochen. Die Geschichte Schwarzer Menschen in Deutschland ist so gut wie unbekannt. Ein ‚weißer' Fleck ist die deutsche Kolonialgeschichte und der Völkermord an den Herero und Nama in der Kolonie Deutsch-Südwestafrika 1904–1908. Weiß-gelesene Menschen werden dazu eingeladen, darüber nachzudenken, wie sie bis heute von Rassismus profitiert haben und rassisches Denken sie bewusst oder unbewusst (*racial bias*) beeinflusst hat.

Frauenverachtendes Denken reicht von dem antiken Philosophen Aristoteles (384 – ca. 322 v. Chr.), über den abendländischen Denker Thomas von Aquin (1224/25 – 1274) bis zu den Aufklärern der Neuzeit. Die Frau wird als „biologisches Mängelwesen" markiert. Sie sei eine Fehlentwicklung, ein „unvollkommener Mann", so die misogyne Denkweise. 1851 schreibt der Philosoph Arthur Schopenhauer „Über die Weiber"[83]:

> „§ 364. Zu Pflegerinnen und Erzieherinnen unserer ersten Kindheit eignen die Weiber sich gerade dadurch, daß sie selbst kindisch, läppisch und kurzsichtig, mit Einem [sic] Worte, Zeit Lebens große Kinder sind: eine Art Mittelstufe, zwischen dem Kind und dem Manne, als welcher der eigentliche Mensch ist […]".

Seit der Polis des antiken Griechenlands, der Urform der europäischen Demokratie, haben Frauen und abhängige Sklaven bis zum Beginn des 20. Jahrhunderts keine Bürgerrechte. Sie sind den wohlhabenden ‚weißen' Männern vorbehalten. Dennoch haben zu allen Zeiten diskriminierte Personen und Gruppen scheinbar unverrückbare Machtasymmetrien in Bewegung gebracht und sind zum Vorbild geworden. Das neue Denken kann sich in Sprache manifestieren. Mittel- und längerfristig können sich, allein durch die Gewöhnung an ein verändertes Sprechverhalten, Bewusstseinsänderungsprozesse herausbilden.

Sprache spielt in der Analyse und Genauigkeit eine große Rolle in der symbolischen Interaktion. Im generischen Maskulinum ist das weibliche Geschlecht linguistisch mitgemeint. Damit wird die Hälfte der Bevölkerung unsichtbar und unhörbar gemacht. Die Verwendung maskuliner Substantive oder Pronomen sei sexusindifferent, wird gesagt. Das Geschlecht spiele in der Sprache keine Rolle. Ein Ingenieur oder Erzieher kann sowohl ein Mann als auch eine Frau sein. Gleichwohl gibt es Berufsbezeichnungen, die eben nicht geschlechtsneutral sind, sondern das Geschlecht markieren, etwa die Krankenschwester oder der Priester. Sprache ist nicht geschlechtsneutral, sondern widerspiegelt im Subtext die gesellschaftlichen Rollenbilder. Studien belegen, dass sich Schülerinnen bei ihrer Berufswahl wenig angesprochen fühlen, wenn nur die Rede von dem Ingenieur oder den Informatikern die Rede ist. Eine geschlechtersensible Sprache kann zur Bewusstseinsbildung und Sichtbarkeit des diskursschwächeren Geschlechts beitragen. Dies gilt gleichermaßen für die Sichtbarkeit der Geschlechtervielfalt. Die gendergerechte und diskriminierungssensible Sprache hat die Intention und wichtige gesellschaftliche Aufgabe, unbewusst wirkende Zuschreibungen aufzudecken und zu thematisieren.

---

83 Zitiert aus: Über die Weiber, Erstausgabe 1851: https://aboq.org/schopenhauer/parerga2/weiber.htm [Zugriff: 22.02.2023]

Die Achtsamkeit für Sprache kann sich auf eine linguistische Tradition beziehen, nach der Sprache die Wirklichkeit nicht nur abbildet und ordnet, sondern sie auch herstellt. Sprache verändert sich mit der Entwicklung von Gesellschaften. Das Ringen um die ‚richtige' oder ‚falsche' Sprech- und Schreibweise ist somit auch immer ein Aushandlungsprozess in den gegebenen Machtverhältnissen. Dabei sollte die Sensibilisierung und Bewusstseinsbildung im Mittelpunkt stehen und nicht eine Attitüde der moralischen Überlegenheit. Wir sind alle nicht frei von Bias und leider auch unsensibel für diskriminierende Situationen, die wir nicht kennen oder von denen wir keine Vorstellung haben. Angehörige von positiv konnotierten, privilegierten Gruppen können sich dazu entscheiden, ihre symbolische Vorherrschaft[84] aufzugeben. Sie können sich als Mann für eine geschlechtersensible Sprache entscheiden. ‚Weiße' aller Geschlechter über rassistische Alltagssprache wie Zigeunerschnitzel, über Mohrenstraße als imperialer Straßenname nachdenken oder Kulturgüter wie den Zigeunerchor von Guiseppe Verdi in der Musik und die Frauen aus Tahiti des Malers Paul Gauguin mit anderen Augen betrachten und dabei auftretende Abwehrreflexe aufdecken.

Woke, achtsame-Diskurse sind neben der beabsichtigten Bewusstseinsbildung auch Strategien der Ermächtigung. Diskriminierte Gruppen gewinnen an Macht, wenn die Herabwürdigungen öffentlich benannt werden. Das, was sich jahrhundertelang in das Denken, Fühlen und Verhalten der Bevölkerung der europäischen Kolonialmächte eingeschrieben hat, lässt sich nicht allein durch das Auslöschen oder Umschreiben von Begriffen verändern. Viel eher durch die Übernahme von Verantwortung für den Raub von Bodenschätzen, indigenem Wissen und Kultur. Dafür, dass Privilegien und Praxen der Herrschaft bis heute im Namen der Werte der Aufklärung allzu oft mit anderen Mitteln fortgesetzt werden.

Der mediale Streit um Sprache ist ein Indikator dafür, dass benachteiligte Gruppen stärker geworden sind und diskursive Macht gewonnen haben. Je selbstverständlicher die Diversität und Gleichberechtigung in einer Gesellschaft geworden ist, desto freier kann über Identitäten und die vielfältigen Diskriminierungsformen gesprochen werden. Dies wird als Tocqueville-Paradox bezeichnet. Alexis de Tocqueville hat schon im 19. Jahrhundert in seiner Studie „Über die Demokratie in Amerika"[85] festgestellt, dass die Sensibilisierung für Ungleichheiten wächst, je gleichberechtigter Gesellschaften werden (vgl. de Tocquevielle 1835/2021). Das Paradox besteht darin, dass sobald die Beseitigung der Missstände möglich zu sein scheint, deren weitere Duldung von der Bevölkerung als

84 In Anlehnung an Bourdieu als eine sanfte Form von Gewalt zur Ausübung von Ausbeutung und Herrschaft.

85 Die 1835 erschienen Studie „De la démocratie en Amérique" des französischen Historikers und Begründers der Vergleichenden Politikwissenschaft, Alexis de Tocqueville, wurde zu einem Klassiker der Soziologie, Politik- und Geschichtswissenschaft und Amerikakunde.

unerträglich empfunden wird. Reformen sind daher für Autokratien und Diktaturen tendenziell existenzgefährdend. Und den Demokratien erscheint jede subjektiv empfundene oder tatsächliche Ungleichheit als Bruch des Versprechens von Gleichheit, Freiheit und Solidarität.

Zum Weiterlesen:

Klein, J. 2010: Sprache und Macht. https://www.bpb.de/shop/zeitschriften/apuz/32949/sprache-und-macht/ [Zugriff: 22.04.2023]

Bundeszentrale für politische Bildung: Diskriminierungssensible Sprache. Quelle: https://www.amnesty.de/2017/3/1/glossar-fuer-diskriminierungssensible-sprache [Zugriff: 22.04.2023]

3. Macht – das Schlüsselkonzept für Mikro- und Makroermächtigungsprozesse

Power may be the key concept linking microsystem and macrosystem processes.
Montague Ullman

Macht könnte der Schlüssel sein, um Mikro- und Makrosystemprozesse verbinden zu können. Diese für die Psychologie, aber auch die Soziologie und Politik bedeutsame Annahme, formulierte der Psychiater Montague Ullman in seinem Konzept der Verbindung von „Theapeutic and Community Processes" (1969). Wenn dem Machtbegriff die Funktion zukommt, internale psychische mit externalen sozialen Prozessen zu verbinden, dann müsste dies genauso für den Empowerment-Begriff gelten. Dies ist die zentrale These für die Theoriebildung der Ermächtigung, die im Folgenden untersucht werden wird. Die Aneignung von Power in ihren Multidimensionen geschieht sowohl auf der Mikrosystemprozessebene der Person und ihrer sozialen Beziehungen als auch auf der Makroprozesssystemebene der sozialökologischen Umwelt und der Gesellschaft insgesamt.

Um die ineinander verwobenen Mikro- und Makrosystemprozesse der Ermächtigung verstehen zu können, benötigen wir zunächst eine Analyse, wie sich die Erscheinungsformen der Macht und Machtlosigkeit zeigen. Demzufolge hat Solomon die Fragen nach der Macht ins Zentrum ihrer Empowerment-Theorie gestellt. Sie denkt das Verhältnis von Macht und Machtlosigkeit neu. Dazu analysiert sie die Mechanismen der Macht und identifiziert Indikatoren für psychologisch und systemisch wirksame Blockaden, die zur Machtlosigkeit führen können. Sie untersucht die negativen Zuschreibungen und Mythen über die afroamerikanische Bevölkerung und ihre Lebenslagen. Damit macht sie die inneramerikanischen Diskurse um Macht, Rassismus und Diskriminierungen für die Soziale Arbeit zugänglich und setzt Macht (*power*) sowie Machtlosigkeit (*powerlessness*) in ein intersektionales Verhältnis. Wobei das (*less*) ein weniger an Macht bedeutet und nicht die totale Machtlosigkeit oder Ohnmacht. Mit Blick auf die Wirkung von Sprache empfiehlt es sich von „Mindermacht" zu sprechen und die Worte Machtlosigkeit und Ohnmacht jeweils sorgsam und kontextualisiert zu nutzen. Der Begriff der Mindermacht entspricht der machttheoretischen Fundierung von Theodor Geiger (vgl. Teil II, 4) und dem bereits vorgestellten, von Weber, Popitz und Foucault begründete Postulat, dass der Mensch nicht ganz ohne Macht sein kann, es sei denn beim totalen Verlust seiner Körpermacht.

Solomon schließt ihr Verständnis von Macht an Bertrand Russell (1938) an. Aus Sicht des britischen Philosophen ist Macht für die Sozialwissenschaften konstitutiv, und zwar in der gleichen Art und Weise, wie Energie für die Physik fundamental ist. Ontologisch betrachtet, also im Sinne einer Kategorisierung dessen, was als ‚da seiend' oder als existierend vorgefunden werden kann, ist Macht nicht als Objekt oder wie auch immer festzulegendes „Ding" fassbar. Gleichwohl ist es möglich, Erscheinungsformen der Macht – vergleichbar mit Energie – zu beobachten und Kategorien zu bestimmen. Dies müsste demnach auch für die Phänomene der Ermächtigung gelten, vorausgesetzt man möchte Empowerment nicht begrifflich entkernen und in der Diskursanalyse die Frage nach der Macht ausklammern.

Meist wird Macht im Zusammenhang ihrer Wirkung auf Makrosysteme untersucht, um beispielsweise autoritäre Regime, Apartheid oder soziale Unruhen zu verstehen. Weniger besteht ein Erkenntnisinteresse, so Solomon, an der chronischen Arbeitslosigkeit von Joe Johnson, den nervlichen Zusammenbrüchen seiner Frau, den unzureichenden Leistungen seiner Kinder oder am unaufhaltsamen Verfall seines Wohnviertels. Solomon beklagt einen Mangel an wissenschaftlichem und politischem Interesse an der Überwindung von Armutslebenslagen. Ein Befund, der im Wesentlichen bis heute fortbesteht. Wir kennen wenig Forschungen und empirische Befunde zu Ermächtigungsprozessen von Menschen wie Joe Johnson und seinen Familienangehörigen.

Die von Ullman formulierte Hypothese, dass Macht in Mikrosystem- und Makrosystemprozessen eine – die Person mit ihrer Community – verbindende Eigenschaft haben könnte, ist für Solomon der Ausgangspunkt für ihre Untersuchung des Black Empowerments (vgl. Solomon 1976: 16). Hierzulande wissen wir wenig über die umfassende Bedeutung der Communities für die US-amerikanische Gesellschaft und ihre Bürger*innen. Der deutsche Sozialstaat ist historisch deutlich weniger von privat organisierten Hilfen geprägt als die angelsächsische Kultur durch Charity. Die Mitgliedschaft in einer Community oder Kirche hat meist eine große soziale und ökonomische Bedeutung. Ohne die sich in der Regel selbst organisierenden, religiös, ethnisch und sozial orientierten US-amerikanischen Gemeinschaften wären viele existenzsichernden Hilfen nicht möglich, die hierzulande gesetzlich garantiert sind. Die Tafeln zur Versorgung von Menschen mit Lebensmitteln sind als US-amerikanischer Import, trotz aller Kritik am modernen Almosenwesen, im deutschen Hilfesystem immer wichtiger geworden.

Von der zunehmenden Bedeutung nachbarschaftlicher Hilfen hat auch die Soziale Arbeit profitiert. Das Spektrum ihrer Netzwerkarbeit reicht von der fallübergreifenden sozialraumorientierten Kinder- und Jugendhilfe bis zur Gesundheitsversorgung und dem Quartiersmanagement in der Stadtentwicklung. Im Städtebauförderungsgesetzt ist 1999 die Beteiligung der Bewohner*innen gesetzlich festgeschrieben worden. Eigentlich ideale Voraussetzungen für die

Ermöglichungsplanung von Ermächtigung. Das Adjektiv eigentlich deutet an, dass zwar inzwischen gute Bedingungen vorhanden sind und viele ermutigende Projekte gefördert werden. Eine Leerstelle bleibt jedoch die mangelnde Teilhabe der Bevölkerungsgruppen für die Joe Jackson, seine Frau und Kinder stehen.

Machtblockaden sind eine die Mikro- und Makrosysteme durchdringende Kraft und daher enorm wirkungsvoll. Dies veranschaulicht das folgende Beispiel mit den identifizierten Machtblockaden: Defizitblick, Armen- und Frauenfeindlichkeit, Diskriminierung, Untätigkeit der Behörden und feindliche Umwelt. Es wird aber auch deutlich, welche Strategien die betroffenen Familien und Communities zur Transformation ihrer Hilflosigkeit in Handlungsmacht eingesetzt haben.

3.1 Lehrbeispiel: Femizide an indigenen Frauen und Mädchen

Indigene Minderheiten sind infolge von Armut und Rassismus mit permanentem Mangel an personalen, sozialen und ökonomischen Ressourcen konfrontiert. Die daraus resultierenden sozialen Probleme werden durch Institutionen verwaltet, die von institutionellem Rassismus geprägt sind und durch die öffentliche Meinung legitimiert werden. Dies wird am Beispiel der Femizide an den indigenen Frauen und Mädchen in den USA und in Kanada deutlich. Sie sind als schwächste Glieder einer durch die Kolonisation geprägten Gesellschaft besonders gefährdet, Opfer eines Gewaltverbrechens zu werden. Aufgrund ihrer individuellen Probleme wird ihnen häufig eine Selbstverschuldung zugeschrieben. Weniger werden die Ursachen der sozialen Probleme der Gemeinschaft wahrgenommen, in der die Person mit einem unangepassten Verhalten lebt. Die versuchte oder vollendete Tötung von Frauen und Mädchen sind in ihren Communities und weltweit ein soziales Problem.

Als Femizid wird die vorsätzliche Tötung, ein Mord, ein Totschlag oder eine Körperverletzung mit Todesfolge, die an Frauen und Mädchen aufgrund ihres Geschlechts verübt wird, bezeichnet. Männliche Macht und Überlegenheit (*male supremacy*) geht mit bestimmten Vorstellungen von Weiblichkeit einher, die die Verfügungsgewalt über die Frau rechtfertigen, gestützt von der offenen oder subtilen Zustimmung einer schweigenden Mehrheit und der zuständigen Behörden. Der Begriff Femizid[86] beinhaltet die gesellschaftliche Dimension, die sich in der Verantwortlichkeit des Staates und seiner Institutionen zeigt. Es wird zu wenig dagegen unternommen. Es fehlt weithin der politische Wille, Morde an Frauen und Mädchen zu verfolgen und präventiv zu bekämpfen.

---

86 Wurde in den 1990er Jahren von der US-amerikanischen Soziologin und Feministin Diana D. H. Russell geprägt.

In den USA liegt für die Ureinwohnerinnen das Risiko getötet zu werden zehnmal höher als im landesweiten Durchschnitt. 2019 hat das nationale Informationszentrum für Verbrechen fünftausendsiebenhundertsiebenundsiebzig ermordete oder verschwundene indigene Frauen registriert. Die Dunkelziffer der Femizide liegt weit höher, da nur etwa der Hälfte aller Vermisstenmeldungen nachgegangen wird. Die Professorin Sarah Deer[87] (2015), Autorin und Mitglied des Muscogee-Stammes forscht zu sexualisierter und Häuslicher Gewalt in Reservaten. Sie sieht eine Ursache für die hohen Zahlen und die geringe Aufklärungsquote nicht nur in der Untätigkeit der Behörden, die den Vermisstenfällen nur zögerlich nachgehen, sondern auch in der extremen Vulnerabilität von indigenen Frauen durch ihre Unsichtbarkeit und das gesellschaftliche Desinteresse. Viele Native Americans sehen darin für die Täter eine Ermutigung, Verbrechen an ihnen zu verüben. „Das gilt besonders für Frauen mit Suchtproblemen, posttraumatischen Belastungsstörungen und anderen Erkrankungen“, so Deer[88].

Der systemische Ansatz von psychischer Erkrankung hat die Perspektive auf die Ressourcen der Person und ihre sozialen Beziehungen gelenkt. Alle am System Beteiligte werden in die Aufarbeitung von Traumata einbezogen. Dies entlastet das Individuum von der Zuschreibung, selbst schuld zu sein und erweitert den Blick auf die Potentiale und Lösungsmöglichkeiten. In der Fokussierung auf die vorhandenen Ressourcen werden jedoch zu wenig die Machtdynamiken zwischen der betroffenen Person und einer ihre tendenziell feindlich gesinnte Umwelt in den Blick genommen. Die enorm wirkmächtigen Blockaden zur Generierung von Ressourcen und Eigenmacht werden zu wenig erkannt. Dies machen die Femizide deutlich.

Nach dem Bundesamt für Statistik sind, basierend auf einer Schätzung des Büros der Vereinten Nationen für Drogen- und Verbrechensbekämpfung, 2020 weltweit registrierte einundachtzigtausend Frauen und Mädchen getötet worden[89]. Mehr als die Hälfte wurde von ihrem Intimpartner oder einem nahen Familienmitglied ermordet und nur bei etwa der Hälfte dieser Fälle sind Ermittlungen aufgenommen worden. Der Slogan „Ich-auch!“ hat die Familienangehörigen und Communities, bezugnehmend auf die weltweite #MeToo-Bewegung, zur selbstorganisierten und öffentlichkeitswirksamen Suche nach ihren Frauen und Mädchen ermutig. Sie bemalen Plakatwände, gestalten die

---

87 Curriculum Vitae Sarah Deer: https://wgss.ku.edu/people/sarah-deer [Zugriff: 22.05.2023]

88 Der Spiegel wit/AP 18.10.2018: https://www.spiegel.de/panorama/gesellschaft/usa-und-kanada-indigene-frauen-in-nordamerika-ploetzlich-verschwunden-a-1233395.html [Zugriff: 22.05.2023]

89 https://www.destatis.de/DE/Themen/Laender-Regionen/Internationales/Thema/bevoelkerung-arbeit-soziales/soziales/_inhalt.html [Zugriff: 22.04.2023]

Orte der Verschleppung ihrer Angehörigen, schließen sich zu Stammesritualen und Menschenketten zusammen

Gewalt gegen Frauen und Kinder sind in allen Gesellschaften und Gemeinschaften ein großes soziales Problem, das wenig öffentlich diskutiert und von der Politik aufgegriffen wird. In Europa ist jede dritte Frau Opfer von Gewalt. Auch in Deutschland steigt die Zahl der Femizide. Bis zum Monat Mai sind im laufenden Jahr 2023 bereits einhundertelf versuchte oder vollendete Tötungsdelikte gezählt worden[90].

3.2 Machtprobleme und Machtquellen

Besteht ein Mangel an Machtquellen zur Bedürfnisbefriedigung bilden sich Problemlagen die sowohl eine einzelne Person als auch die Gesellschaft insgesamt betreffen können. Wenn Bedürfnisse über längere Zeit nicht ausgeglichen werden können, wenn Ressourcen fehlen oder willkürlich definiert werden, können Probleme entstehen. Hält ein Bedürfnisspannungszustand längere Zeit an, führt dies zu negativem Stress. Es kann zu einer erhöhten Anfälligkeit für Erkrankungen oder zu Kompensationen beispielsweise mit Suchtmitteln kommen. Dies wiederum kann weitere Ressourcenverluste nach sich ziehen, etwa die der Partnerschaft oder des Arbeitsplatzes.

Abbildung 7: Wie soziale Probleme entstehen.

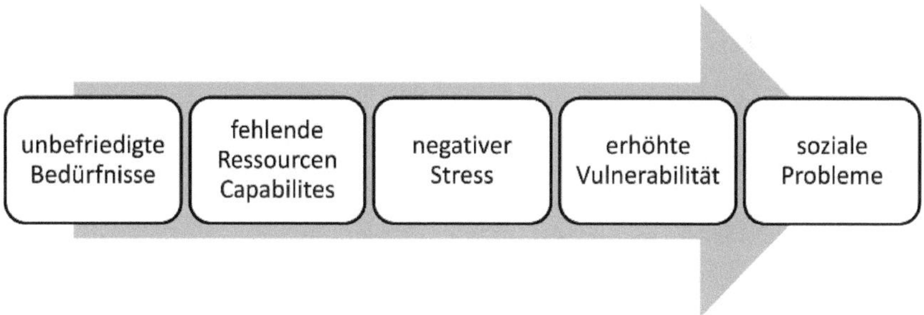

Der bedürfnistheoretisch-systemische Ansatz verbindet Mensch und Lebenswelt. Nicht befriedigte menschliche Bedürfnisse sind Indikatoren für nicht realisierte Werte. Es sind Zustände, die der Organismus als Bedürfnisse wahrnimmt und für alle Menschen gleich erstrebenswert sind. Werden diese Werte, beziehungsweise Bedürfnisse, über längere Zeit nicht befriedigt, kann es zu

90 https://www.onebillionrising.de/femizid-opfer-meldungen-2023/ [Zugriff 22.04.2023]

Ausstattungs-, Austausch-, Macht-, Kriterien- und Wertproblemen kommen, die sich in systemischen Prozessen manifestieren und als soziale Probleme in Erscheinung treten. Für Silvia Staub-Bernasconi (2007: 127) sind zwei Denksysteme für die Theoriebildung Sozialer Arbeit prägend: Die Funktion von Systemen einerseits sowie der Mensch und seine Bedürfnisse andererseits. Beide Paradigmen sind miteinander verwoben. Das Individuum möchte seine Bedürfnisse durch Angebote und Dienstleistungen, die es in den Strukturen seiner Lebenswelt vorfindet und durch den Rechtsstaat garantiert wissen will, befriedigen können. Die bedürfnistheoretische Perspektive beschäftigt sich mit der Frage: „Was braucht der Mensch?" Eine Messgröße sind die biophysischen, biopsychischen und biopsychosozialen Bedürfnisse (Obrecht 1996: 142 ff., 2005). Zu deren Befriedigung benötigen wir Ressourcen. Der Sozialpsychologe Stevan E. Hobfoll gibt mit seinem Konzept der Ressourcenbewahrung (1988) Antworten auf die Fragen, wie wir eine Balance zwischen Gewinnen und Verluste (wieder) herstellen und negativen Stress aufgrund eines Mangels vermeiden können. Die Begriffe Bedürfnisse und Zugang zu Ressourcen sind unmittelbar miteinander verknüpft. Aus der Universalität von Bedürfnissen ergibt sich ein universeller Anspruch nach der Ausstattung mit Menschenrechten und Durchsetzungsmacht. Die Frage nach der Zugangsgerechtigkeit ist nicht ohne die grundsätzliche Frage nach der Macht zu beantworten.

Ausstattungs-, Austausch-, Macht-, Kriterien- und Werteprobleme sind soziale Probleme. Aus systemtheoretischer Perspektive können sie nur in den Systemen, in denen sie entstanden sind, bearbeitet werden (vgl. Staub-Bernasconi 1998, 2012, 2018). Mit dem von Staub-Bernasconi, gemeinsam mit Werner Obrecht (2009) und Kaspar Geiser (2013), entwickelten Systemtheoretischen Paradigma der Sozialen Arbeit (SPSA) können die sich zeigenden Probleme handlungstheoretisch, methodologisch und diagnostisch konkretisiert und bearbeitbar gemacht werden. Beispielsweise können in der Falldiagnostik Macht-, Ausstattungs-, Austausch-, Kriterien- und Werteproblemen partizipativ erhoben werden. Gemeinsam wird dann für die Hilfeplanung überlegt, was zu tun ist, um Machtquellen erschließen und die Probleme so weit möglich beseitigen zu können. Hierfür sind Instrumente hilfreich, die eine Idee über Machtquellen geben und aus den unterschiedlichen Perspektiven der Systembeteiligten (Machtbeziehungen) eingeschätzt werden können.

Abbildung 8: Machtquellen und Machtbeziehungen (nach Kaspar Geiser)

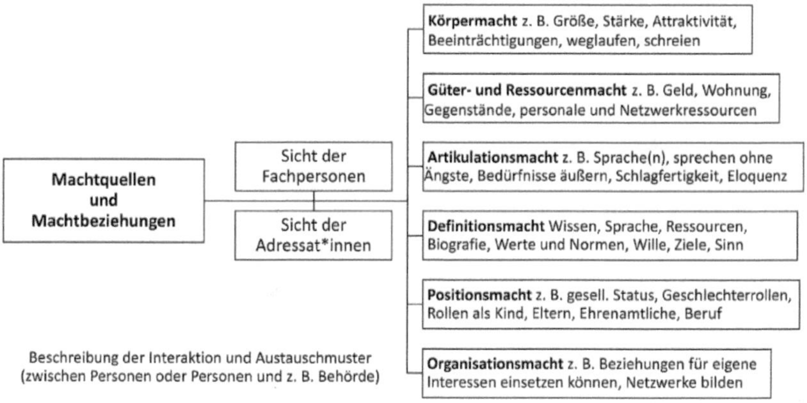

Beispiel: Übertragung der Problem- und Ressourcenanalyse

Ausgangssituation: Die sozialpädagogische Hilfe ist vom Jugendamt eingeschalten worden, da das Umfeld des Kindes ein Problem mit seinem Verhalten hat. Das Kind findet das alles auch nicht gut und fühlt sich von allen ungerecht behandelt.

Sozialpädagogische Intervention: Die zuständigen Sozialarbeitenden überlegen, wo die Ursachen des Verhaltens des Kindes und der sozialen Probleme liegen könnten. Dafür setzen sie das Instrument der Problem- und Ressourcenanalyse ein. Die Situation wird nicht individualisiert und dem Kind zugeschrieben, sondern in der Gesamtverantwortung aller Beteiligten, in seinem Vermögen (Capabilities), dem seiner Familie und der Lebenswelt gesehen. Dazu gehört die Ausstattung der Familie an Einkommen, Wohnung, Bildung, Gesundheit, sozialem Status und Rechten und an diskriminierenden Faktoren. Das kann eine Behinderung sein, die Hautfarbe, die Kleidung (kein Modelabel, die Frisur, der Körper, ein Kopftuch, Hijab, Burka, Kippa, Takke). Auch die sozialen Kontakte, Freunde und Mitgliedschaften, die Wohnung und Nachbarschaft, der Kontakt zur Natur und eine gesunde Umgebung, die Ausstattung der Schule, die Aktivitäten in den Sozialen Medien, die Kontakte zu den Institutionen und Behörden; die Ausstattung der Lebens- und Arbeitswelt insgesamt können Machtquellen sein oder einen Mangel aufzeigen.

Kann ein Kind in im Familiensystem seine Bedürfnisse nicht adäquat befriedigen, hat dies mit Machtproblemen zu tun. Auf der anderen Seite werden Machtquellen sichtbar, an die angeknüpft werden kann. Eine Machtquelle, die ohne Voraussetzungen zur Verfügung steht, ist die Partizipation des Kindes und seiner Familie. Beteiligung in jeder möglichen Form ist eine Schlüsselressource für Ermächtigungsprozesse. Wie ist die Kommunikation in der Familie? Fühlt sich das Kind gesehen, wertgeschätzt und geliebt? Kann es seine Bedürfnisse äußern? Gibt es positive Beziehungen außerhalb der Familie? Die Austauschbeziehungen, die das Kind pflegt, hängen stark von seiner Ausstattung und seinen Machtproblemen ab. Diese wiederum sind nicht von denen seiner Familie zu trennen. Es wird gemeinsam überlegt, wie es seine Austauschbeziehungen stärken könnte und was ihm*ihr dabei Freude macht. Die Kinderrechte sind wichtige Kriterien für erfüllte oder nicht erfüllte Werte. Welche Rechte sollten gestärkt werden? Was steht aktuell an Bedürfnissen und Zielen an und wie kann das Kind Selbstwirksamkeit erleben und sich so selbst stärken?

An das Systemtheoretische Paradigma der Sozialen Arbeit ist Solomons Ansatz anschlussfähig. Machtblockaden sind eine bedeutende Behinderung im Zugang zu Machtquellen. Das in Anlehnung an Solomon entwickelte und in Teil II, 6.6 vorgestellte Instrument zur Diagnostik von internalen und externalen Machtblockaden ist für das hermeneutische Verstehen von sozialen und personalen Problemen essenziell.

Zum Weiterlesen:
Das soziale Problem Armut wird anhand der Beschreibung von Ausstattungs-, Austausch-, Macht-, Kriterien- und Werteproblemen erklärt:
Sagebiel, J. (2007): Der professionelle Umgang mit Armut nach der Handlungstheorie von Silvia Staub-Bernasconi. In: Maier, K. (Hrsg.): Armut als Thema Sozialer Arbeit. Freiburg i. Br.: FEL Verlag Forschung – Entwicklung – Lehre an der Ev. Hochschule Freiburg, Band 2.

4. Ohnmacht – Machtlosigkeit – Mindermacht

Von totaler Machtlosigkeit und in diesem Sinne von Ohnmacht zu sprechen ist sowohl unangemessen als auch unproduktiv.
Theodor Geiger

Die Begriffe Ohnmacht und Machtlosigkeit sind die gängigen Übersetzungen von *powerlessness*. Das Englische *less* bedeutet „weniger"[91]. Die korrektere Übersetzung wäre demnach „Mindermacht". In einem machttheoretischen Verständnis entspricht der Begriff Mindermacht dem von dem Soziologen Theodor Geiger geprägten Begriff der „Mindermächtigen". Geiger zufolge existiert Macht nicht nur auf einer Seite der Interaktionsverhältnisse. Einseitige Machtdominanz gibt es selten, etwa in totalitären Staaten oder totalen Institutionen[92]. Meist bestünden Machtasymmetrien in ungleicher Ressourcenausstattung. Diese bringt in der Folge ungleiche Tauschverhältnisse hervor. Von totaler Machtlosigkeit und in diesem Sinne von Ohnmacht zu sprechen ist daher sowohl unangemessen als auch unproduktiv (vgl. Geiger 1947: 27). Unproduktiv weil Sprache Gefühle der Hilflosigkeit und des Kontrollverlust verstärken kann und diese wiederum Selbstwirksamkeitserwartungen blockieren können.

Trotz aller unterschiedlicher Verständnisse von Macht besteht Einigkeit in der Annahme, dass Macht in zwischenmenschlichen Interaktionen entsteht und zirkuliert. Demnach kann niemand gänzlich ohne Macht sein. Das Konzept der Ohnmacht steht insofern im Widerspruch dazu. Ausgenommen sind die Situationen des vollständigen Ausgeliefertseins wie bei Folterungen und Vergewaltigungen, der Bedrohung mit dem physischen und psychischen Tod. Solche Gewalt wird immer als vitale Unterworfenheit (Popitz 1992), als totale Machtlosigkeit und vollkommene Ohnmacht erlebt. Man kann sich von seinem Besitz, der sozialen Gruppe oder einem Ort der Beheimatung trennen, aber niemals vom eigenen Körper.

Für das alltägliche Leben und die darin stattfindenden sozialen Interaktionen ist die Präsenz einer wie auch immer gearteten Eigenmacht existentiell mit dem Menschsein verwoben. Der Ohnmachtsbegriff, im Sinne von Vollständig-ohne-

91 Pons: https://de.pons.com/%C3%BCbersetzung/englisch-deutsch/less [Zugriff 22.04.2023]

92 Die Funktionsweise von totalen Institutionen hat der italienische Psychiater Franco Basaglia (1981) beschrieben. Ab 1970 durch die Anti-Psychiatriebewegung mit dem Slogan *„Freiheit heilt!"* betont. Das Gesetz 180 („Legge centottanta") wurde 1978 verabschiedet. Es schrieb u. a. die Auflösung aller psychiatrischen Anstalten in Italien vor. Die psychiatrischen Konzepte bzw. Diagnosen von psychischen Erkrankungen wurden in Frage gestellt. In Deutschland leitete die Psychiatrie-Enquête 1975 (Bericht über die Lage der Psychiatrie in der BRD) Reformen ein.

Macht-Sein, ist im Kontext von Interaktionsprozessen unzutreffend und für das Verständnis von Ermächtigung unproduktiv. Auf der psychologischen und mentalen Ebene kann der Begriff der Ohnmacht Machblockaden begünstigen. Das von Seligman entwickelte Konzept der „erlernten Hilflosigkeit" (1974) zeigt die Konsequenz der Wirkmächtigkeit von internen und externen Machtblockaden auf.

Mindermächtigkeit von Personen, Gruppen und Gemeinschaften entsteht durch einen Prozess, in dem ihnen eine gesellschaftlich wertgeschätzte Identität abgesprochen oder der Zugang zu gesellschaftlich anerkannten Rollen verweigert wird. Betroffen sind mehrheitlich Personen und Gruppen, die mindestens eine Kategorie sozialer Ungleichheit repräsentieren. Die Ungleichheitskategorien selbst sind sozial konstruiert und kontextualisiert. Sie können unbeabsichtigt Ausschlussprozesse immer neu stabilisieren. Die Kategorie „Rasse" (‚*race*') diskriminiert Menschen aufgrund eines sozial konstruierten Begriffs. Humanwissenschaftlich gesehen gibt es nur Menschen, keine Rassen und wenn davon die Rede ist, nur eine Menschenrasse.

Die Phänomene der Machtlosigkeit beeinflussen alle Minderheiten, die mit negativen Bewertungen durch die Mehrheitsgesellschaft belegt und als ‚anders' markiert werden. Die Verbindungen von Mindermacht und negativen Bewertungen sind komplex. Sie können von den Betroffenen als richtig akzeptiert und verinnerlicht werden. Aber es ist auch möglich, dass Geringschätzung und Erniedrigung an einem erstarkten Selbstbewusstsein abperlen und Menschen sich aus Situationen des Mangels und der Erniedrigung befreien können. Sie haben den Schutz ihres positiven Selbstbildes. Manche sind vielleicht in einer Familie aufgewachsen, die von früher Kindheit ein positives Selbstbild gepflegt hat, das die positive Identität ihres Kindes beschützen konnte. Andere konnten durch andere günstige Bedingungen stigmatisierende Wertungen überwinden und sich Widerstandskräfte aneignen. Die Resilienzforschung kann inzwischen nachweisen, dass psychische Widerstandskraft keine genetisch determinierte Größe ist, sondern ein komplexer interaktiver Prozess. Der Befund besagt, dass Resilienz auch unter schwierigen Bedingungen erworben werden kann, (vgl. Wustmann et al. 2004, Blank & Huber 2017).

5. Phänomene der Mindermacht

> *Gesellschaftliche Macht und die Überwindung der Machtlosigkeit von diskriminierten Personen und Gruppen sowie die Überwindung von stigmatisierenden Wertungen sind zentrale Indikatoren für ein Empowerment-Konzept Sozialer Arbeit.*
> Barbara B. Solomon

Macht zeigt sich in den zwischenmenschlichen Handlungen und Interaktionen. Dies gilt gleichermaßen für die Phänomene der Mindermacht. Mithilfe der Genese der Erscheinungsformen der Macht und der Mindermacht findet der Prozess der Ermächtigung notwendigerweise seine Begründung und Definition. Im Kontext von Empowerment wird der von Geiger geprägte Begriff der Mindermacht produktiv.

Die Formen der Diskriminierung wie Sexismus, Trans*- und Queer*feindlichkeit oder Homophobie, Klassismus, Sozialrassismus, Rassismus, Antisemitismus, Antiziganismus und Islamfeindlichkeit, Ableismus, Adultismus, Ageismus und Gewichtsdiskriminierung (auch: Mehrgewichtigkeit) sind unmittelbar mit den Phänomenen der Mindermacht verbunden. Sie wirken in einem interdependenten Verhältnis von Macht und Mindermacht in die Makro- und Mikrosystemprozesse. Das heißt, dass sie sowohl personal als auch sozial und politisch konstruiert sind und in Abhängigkeiten zu den gesellschaftlich vorherrschenden Werten und Normen sichtbar werden.

Wann wird von Diskriminierung gesprochen?

Eine Diskriminierung im rechtlichen Sinne ist jede ungerechtfertigte Ungleichbehandlung. Aus sozialpsychologischer Perspektive wird Diskriminierung beschrieben als ein Verhalten,

> „das auf einer Unterscheidung basiert, die aufgrund natürlicher oder sozialer Kategorien getroffen wird, die weder zu den individuellen Fähigkeiten oder Verdiensten noch zum konkreten Verhalten der individuellen Person in Beziehung stehen. Diskriminierung kann nicht allein als Folge individueller Einstellungen oder kollektiver Mentalitäten verstanden werden. Es ist ein komplexes System sozialer Beziehungen, in dem diskriminierende Unterscheidungen entstehen und wirken."[93]

---

93 Quelle: https://www.bpb.de/shop/zeitschriften/apuz/221573/diskriminierung-antidiskriminierung-begriffe-und-grundlagen/ [Zugriff: 22.04.2023]

Soziologisch betrachtet ist Diskriminierung eine Form von Gewalt mit verschieden Ausprägungen. Systemische und strukturelle Diskriminierung in den Behörden und staatlichen Institutionen begünstigen die Legitimierung und Aufrechterhaltung von gesellschaftlichen Machtverhältnissen. Es besteht weitgehende Übereinstimmung darin, dass es sich sowohl bei Klassismus als auch bei Sexismus und Rassismus um „Herrschaftsverhältnisse handelt, die zusammenwirken, sich gegenseitig verstärken, sich ähneln, aber nie ganz ineinander aufgehen", so Bettina Roß (2004: 18). Daher sind die Phänomene der Mindermacht sowohl getrennt voneinander als auch in ihren Interdependenzen und intersektionalen Überlappung zu analysieren.

Zum Weiterlesen:
Das Allgemeine Gleichbehandlungsgesetz regelt umfassend aus juristischer Sicht, was als Diskriminierung anzusehen ist. Mehr dazu von der Antidiskriminierungsstelle des Bundes. Link: https://www.antidiskriminierungsstelle.de/DE/ueber-diskriminierung/was-ist-diskriminierung/was-ist-diskriminierung-node.html [Zugriff: 22.04.2023]

Diskriminierung ist eine grobe Verletzung der Menschenrechte. Diskriminierte Menschen werden aufgrund individueller oder gruppenspezifischer Merkmale systematisch an der Ausübung ihrer Menschenrechte gehindert. Mehr dazu Amnesty International: https://www.amnesty.ch/de/themen/diskriminierung/zahlen-fakten-und-hintergruende/was-ist-diskriminierung [Zugriff: 22.04.2023]

5.1 Sexismus

Sexismus ist eine geschlechtsbezogene Diskriminierung. Sie trifft nicht nur das weibliche Geschlecht, sondern alle Geschlechter, die von der heterosexuellen Norm abweichen. Die sozial und kulturell tradierten Vorstellungen von Geschlecht erscheinen in der Zweigeschlechtlichkeit von Mann und Frau als natürlich. Die wissenschaftlich begründete Argumentation, dass zwischen biologischem Geschlecht (*sex*) und sozialem Geschlecht (*gender*) unterschieden werden kann, ist relativ neu. Die Konsequenzen, die sich aus der sozialen Konstruktion von Geschlecht ergeben sind weitreichend. Es gibt sowohl Erklärungsmodelle für geschlechtliche Diskriminierungen als auch für vielfältige geschlechtliche Identitäten und Potentiale. Trotz des Beharrens der Mehrheitsgesellschaft auf ihre Deutungshoheit von Normalität, ist eine weitere Tür zur Freiheit der Einzigartigkeit und Vielfalt des Menschen geöffnet. Der Diversity-Begriff steht für diesen gesellschaftlichen Wandel.

Die seit Jahrhunderten andauernde Orientierung am männlichen Geschlecht (*male supremacy*) und an der Geschlechterbinarität wirkt bis in die mikroskopischen Verästelungen der Körper, Lebens- und Arbeitswelten hinein normativ und strukturbildend[94]. Sie sind prägend für die intergenerationale Weitergabe patriarchaler gesellschaftlicher und institutioneller Strukturen und für die individuellen Überzeugungen. Sie beeinflussen die zwischenmenschlichen Interaktionen, bis hin zur Gewalt in all ihre Erscheinungsformen.

Für Butler und Bourdieu ist das Geschlecht die dominante Strukturkategorie patriarchaler Gesellschaften. Bourdieu hat sich intensiv mit der Frage der „relativen Verewigung" (Blank 2024) der Geschlechterordnung auseinandergesetzt und suchte nach einer Erklärung, weshalb sich trotz der langen Emanzipationsgeschichte der Frau und wichtiger Erfolge in der Durchsetzung ihrer Bürgerin- und Menschenrechte nichts Grundlegendes an der Macht des Patriarchats verändert hat.

Menschen sind Träger*innen verschiedener Denk-, Gefühls- und Körperpraxen, die als „weiblich" und „männlich" stereotypisiert verinnerlicht werden. Damit wird die Geschlechterhierarchie der „hegemonialen Männlichkeit" (Connell 2005) immer wieder aufs Neue rekonstruiert, stabilisiert und legitimiert. Die binäre Trennung in ‚typisch weibliche' und ‚typisch männliche' Fähigkeiten und die damit einhergehenden Zuschreibungen rechtfertigen deren sozialen und ökonomischen Bewertungen und damit auch sexistische Diskriminierung. Positiv konnotierte Bewertungen wie rational, autonom und aktiv werden primär als männliche Eigenschaften gelesen, wohingegen Emotionalität, Verbundenheit und Passivität als eher weiblich und im Vergleich weniger nützlich gelten. Beschreibungen von weiblichen Fähigkeiten sind häufig der negativere Teil des dichotomen Gegensatzpaares, während die männlich konnotierten Attribute positiver bewertet werden. „Gender matters" – so bringen Bettina Boekle und Michael Ruf (2004: 13) die alltäglichen Praxen sozialer Konstruktion von Geschlecht auf den Punkt.

Sexismus und Misogynie sind fest in der patriarchalen Ordnung verwurzelt und seit je her auch für die monotheistischen (Judentum, Christentum, Islam) und dharmischen Weltreligionen (Hinduismus und Buddhismus) strukturbildend. Die Rolle der Frau in den Religionen entspricht immer auch ihrer sozialen Stellung in der jeweiligen Gesellschaft und Zeit. Bis heute schließt die katholische Kirche Frauen aus den Zentren ihrer Macht und Privilegien, dem Priesteramt, aus. Hinduismus und Buddhismus kennen ebenfalls nur wenige Frauen in Positionen eines (wiedergeborenen) Gurus beziehungsweise Tulkus. Für die männlichen Gläubigen ist es keineswegs erstrebenswert als Frau wiedergeboren zu werden. In ihrer Vorstellungswelt ist die Frau „von niederer Geburt". Im spirituellen Sinne sind sie Dienerinnen auf dem Weg zur Erleuchtung des Mannes. In manchen Traditionslinien gehören sexuelle Dienstleistungen von

94 In der Medizin zum Beispiel gilt immer noch der Mann als Maßstab für die Entwicklung von Medikamenten und Behandlung von Krankheiten.

jungen Frauen, Kindern und Jugendlichen dazu und werden als selbstverständlicher Bestandteil ihrer Kultur nicht infrage gestellt. Die Erfahrungsberichte von Schüler*innen berühmter Lamas wie Sogyal Rinpoche haben die Mauer des Schweigens durchlässig gemacht und vielen Betroffenen eine Stimme gegeben. Die Journalistin und promovierte Tibetologin Anna Sarwethal veröffentlicht auf der Plattform info-buddhismus.de den Artikel: „Missbrauch und Buddhismus: Hinter der lächelnden Fassade."[95] Sie schreibt, der Dalai Lama habe sich bisher nur „unter großem öffentlichem Druck zu einzelnen dokumentierten Vorwürfen und dem Verhalten einzelner Lehrer geäußert, aber nie zu dem Themenkomplex als Ganzes."[96]

Die Ausbeutung und psychologische Manipulation von Frauen und Kindern wird in allen patriarchalen Religionen spirituell begründet, unabhängig davon, was die überlieferten Schriften ihrer Religionsstifter sagen. Die Erfahrungsberichte unter den Hashtags Meetoo Guru, Meetoo Yoga und anderen, werfen ein Licht auf die Macht der spirituellen Lehrer aller Weltreligionen, Traditionslinien und Sekten. Auch die beiden großen christlichen Kirchen[97] zeigen sich von der seit Jahren anhaltenden breiten medialen Diskussion um sexualisierte Gewalt an Kindern, Jugendlichen und Frauen relativ unbeeindruckt.

Wissensbaustein: Geschlechterrollen

„Geschlechterrollen" ist ein wissenschaftlich definierter Begriff. Die Gender Studies fragen „(...) nach der Bedeutung des Geschlechts für Kultur, Gesellschaft und Wissenschaft. Sie setzen keinen festen Begriff von Geschlecht voraus, sondern untersuchen, wie sich ein solcher Begriff in den verschiedenen Zusammenhängen jeweils herstellt bzw. hergestellt wird, welche Bedeutung ihm beigemessen wird und welche Auswirkungen er auf die Verteilung der politischen Macht, die sozialen Strukturen und die Produktion von Wissen, Kultur und Kunst hat." (Braun & Stephan 2006: 3)

Nach den Erkenntnissen der Geschlechterforschung ist das Geschlecht sozial konstruiert und nicht biologisch als naturgegeben festgelegt. Demzufolge kann es auch keine ausschließliche Zweigeschlechtlichkeit und alleinige biologische oder soziale Definition von Geschlecht geben (Butler 1990). Es wird zwischen sozialem Geschlecht (*gender*) und biologischem Geschlecht (*sex*) unterschieden (West & Zimmermann 1987). Beide

95 Quelle: https://info-buddhismus.de/Missbrauch-und-Buddhismus_Anna-Sawerthal.html [Zugriff: 22.04.2023]

96 Quelle: https://www.derstandard.de/story/2000145389787/sexueller-missbrauch-tibet-und-die-gurus [Zugriff: 22.04.2023]

97 Die Evangelische Kirche Deutschlands (EKD) wähnt sich weniger von pädophilen und sexistischen Machtstrukturen betroffen als die Katholische Kirche, da sie den Zölibat nicht kennt. Erstmals hat die EKD eine Studie in Auftrag gegeben. Die Vorstudie der Humboldt Universität kommt zu anderen Erkenntnissen. Belegt sind sexualisierte Gewalt, Vertuschen und Verschweigen auch in ihren Kinder- und Jugendheimen. Die ehemaligen Heimkinder der Ev. Brüdergemeinde Korntal schweigen nicht mehr, vgl. https://www.kontextwochenzeitung.de/gesellschaft/168/kinderhoelle-korntal-2266.html [Zugriff: 22.04.2023]

Kategorien werden in ihren wechselseitigen Abhängigkeiten und Spannungsverhältnissen analysiert. Damit können Geschlechterrollen und ihr Einfluss auf das Individuum und seine sozialen Beziehungen (Mikroebene), auf die Einrichtungen der Bildung, Gesundheit, Kultur und Religion sowie der Unternehmen (Mesoebene) und auf die Gesellschaft, Politik, Rechtsprechung und Medien (Makroebene) untersucht werden.

Die Konstruktion von sozial, gesellschaftlich und kulturell hergestelltem Geschlecht beeinflusst die Rollen, Rollenbilder und Funktionen von Männern und Frauen. „Man wird nicht als Frau geboren, man wird es." (de Beauvoir 1949) Durch die Ausübung von Geschlechterrollen (*doing gender*) werden die Vorstellungen von dem, was natürlich als typisch weiblich und typisch männlich gilt intergenerational weitergegeben. Die mehrheitlich geteilten sozialen Werte und Normen werden durch die Wissenschaft, Medien, Kunst sowie die Institutionen des Rechts, der Religionen, der Familie, des Erziehungs-, Bildungs- und Gesundheitswesens unterlegt und gestützt.

Gesellschaften wandeln sich in Prozessen der Bewältigung von Krisen und der Anpassung an soziale Probleme. Damit verändern sich notwendigerweise die Vorstellungen von Gerechtigkeit und Erwartungen an Geschlechterrollen.

Die Geschlechterforschung eröffnet Vorstellungsräume für neue Rollenbilder und Chancen. Frauen können die gleichen Funktionen und Rollen einnehmen wie Männer und umgekehrt. Frauen und Männern steht es frei, sich aus tradierten Zuschreibungen von Weiblichkeit und Männlichkeit zu lösen. Beide können die Vereinbarkeit von Familie und Beruf als Lebensmodell wählen. Dem entsprechend sollte jede Arbeit mit Menschen, von der individuellen Förderung, über die Projektentwicklung und Sozialplanung auf die möglicherweise immanenten Geschlechterstereotype hin untersucht und Vorbilder für ein gleichberechtigtes Rollenverständnis gewählt werden. Dies ist für die Lehre, Praxis, Forschung und Theoriebildung Sozialer Arbeit bedeutsam.

5.2 Klassismus

Die soziale Ungleichheitsforschung bezeichnet die Diskriminierung von Angehörigen einer sozialen Schicht oder Klasse mit geringem Einkommen als Klassismus. Der Begriff Klasse wird nach Pierre Bourdieu ebenfalls als herzustellend verstanden. Gemeint ist hier eine Gruppe von Menschen, die aufgrund ihres Zugangs zu Ressourcen eine gemeinsame Stellung im kapitalistischen Produktionsprozess haben.

Die Frauen- und Geschlechterforschung hat die klassenbewusste marxistische Leitfigur sozialer Ungleichheit beeinflusst und den Diskurs weiterentwickelt, indem sie die Kategorie soziales Geschlecht mit sozialer Herkunft als strukturbildend gleichstellte. Die Einführung des Konzepts der „doppelten Vergesellschaftung der Frauen" (vgl. Becker-Schmidt 2008) war hierfür ein Meilenstein. Gemeint ist die geschlechtsspezifische Ungleichheit der Frauen auf dem Arbeitsmarkt und die doppelte gesellschaftliche Nutzung ihres Arbeitsvermögens als Arbeitskraft und Hausfrau, die sich in der Doppelbelastung von Beruf und Sorgearbeit zeigt. Die Forschungsarbeiten von Regina Becker-Schmidt zu Fabrikarbeiterinnen zwischen Erwerbs- und Familienarbeit belegen die sich überschneidenden Vergesellschaftungsdimensionen (Becker-Schmidt 1985). Gleichzeitig geben die Interviews einen Einblick in das Arbeitsvermögen und Bildungsinteresse der Frauen, in ihre kreativen Bewältigungsstrategien und ihr Selbstvertrauen, die Solidarität und Sorge füreinander. Die Studie widerlegt die Vorurteile (*middle class biases*) gegenüber ungelernten Arbeiterinnen.

Verbindet sich die Strukturkategorie Gender mit einer weiteren oder gar mehreren Kategorien sozialer Ungleichheit, manifestiert sich die Benachteiligung des weiblichen Geschlechts in unterschiedlichen Ausprägungen und in allen gesellschaftlichen Bereichen. Ausgehend von diesem Befund kann angenommen werden, dass sich die Risiken der systemimmanenten Verdinglichung und Diskriminierung von Frauen in prekären Lebenssituationen erhöhen.

In der Klassismustheorie besteht die historisch entstandene Trennung in die Arbeiterklasse und das sogenannte Lumpenproletariat fort: Es wird zwischen der Diskriminierung gegenüber Arbeiter*innen (*working class*) und armen Menschen (*poverty class*) unterschieden. Auf der Diskriminierungsebene gibt es signifikante Unterschiede in den Diskriminierungsverhältnissen und -praxen gegenüber Menschen mit und ohne Erwerbsarbeit. Wohnungslosigkeit geht oft mit Arbeitslosigkeit einher. Damit stehen Wohnungslose als Gruppe weitgehend außerhalb der Logik der Verwertbarkeit ihres sogenannten Humankapitals. Dem entsprechend ist ihr gesellschaftlicher Status ganz ‚unten' verortet. Negative Zuschreibungen wie Faulheit oder Schmarotzertum gegenüber Menschen in Armutslebenslagen verfestigen ihre Exklusion und soziale Ächtung.

Soziologisch betrachtet sind die Übergänge und Gemeinsamkeiten zwischen den beiden Klassen größer als ihre Unterschiede. Die im Niedriglohnsektor beschäftigten Arbeiter*innen haben ein überwiegend an oder unter der offiziellen Armutsgrenze liegendes Erwerbseinkommen und somit Anspruch auf Sozialleistungen. Werden sie nun der Working Class oder Poverty Class zugeordnet? Eine Kündigung des Arbeitsplatzes oder eine Krankheit können schnell zu Überschuldung führen. Umgekehrt können die Genesung, eine Umschuldung, die Nachfrage nach Arbeitskräften oder eine Weiterbildung den Wiedereinstieg in den Arbeitsmarkt und damit den Aufstieg in die arbeitende Klasse ermöglichen.

Auf der strukturellen Ebene führt der Ausschluss der Armen (ohne und mit Erwerbarbeit) sowie der Arbeitslosen (als industrielle Reservearmee) in der Logik des kapitalistischen Produktionsprozesses zu einer doppelten Ausgrenzung und Diskriminierung armer und arbeitsloser Menschen. Auf der Repräsentationsebene werden die Strukturen des kapitalistischen Wirtschaftens durch die normative Setzung von Erwerbsarbeit und die Individualisierung von Armut mit den dazu passenden Programmen legitimiert. Ein Klassiker ist das Hilfeprinzip des Förderns und Forderns nach dem SGB II/1. Auf der Identitätsebene kann der (mögliche) Verlust von Status und Einkommen, durch Abgrenzung nach ‚unten' und die Abwehr gegenüber Fremden als potentielle Konkurrenz um Arbeit und Wohnung bewältigt werden; aber auch durch die Herstellung von Zugehörigkeiten und Solidarität.

5.3 Sozialrassismus

Sozialrassismus ist Armenfeindlichkeit. Diskriminierung von Menschen wegen ihres sozialen Status, ihrer sozialen Vulnerabilität, wegen ihrer prekären Lebenssituation oder wegen eines von einer vermeintlichen Norm abweichender Verhaltensweisen, wird als Sozialrassismus bezeichnet. Arme, nicht arbeitsfähige, kranke, behinderte Kinder, Jugendliche und Alte sind in der Sprache des NS-Regimes als „lebensunwertes Leben" entmenschlicht, ausgesondert und ermordet worden (vgl. Alex 2017). Die Armenfeindlichkeit äußert sich noch heute in der Sprache. Zwar ist es verpönt öffentlich von Asozialen zu sprechen, doch wird der allgemein anerkannte Begriff „sozial Schwache" selbstverständlich genutzt. Dabei offenbart er in seiner Doppelbödigkeit (sozioökonomisch und normativ) die subtile Diskriminierung.

Beispiel: Gleichzeitigkeit der Kategorien Geschlecht, (Armuts-)klasse und ethnische Herkunft

Die Überschneidungen von sozialem Geschlecht und Armutsklasse prägen strukturbildend die Lebenslage von ressourcenarmen Frauen. Hinzukommen kann bei Rom*nja sowie Sinti*zze Antiziganismus, bei wohnungslosen Migrantinnen und geflüchteten Frauen weitere Rassismen. Ihre Stellung in der Gesellschaft und ihr Vermögen für ein gutes Leben, ist eng an ihre Ausstattung mit Capabilities und verwertbaren Kapitalien geknüpft. Wird eine Frau wohnungslos, kann sie in der Regel ihren Lebensunterhalt und ihren Schutz nicht aus eigener Kraft bzw. Einkommen sichern. Damit erhöht sich ihre Verletzbarkeit in den Macht- und Abhängigkeitsverhältnissen. Weitere Formen der Vergesellschaftung, als unbehauste Hausfrau, potenzielle Arbeitskraft, sexuell verfügbare Frau und als Hilfeempfängerin werden wirksam. Eine wohnungslose Frau kann betroffen sein von Häuslicher- bzw. Partnerschaftsgewalt und als Frau im öffentlichen Raum von sexistischer und rassistischer Gewalt. Die strukturelle Gewalt der Schutzlosigkeit in der Wohnungslosigkeit wirkt zusätzlich traumatisierend und potenziert ihre Vulnerabilität. Damit erhöht sich in gleichem Maße ihr Gewaltrisiko und ihre Unsichtbarkeit. Posttraumatische Belastungsstörungen und anhaltende Stressoren sind ein hohes Gesundheitsrisiko, das sich in körperlichen und psychischen Erkrankungen niederschlagen kann.

Dieser Befund wird mit den Forschungsergebnissen von Sarah Deer (2015) bestätigt[98]. Die Lebensrealität beider Gruppen von Frauen, die der Nativ American und der wohnungslosen Frauen hierzulande, ist von Sozialrassismus in Verbindung mit Sexismus, Klassismus und Rassismus geprägt.

Die Geschichte der sozialen Ausgrenzung und Herabwürdigung [99] der von Armut gezeichneten, depravierten[100] Frau spiegelt sich nach wie vor wider in den feministischen und postmarxistischen Diskursen, in Mittelschichtsvorurteilen und Praxen (*middle class bias*) und in der historisch tradierten fürsorglichen Bevormundung in den Hilfebezügen.

5.4 Rassismus

Die Begriffe (5.4 bis 5.8) werden auf der Basis von Selbstdefinitionen aus den Communities gerahmt. Sie haben als Autor*innen, Wissenschaftler*innen oder Vorsitzende ihrer Communities die Definitions- und Deutungsmacht. Umfassend klären die Autorinnen von „Farbe bekennen“ über Rassismus auf. May Ayim, Katharinaa Oguntoye und Dagmar Schultz, (Hrsg.) (2021 [2005/1986]) haben erstmals die Konstruktion des Rassebegriffs und seine Entstehungsgeschichte im Alten Europa und Deutschland in dieser Form nachgezeichnet.

Die begleitenden Informationen sind bewusst fragmentarisch gewählt. Im Sinne eines Fachbuches sollen die angegebenen authentischen Quellen zum Weiterlesen anregen. Ergänzend kann auf Informationen von Amnesty International und der Antidiskriminierungsstelle des Bundes sowie der Bundeszentrale für politische Bildung zurückgegriffen worden. Es sind nicht alle Formen von Rassismen adressiert und nicht alle von Rassismus Betroffenen benannt worden. Stellvertretend soll hier auf den Brandanschlag auf die Zentrale Aufnahmestelle von Asylbewerber*innen und ein Wohnheim für ehemalige vietnamesisch-stämmige Vertragsarbeitende 1992 in Rostock-Lichtenhagen hingewiesen werden. Dieser rassistische und fremdenfeindliche Anschlag markiert die Wende in der Asylpolitik in Deutschland. Anti-asiatischer Rassismus ist unsichtbarer. Die als asiatisch markierte Menschen gelten als gut integriert gelten und werden von der Mehrheitsgesellschaft mit positiven Rassismen belegt. Stereotype wie Asiaten sind fleißig und gut in Mathematik oder asiatische Frauen sind freundlich und

98 vgl. Lehrbeispiel Teil II, 3.1

99 Die Arbeiter- und Frauenbewegung des 19. und frühen 20. Jh. thematisierte die Lage der „verelendeten Frau“ zwischen Volksgesundheit, Marxismus, Paternalismus und dem Selbstbestimmungsrecht der Frau strittig.

100 Lat. privare; berauben. Zustand des Verlustes. Die Person ist durch Entbehrung gezeichnet. In der Fachliteratur wird bis in die Gegenwart von der verelendeten oder akademisch von der depravierten Frau gesprochen.

duldsam sind als positive Rassismen gleichermaßen problematisch wirksam wie negative Zuschreibungen.

Wissensbaustein: Wer waren die Arier?
Einen Wissensschatz hält der Dokumentarfilm „Die ARIER" von Mo Asumang (2020) bereit. Die Autorin und Filmemacherin nimmt die Zuschauenden mit zu einer spannenden Aufklärungsreise. Ist die Volksgemeinschaft der Arier – ein Fake der Nazi-Propaganda? Mo Asumang hat nach der Herkunft der nationalsozialistischen „Herrenmenschen" gesucht und die wahren Arier im Mittleren Osten gefunden. Ein Bergvolk im heutigen Iran mit einer Jahrtausende alten Geschichte.

Zitat aus der Beschreibung zum Film: „Noch nie hat sich jemand filmisch konkret an das Thema ARIER gewagt. Und das obwohl unter der vermeintlichen Marke ARIER in Deutschland gegen Menschen anderer Religionen, Hautfarben oder Geschlechtsorientierung gehetzt und gemordet wurde und wieder getötet wird. Auf einer persönlichen Reise versucht die Afrodeutsche Mo Asumang herauszufinden, was hinter der Idee vom „Herrenmenschen" steckt. Sie begibt sich zu Pseudo-Ariern auf Nazidemos, reist zu den wahren Ariern in den Iran, trifft sich in den USA mit weltweit berüchtigten Rassisten und begegnet dem Ku-Klux-Klan."[101] Das Buch zum Film: Asumang, M. (2020): Mo und die Arier. Allein unter Rassisten und Neonazis. Fischer Verlag
Buchbesprechung: http://die-arier.com/buch.php [22.04.2023]

„Rasse" und ‚race': Der Rassebegriff ist eine soziale und politische Konstruktion. Biologisch unterschiedliche Menschenrassen zu behaupten, entbehrt jeder seriösen wissenschaftlichen Grundlage. Dies belegen die lange Geschichte einer pseudowissenschaftlichen Rassenlehre und die Ideologie der Eugenik. Die UNESCO hat bereits 1950 festgestellt, dass „Rasse" für ein gesellschaftliches Konstrukt steht, das unermessliches Leid verursacht hat."[102]
Link: https://www.bpb.de/themen/rassismus-diskriminierung/rassismus/ [Zugriff: 22.04.2023]

Die Tatsache, dass „Rasse" im Grundgesetz Artikel 3 steht, verewigt in den Köpfen den Rassebegriff. Verstärkt wird die bewusstseinsbilde Wirkung von Sprache durch die Rassifizierung der Gleichheitsnorm in einem Rechtsbegriff. Solange das Wort „Rasse" genutzt wird, erst recht an so herausragender Stelle, transportiert sich mit diesem historisch aufgeladenen Begriff die ‚dahinter' stehende enge Bindung von Wissen und Macht, die, so Foucault, den gesellschaftlichen Diskurs bestimmt und damit auch das Mind-Set prägt. Ein allgemeines Bewusstsein über die Geschichte und Konstruktion von „Rassen" wird damit kaum erzeugt. Die

101 Quelle: URL: http://die-arier.com/film.php und http://die-arier.com/ [Zugriff: 22.04.2023]
102 Quelle: https://www.amnesty.de/2017/3/1/glossar-fuer-diskriminierungssensible-sprache [Zugriff: 17.05.2023]

Initiative, unterstützt durch das Deutsche Institut für Menschenrecht, die Formulierung „wegen seiner Rasse“ aus dem Grundgesetzt zu streichen (vgl. Cremer 2009), kann den öffentlichen Diskurs und Meinungsbildung beeinflussen.

Die Begriffe „Rasse“ und *race* haben vor dem Hintergrund von Nazi-Deutschland einerseits und der Bürgerrechtsbewegung der Schwarzen US-Amerikaner*innen andererseits, eine je andere historische Verortung und Bedeutung. Zwar ist Rassismus die Gemeinsamkeit, doch in je unterschiedlichen historischen Kontexten und Entwicklungslinien. Daher können sie nicht synonym gesetzt und genutzt werden.

5.5 Antisemitismus

„Antisemitismus ist eine bestimmte Wahrnehmung von Juden, die sich als Hass gegenüber Juden ausdrücken kann. Der Antisemitismus richtet sich in Wort oder Tat gegen jüdische oder nichtjüdische Einzelpersonen und/oder deren Eigentum sowie gegen jüdische Gemeindeinstitutionen oder religiöse Einrichtungen.“ Dies ist die 2016 formulierte Definition der aus vierunddreißig Mitgliedsstaaten bestehenden International Holocaust Remembrance Alliance (IHRA). Sie gilt als international anerkannte Definition dessen, was als Antisemitismus gilt.

Jüdische Menschen sind mit der Zuschreibung von bestimmten Merkmalen und Stereotypen immer rassifiziert worden. Antisemitismus ist somit rassistisch motiviert und wird deshalb häufig unter Rassismus subsumiert. Alle von Rassismus Betroffenen teilen dieselben Diskriminierungserfahrungen, jedoch in unterschiedlichen Formen und Ausprägungen. Weshalb aber wird Antisemitismus im Rassismus-Diskurs häufig übersehen?

Rassismus und Antisemitismus haben unterschiedliche historische Wurzeln. Der Rassismus-Begriff ist eng mit dem Sklavenhandel und der vom afrikanischen Kontinent verschleppten Menschen verbunden. Die systematischen gewaltsamen Entführungen auf den europäischen und amerikanischen Kontinent begannen im 15. Jahrhundert. Die Behandlung von Menschen als Eigentum und Handelsware reicht weit in die Frühzeit der Menschheit zurück.

Die Geschichte des Judenhasses und der Judenverfolgung ist mehr als 2000 Jahre alt. Pogrome an europäischen Juden sind seit dem frühen Mittelalter bekannt. Antisemitismus, Hass gegen Menschen jüdischen Glaubens, ist ein irrationales Phänomen. Irrational, weil Antisemitismus eine antimoderne Weltanschauung ist, die in der Existenz der Juden die Ursache aller Probleme der (jeweiligen) Gegenwart sieht. Irrational, da die Mehrheitsgesellschaften geistig, wissenschaftlich, ökonomisch, politisch und kulturell von ihren jüdischen Mitbürger*innen in hohem Maße profitiert haben. Ohne ihren universalistischen, humanistischen und wissenschaftlichen Beitrag wäre unsere Welt ärmer und kälter. Auch die Soziale Arbeit, wenn wir an Alice Salomon, Ilse Arlt, Hannah

Arendt, Saul Alinsky, Martin Buber, Viktor Frankl, Marshall Rosenberg, Martin Seligman und viele andere Pionier*innen der Sozial- und Geisteswissenschaften denken.

Weitere Antworten gibt die Bundeszentrale für politische Bildung mit der Untersuchung der thematischen Verbindung von Intersektionalität und Antisemitismus: „In den für Intersektionalität zentralen Kategorien – race, class, gender – wird Antisemitismus häufig übersehen. Woran liegt das? Und wie kann eine intersektionale Ideologiekritik aussehen." Quelle: https://www.bpb.de/themen/antisemitismus/dossier-antisemitismus/516233/intersektionalitaet-und-antisemitismus/ [Zugriff: 22.04.2023]

Quelle und zum Weiterlesen:
Das Dossier beleuchtet Geschichte und Gegenwart des Antisemitismus: https://www.bpb.de/themen/antisemitismus/?field_filter_format=all&field_tags_keywords [0]=-1&d=1 [Zugriff: 22.04.2023]
Kurzfilm: https://www.bpb.de/mediathek/video/182874/antisemitismus-was-ist-das-kurz-erklaert-auf-bpb-de/ [Zugriff: 22.04.2023]

5.6 Antiziganismus

> „Der Begriff „Antiziganismus" wurde bewusst vom Zentralrat Deutscher Sinti und Roma über eine lange Zeit gegenüber Politik und Öffentlichkeit durchgesetzt. Er beschreibt die jahrhundertealte Tradition von Feindschaft und Ablehnung gegen die von der Mehrheitsgesellschaft als „Zigeuner" bezeichneten Personen oder Gruppen sowie die daraus folgenden Diskriminierungen, Ausgrenzungen und Angriffe in vielen Ländern Europas. Nicht nur durch seine sprachliche Nähe zum „Antisemitismus" weist der Begriff „Antiziganismus" schlagartig auf die jahrhundertealte Geschichte von Gewalt gegen unsere Minderheit hin, die wie bei den Juden auch zu Übergriffen und Pogromen führte. „Antiziganismus" ist der einzige wissenschaftlich fundierte Begriff, der das Konstrukt des „Zigeuners" und die damit verbundene Gewalt mit bedenkt." Zitat und Definition sind von Romani Rose, Vorsitzender des Zentralrats Deutscher Sinti und Roma. Quelle: https://zentralrat.sintiundroma.de/romani-rose-zum-begriff-antiziganismus/ [Zugriff: 22.04.2023]

Mehr Informationen unter: https://www.bpb.de/mediathek/video/182873/antiziganismus-was-ist-das-kurz-erklaert-auf-bpb-de/ [Zugriff: 22.04.2023]

Rom*nja ist sowohl eine Selbstbeschreibung als auch der Oberbegriff für eine heterogene Gruppe von Menschen, die vor über tausend Jahren, vermutlich aus Indien, nach Europa ausgewandert sind. Da sie sich durch verschiedene Sprachen, Religionen und Gewohnheiten voneinander unterscheiden, sprechen Expert*en häufig von Romagruppen oder Angehörigen der Roma-Minderheiten. Im männlichen Singular spricht man von Rom (Plural: Roma), im weiblichen Singular von Romni (Plural: Romnja), zur Darstellung der Gender-Diversität von Rom*nja. Bis in die 70er war die herabwürdigende Bezeichnung „Zigeuner" in Deutschland gängig.

Sinti*zze ist die Bezeichnung für Nachfahren der Romagruppen, die bereits seit dem 15. Jahrhundert in den deutschsprachigen Raum eingewandert sind. Sie wird nur in Deutschland, Österreich und Teilen Norditaliens verwendet. Der weibliche Singular ist Sintizza (Plural Sintize), der männliche Singular ist Sinto (Plural Sinti), die Gender-Diversität Sinti*zze.

5.7 Antimuslimischer Rassismus

Islamophobie, Islamfeindlichkeit, antimuslimischer Rassismus sind Begriffe zur Beschreibung von Feindlichkeit gegenüber Menschen islamischen Glaubens, gegenüber Muslim*innen allgemein oder als muslimisch markierte Personen. Ozan Zakariya Keskinkilic plädiert für die Bezeichnung antimuslimischer Rassismus, „da sie auch politische, strukturelle und institutionelle Dimensionen mit in den Blick nimmt."

Quelle und zum Weiterlesen:
Antimuslimischer Ressismus. https://www.bpb.de/themen/infodienst/302514/was-ist-antimuslimischer-rassismus/ [22.04.2023]

Islamophobie: Andreas Zick schreibt im oben genannten Portal der Bundeszentrale für Politische Bildung zum Begriff Islamophobie. „In Deutschland wurde die „Islamophobie" durch die Untersuchungen des Bielefelder Instituts für Konflikt- und Gewaltforschung zu "Gruppenbezogener Menschenfeindlichkeit" (GMF) prominent. Zu Beginn der besagten Forschungsreihe unter dem Titel *Deutsche Zustände* (2002–10) wurde Islamophobie als "generelle ablehnende Einstellungen gegenüber muslimischen Personen und allen Glaubensrichtungen, Symbolen und religiösen Praktiken des Islam" definiert. Ab 2010 tauchten die Begriffe der "Islam- und Muslimfeindlichkeit" auf.

Islam- und Muslimfeindlichkeit meint eine generalisierte Zuschreibung von negativen Stereotypen, Emotionen, Gedanken und Überzeugungen auf 'den Islam' oder 'die Muslime' [...]. Insgesamt ist der antimuslimische Rassismus gerade deshalb als Rassismus einzustufen, weil Menschen entlang bestimmter Vorstellungen von Kultur, Religion und Herkunft essentialisiert werden, ihnen also nach (angeblicher) Abstammung genuin 'islamische' Eigenschaften zugewiesen werden, die sie von der 'eigenen' Gruppe quasi natürlich unterschieden. Dadurch wird die rassistische Benachteiligung der 'Anderen' ("nicht deutsch") gerechtfertigt und 'unsere' ("deutschen") Privilegien werden gesichert." (ebd.)

Antimuslimischer Rassismus ist kein ausschließlich rechtes Phänomen. Zwar spielen Debatten über Sicherheit und Terrorismus seit dem Terrorangriff „9/11" in den USA eine zentrale Rolle in der Stigmatisierung von Muslim*innen. Dennoch steht ihre Diskriminierung in einer langen historischen Tradition, die eng mit der Geschichte Europas verzahnt ist.

Antimuslimische Gewalttaten wie die Brandanschläge auf türkeistämmige Familien in Mölln, Solingen. Halle und Hanau, genauso wie antimuslimische Anschläge auf Moscheen und Angriffe auf offener Straße, erfahren noch immer nicht die notwendige gesellschaftliche Aufmerksamkeit. Der rechtsextreme Terrorismus des NSU, die Gruppe Freital und viele andere rechtsextreme Gruppierungen machen sich den demokratischen Rechtsstaat zunutze. Muslim*innen und Jüd*innen leben nicht sicher in Deutschland, einem Land, dessen Staatsbürgerschaft die meisten von ihnen haben.

5.8 Intersektionalität: Ein Analysemodell sozialer Ungleichheit

Die Theorie der Intersektionalität sozialer Ungleichheit und ihre Interpretationsperspektiven werden in den Sozialwissenschaften breit diskutiert. Hier wird Intersektionalität in Bezug zu ihrem historischen Hintergrund primär als Analyseinstrument adressiert.

Das zunehmende gesellschaftliche Bemühen um Geschlechtergerechtigkeit ist ohne die Emanzipationsbewegungen früherer Epochen nicht denkbar. Die Frauenbewegung des 19. und frühen 20. Jahrhunderts war in der Frage, ob die Klasse oder das Geschlecht mehr politisches Gewicht im Kampf um soziale Gerechtigkeit haben sollte, gespalten. Für die gewerkschaftlich organisierten Arbeiterinnen stand die kapitalistische Ausbeutung und die mit den Männern ihrer Klasse geteilte Ungleichheit im Vordergrund. Dies ist bis heute auch in der Selbstorganisation von armen und wohnungslosen Frauen zu beobachten. Für die Frauenbewegung der Afroamerikanerinnen und Women of Colour ist es primär der Rassismus der ihre Lebenswirklichkeit von den als weiß-gelesenen Frauen und Feministinnen trennt. Gewissermaßen als Antwort auf die soziale Ungleichheit im Binnenverhältnis des weiblichen Geschlechts prägte Kimberlé Crenshaw den Begriff der Intersektionalität.

Crenshaw nutzt als Metapher die Intersections der Highways in den USA. Zwei oder mehr Straßen überkreuzen sich auf der gleichen Höhe. Crenshaw wählte eine ebenso simple wie treffende Analogie für eines der zentralen analytischen Konzepte in der Critical Race Theory und den Gender Studies: Diskriminierung funktioniert wie die Intersections einer US-amerikanischen Autobahn, so Crenshaw. Der Verkehr kommt aus allen vier Richtungen, kann sich überkreuzen und fließt in die eine oder andere Richtung oder in alle gleichzeitig. Geschieht ein Unfall, kann ein*e Verkehrsteilnehmer*in verantwortlich sein oder mehrere, die aus verschiedenen Richtungen kamen. Genauso ist es mit der Diskriminierung einer Schwarzen Frau. Sie kann sexistisch als Frau diskriminiert werden, rassistisch als Schwarze oder gleichzeitig als Schwarze und als Frau. Im Zuge der Frauenbewegung der 1970er Jahre kritisierten Schwarze Feministinnen das enge Verständnis von sozialer Ungleichheit der „westlichen weißen Mittelschichtsfrauen" (Winker & Degele 2020: 11) und deren alleinige Fokussierung auf die Ungleichheit generierende Dimension Geschlecht. Sie fordern, die Dimensionen Klassenzugehörigkeit und ethnische Herkunft in die feministische Theoriebildung und gesellschaftliche Diskussion einzubeziehen (vgl. Crenshaw 1989; Becker-Schmidt 2007).

Die Theorie der Intersektionalität (Walgenbach 2017) erweitert den Blick auf die Überschneidung und Gleichzeitigkeit verschiedener Differenzkategorien. Dies eröffnet neue Perspektiven und Zugänge. Eine Person kann nicht nur durch eine Ungleichheit erzeugende Kategorie benachteiligt werden, sondern durch mehrere, die in Wechselwirkungen miteinander verwoben sein können, jedoch nicht so, dass sie ein kongruentes Muster bilden oder ineinander aufgehen (vgl. Winker & Degele 2009, S. 10; Blank 2018, S. 330).

Das intersektionale Analysemodell zeigt die Wirkmechanismen sozialer Ungleichheit auf den Ebenen der Struktur, der Repräsentation und Identität auf. Herkunftsspezifische, geschlechtsbezogene, soziale, ethnische und/oder körperliche Ungleichheiten haben vielfältige Wirkweisen in Bezug auf das individuelle und gruppenbezogene ökonomische, soziale und kulturelle Kapital (Bourdieu 1983), auf die zwischenmenschlichen Interaktionen und auf die Identität des Individuums oder einer Gruppe. Die soziale Herkunft und der soziale Status können in Verbindung mit dem sozialen Geschlecht, Körper (*body*) und ethnischer Zugehörigkeit (‚*race*') verstärkt oder abgeschwächt werden. Diese vier Ungleichheitskategorien werden als primär strukturbildend angenommen. Sie beeinflussen jede für sich und alle gemeinsam die Gesundheit, die Lebensdauer, das Wohnumfeld, die Bildungszugänge und die Verwirklichungschancen, die Capabilities für ein gutes Leben[103].

103 Vgl. Teil I, 1.3

Im Zuge der gesellschaftlichen Entwicklungen werden im Laufe der Zeit weitere Diskriminierungsverhältnisse wahrgenommen und anerkannt. Am wirkungsvollsten machen betroffene Gruppen auf ihre Benachteiligungen aufmerksam und fordern ihre Gleichstellung ein. Sowohl von Befürworter*innen als auch Kritiker*innen der Intersektionalitätstheorie wird die Reduktion auf einige Differenzlinien und die Kategorisierung an sich kritisch gesehen. Diese Kritik wird aus der Ermächtigungsperspektive insofern geteilt, als eine Trennung von sich überschneidenden Benachteiligungen und damit auch eine Trennung in verschiedene Identitäten nicht möglich erscheint. Zudem führt eine Unterscheidung von Ungleichheiten zu einem Wettbewerb um Anerkennung, Ressourcen und Macht. Dies wirkt (unbewusst) spaltend und entsolidarisierend, wie das Lehrbeispiel (vgl. Teil I, 1.4) des Kampfs um Gewaltschutz für die Gruppe der wohnungslosen Frauen deutlich macht.

6. Mechanismen der Macht und Mindermacht

Es gibt Personen oder Gruppen, die negativen Bewertungen so stark ausgesetzt gewesen sind, dass sie diese Bewertungen als ‚richtig' akzeptieren.
Barbara B. Solomon

In allen Gesellschaften herrschen Machtverhältnisse vor, die bis in die Psyche des Einzelnen hineinwirken. Gehört die Person einer diskriminierten Minderheit an, ist sie in der Regel mit negativen Bewertungen durch die Mehrheitsgesellschaft konfrontiert. Benachteiligungen und Herabwürdigungen werden zu einer strukturellen und psychologischen Erfahrung. Kann sich die Person nicht mehr gegen Abwertungen schützen, werden die negativen Zuschreibungen wie ein schleichendes Gift in ihr Selbstbild einsickern. Dies wird Einfluss auf ihr Leben und ihre sozialen Beziehungen haben. Aber auch auf ihre Ressourcen, die sie zur Ermächtigung und zur Befreiung, sowohl aus ihrem negativen Selbstbild als auch aus ihrer sozialen Lage, benötigt.

Abbildung 9: Wirkungen von negativen Bewertungen der Mehrheitsgesellschaft auf das Individuum

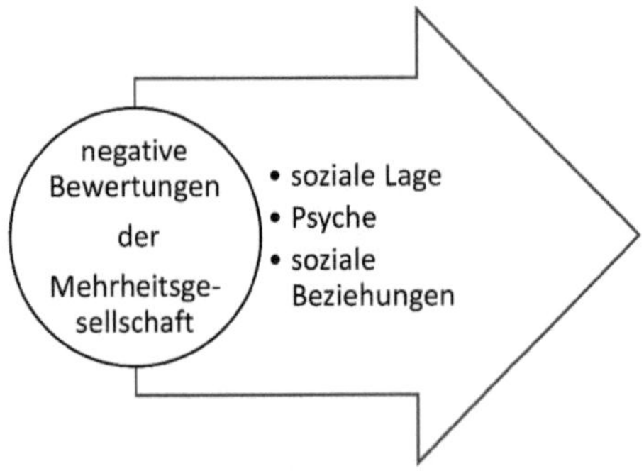

6.1 Wie Mindermacht entsteht

Diskurse werden geprägt und geführt von den einflussreichen Gruppen der Gesellschaft. Ihre Dominanz speist sich nicht nur aus ihren ökonomischen, sozialen und kulturellen Kapitalien (Bourdieu 1983), sondern auch aus der Art des Wirtschaftens mit dem Zwang zur Kapitalakkumulation[104] sowie der patriarchalen Herrschaft (Bourdieu 1997). Zur Sicherung von Kapitalien und Macht wird die öffentliche Meinungsbildung zur Legitimierung von politischen Entscheidungen genutzt, die bestimmte Gruppen von Bildungserfolg, Wohlstand und ihrem gesellschaftlichen Aufstieg ausschließen. Zum besseren Verständnis wie negative Wertungen wirken, werden die Begriffe Bias und Stigmatisierungen im Bezug zu Gender, Ethnie (*'race'*), sozioökonomische Schicht Beeinträchtigungen (*dis_abilities*)[105] und Alter konkretisiert.

6.2 Negative und positive Bewertungen

Negative Bewertungen sind ein Konstrukt, das wie die Phänomene der Macht und der Ermächtigung mithilfe von Indikatoren beobachtet werden kann. Sie können nicht nur in einer diskriminierenden Praxis von sozialen Institutionen identifiziert werden, sondern auch in der Sprache selbst (vgl. Teil II, 2.1). Dominante Diskurse wie der Streit um das Gendern sind Herstellungs- und Stabilisierungsprozesse von Machtverhältnissen. Eine Gruppe wird negativ und eine andere positiv bewertet, um aus der Bewertung zu schließen, dass die positiv bewertete Gruppe der negativ bewerteten überlegen sei. Die negative Bewertung von Schwarz einerseits und die positive Betonung von Weiß andererseits ist die symbolische Repräsentation der tiefen Verwurzelung von Bewusstsein in der Sprache, die die Überlegenheit ‚weißer' Menschen als natürlich erscheinen lässt. Eine „schwarze Lüge", so macht Solomon die Diskriminierung der Afroamerikaner*innen mit einem Vergleich anschaulich, ist schlecht, eine ‚weiße' Lüge hingegen nicht; zumindest nicht genauso schlecht. Sie zeigt auf, welche Wirkmächtigkeit negative Bewertungen auf Schwarze Gemeinschaften haben: sie bedrohen das individuelle und kollektive Selbstbewusstsein.

Diskriminierung, Vorurteile und Stigmatisierung sind Phänomenen der Machtlosigkeit, beziehungsweise von Mindermacht. Die strukturellen und personalen Ebenen werden im Spannungsverhältnis von Macht und Mindermacht beeinflusst. Solomon untersucht die psychologischen und die systemischen Effekte von Machtlosigkeit. Sie identifiziert indirekte und direkte Machtblockaden, die sich sowohl in negativen Wertungen in Form von Stigmatisierungen und Vor-

---

104 Kapitalakkumulation: Ein von Karl Marx geprägter Begriff, der den Mechanismus beschreibt, wie Kapital vermehrt werden kann, etwa indem Produkte teurer verkauft werden als ihr Herstellungsprozess verursacht hat. Mehr dazu: https://www.bpb.de/kurz-knapp/lexika/lexikon-der-wirtschaft/18566/akkumulation/ [Zugriff; 01.08.2023]

105 Dis_ability mit Unterstrich betont das Verhältnis von Einschränkungen und Möglichkeiten bzw. Fähigkeiten, sowohl personal als auch gesellschaftlich.

urteilen als auch in diskriminierenden Strukturen, beispielsweise im Hilfesystem selbst, zeigen.

Mindermächtigkeit von Personen, Gruppen und Gemeinschaften entsteht durch einen Prozess, in dem den Betroffenen gesellschaftlich wertgeschätzte Identität und wertvolle Ressourcen abgesprochen werden. Beides, wertgeschätzte Identität und Ressourcen, sind Grundvoraussetzungen für die interpersonale Beeinflussung und effektive Ausübung sozialer Funktionen und Rollen. Zwar gehen einige Theoretiker*innen davon aus, dass jede*r, bis auf lebensbedrohende Ausnahmen, in irgendeiner Weise mehr oder weniger Macht hat. Das Mehr oder Weniger ist unterlegt mit der Zugehörigkeit zu einem mehr oder weniger anerkannten Geschlecht, sozialen Schicht, ethnischen Gruppe, Körpermerkmalen, Beeinträchtigungen oder Alter. Letztlich trifft dies, so betont Solomon, auf jede Person und Gruppe zu, die mit verschiedenen Einschränkungen ihrer Selbstbestimmung und mit Abhängigkeiten zu kämpfen hat.

Wissensbaustein: Bias

Bias ist ein Sammelbegriff für kognitive Verzerrungen. Sie entstehen durch systematische Fehler beim Wahrnehmen, Denken, Erinnern und Urteilen. Mentale Strategien wie beispielsweise Faustregeln und Stereotypisierungen helfen uns, mit begrenztem Wissen in kurzer Zeit Entscheidungen zu treffen.

Die Fähigkeit des Gehirns zur Reduzierung von vielen und komplexen Informationen hat eine positive Wirkung auf die Aufnahme- und Verarbeitungskapazität. Menschen können nur begrenzt Informationen verarbeiten. Die Selektionsleistung, welche Informationen für eine spezifische Situation relevant sind, wird in den komplexen Netzwerken des Gehirns und künftig voraussichtlich noch effektiver in Artefakten der digitalisierten Künstlichen Intelligenz (KI), gewissermaßen als erweitertes Gehirn, arbeitsteilig übernommen. Luhmann sieht die Relevanz von Macht primär in ihrer systemischen Funktion der Komplexitätsreduzierung: „Wenn es überhaupt eine Einzelursache der Macht gibt, so liegt sie in der geringen Fähigkeit zur Informationsverarbeitung, in dem Bedürfnis nach ‚Entlastung', und nicht etwa in einem ‚Machttrieb' (Luhmann 2013: 51)."

Bias basieren auf mutmaßlichen Schlussfolgerungen. Vorurteile sind unbewusst (*unconscious bias*) wirksam. Urteilsfehler beeinflussen alle Lebensbereiche. Bestätigt und geteilt werden sie in der Regel von einer ähnlich homosozialen Gruppe.

> „Systematische Urteilsfehler wurden auf vielen Feldern nachgewiesen, und der Ausdruck „Bias" (Verzerrung) wird heute auf vielen Gebieten wie etwa Wirtschaft, Politik, Entscheidungslehre und Jurisprudenz verwendet", so der in diesem Gebiet der Kognitionsforschung führende Psychologe und Nobelpreisträger Daniel Kahneman (2021: 182).

Gender Bias entstehen durch psychologische Verzerrungseffekte, die durch geschlechtsbezogene Stereotypisierungen und Vorurteile geprägt sind. Die mit dem Geschlecht intersektional verwobenen Vorurteile in Bezug auf die sozioökonomische Schicht (*class*), ethnische Herkunft (*‚race'*), Behinderung (*dis_ability*) oder das Alter (*age*) verstärken die Stereotypisierungen und systematischen Fehler in Entscheidungsprozessen.

Die Nichtbeachtung von Geschlecht und Geschlechterverhältnissen in der Theoriebildung, Forschung und Lehre soll die Neutralitätsbehauptung der Wissenschaft unterstreichen. Die Verneinung von sozial, kulturell und gesellschaftlich hergestellten Geschlechterverhältnissen verkennt jedoch, dass wir unser Unbewusstes nicht willentlich steuern können. Allein der Versuch erzeugt Verzerrungseffekte und systematische Urteilsfehler. Ohne dass uns dies bewusst ist und entgegen dem Ethos einer unabhängigen und genderneutralen Forschung, haben Gender Bias einen nachhaltigen Einfluss auf die Wissenschaft, Forschung und Lehre. Geschlechtsbezogene Voreingenommenheit wirkt sich nicht nur in alltäglicher Kommunikation und Interaktion aus, sondern beeinflusst auch die Wissenschaft und Forschung[106]. Diese Prozesse gelten in gleicher Weise für die Entstehung und Wirkmächtigkeit von Racial Bias. Die soziale, kulturelle und gesellschaftliche Herstellung von „Rasse", die rassistischen Kulturalisierungen von Ethnie und Religion haben in der Wissenschaft, Forschung und Lehre sowie in allen anderen gesellschaftlichen Bereichen dieselben Effekte.

6.3 Lehrbeispiel: Doll-Test

Der sogenannte Doll-Test veranschaulicht eindrücklich, wie schon ab dem frühen Kindesalter positive und negative Bewertungen entwicklungspsychologisch wirksam und nachhaltig inkorporiert werden. Der Puppen-Test gehört zu den wichtigsten Studien das Beobachtungslernens, das auf das Lernen am Modell des Psychologen Albert Bandura (1976) zurückgeht.

Die befragten Kinder im Vorschulalter bilden den ethnischen Querschnitt der US-amerikanischen Bevölkerung ab. Der Interviewer fordert die Kinder auf, sich zwischen zwei Puppen zu entscheiden: die eine hat eine weiße, die andere eine schwarze Hautfarbe. Die Kinder werden gefragt. „Welches ist die schöne Puppe?" Die meisten Kinder zeigen auf die weiße Puppe. „Welches ist die hässliche Puppe?" Fast alle Kinder zeigen auf die schwarze Puppe. „Was denkst du, weshalb die weiße Puppe hübscher ist?" Antwort: „Sie hat blaue Augen und einen weißen Körper". Abschließend werden die Kinder gefragt: „Welche Puppe sieht so aus wie du?" Auch die nicht als weiß-gelesenen Kinder zeigen fast ausnahmslos auf die weiße Puppe. Ihr Zögern ist nicht zu übersehen; die ins Gesicht geschriebene Traurig-

106 Gender Bias: vgl. https://www.gesis.org/cews/themen/gender-bias/informationen [Zugriff: 21.04.23]

keit schwer zu ertragen. Als „herzzerreißend“ beschreiben Fernsehzuschauer*innen in den Kommentaren ihre Gefühle.

In einem anderen Setting des Tests wird eine Reihe von Kinderbildern in einer Farbskala von weißer über brauner bis schwarzer Hautfarbe gezeigt. Die Kinder werden gefragt: „Welches ist das gute Kind?“ Die Kinder zeigen mehrheitlich auf das Kind mit der hellsten Hautfarbe. „Welches ist das böse Kind?“ Die meisten zeigen auf das Kind mit der dunkelsten, der schwarzen Hautfarbe.

Der Doll-Test ist 2010 vom amerikanischen Nachrichtensender CNN ausgestrahlt worden. Ein vergleichbarer Test wurde schon in den 1930er Jahren durchgeführt, konnte jedoch zu dieser Zeit noch keine breite Öffentlichkeit erreichen.

Zum Weiterlesen:
Fajembola, Oaolu und Nimimdé-Dundadengar, Tebogo (2021): Gib mir mal die Hautfarbe: Mit Kindern über Rassismus sprechen. Weinheim: Beltz Verlag.
Bandura, Albert (1976): Lernen am Modell. Ansätze zu einer sozial-kognitiven Lerntheorie. Stuttgart: Klett Cotta.
https://www.youtube.com/watch?v=tkpUyB2xgTM [17.04.2023]
https://www.youtube.com/watch?v=Q8_EqAWFs4k [17.04.2023]
https://www.youtube.com/watch?v=a7sX1cn5aO4 [17.04.2023]

6.4 Indirekte und direkte Machtblockaden

Indirekte und direkte Machtblockaden werden sowohl psychologisch auf der Ebene des Subjekts als auch strukturell auf der Ebene der gesellschaftlichen Systeme wirksam. Daher schließen Ermächtigungsprozesse an die psychologische und systemische Ebene in ihrer Interdependenz an. Machtblockaden haben einen signifikanten Einfluss auf die Angehörigen von diskriminierten Minderheiten und deren Möglichkeiten, personale Ressourcen optimal entwickeln zu können. Hiervon hängen die Fähigkeiten[107] ab, soziale Rollen in gesellschaftlich anerkannter Art und Weise ausüben zu können. Die Wirkweisen von Machtblockaden sind gleichsam der Schlüssel zum Verstehen, wie Hilflosigkeit entsteht.

Die Interdependenzen von indirekt und direkt wirkenden Machtblockaden (*power blocks*) werden an den Capabilities für Gesundheit, Bildung und die Ausübung von sozial anerkannten Rollen (Status) veranschaulicht. Hieran schließen sich Fragen nach den eigenen Machtquellen und der Umkehrbarkeit von Mindermacht in einen Prozess der Ermächtigung an. Diskriminierungspraxen wirken sowohl auf den personalen als auch systemischen Ebenen als indirekte und direkte Blockaden im Zugang zu externen und internalen Machtquellen.

107 Fähigkeiten im Verständnis von Capabilities, vgl. Teil I, 3.

Abbildung 10: Indirekte Machtblockaden – personale Ebene.

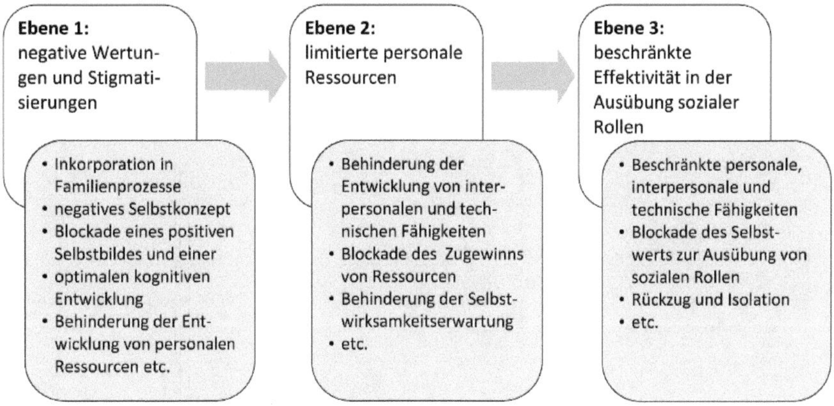

Wie entstehen indirekte Machtblockaden?

Indirekte Machtblockaden basieren auf negativen Bewertungen, die im Lebensverlauf verinnerlicht werden. Kann die Person die verletzenden Zuschreibungen nicht mehr kognitiv, psychisch und emotional abwehren, nimmt sie die negativen Wertungen zunehmend als wahr und richtig in ihr Selbstbild auf. Selbstabwertungen schwächen die Widerstandskraft erheblich und können die Gesundheit gefährden. Resilienz ist Schlüsselressource und Machtquelle zugleich (Bollwinkel & Keele 2023).

Der Mechanismus der Entstehung von indirekten Machtblockaden kann auf drei Ebenen identifiziert werden:

- Negative Wertungen oder Stigmatisierungen werden in Verbindung mit der Identifikation und der Zugehörigkeit zu einer stigmatisierten Gruppe, repräsentiert durch die Familie und Community, gewissermaßen einverleibt. Dies verhindert die optimale Entwicklung von personalen Ressourcen und Capabilities zur Entwicklung eines positiven Selbstkonzepts und von Selbstwirksamkeitserwartungen etc.
- Machtblockaden treten auf, wenn die personalen Ressourcen, die durch indirekte und direkte Behinderungen bereits limitiert worden sind, in der weiteren Folge die Entwicklung von interpersonalen Fähigkeiten (Bedürfnisse angemessen äußern) und technischen Fähigkeiten (Lesen, Schreiben, und Rechnen) verhindern.
- Machtblockaden treten auf, wenn beschränkte personale Ressourcen sowie interpersonale und technische Fähigkeiten die Effektivität im Ausfüllen von anerkannten sozialen Rollen (Eltern-, Berufsrolle, Ausübung von Mandaten, (Ehren)-Ämter) begrenzen.

Abbildung 11: Direkte Machtblockaden – systemische Ebene.

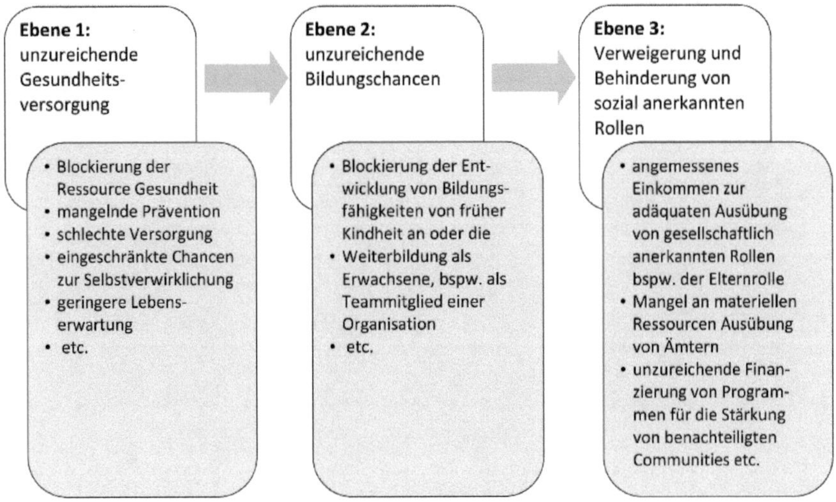

Wie entstehen direkte Machtblockaden?

Direkte Machtblockaden basieren ebenfalls auf negativen Wertungen. Diese werden nicht unmittelbar in die Entwicklungserfahrungen des Individuums aufgenommen, aber direkt von gesellschaftlich wichtigen Institutionen, wie den Bildungs- und Gesundheitseinrichtungen, übernommen. Sie verwalten die unzureichenden Ressourcen zur Befriedigung von biologischen, psychischen und psychosozialen Bedürfnissen. Dauern Mangelzustände über längere Zeit an, können sich verschiedene Formen von struktureller Gewalt ausprägen.

Direkte Machtblockanden können sich in Bezug auf Gesundheit, Bildung und die Ausübung sozial anerkannter Rollen auf folgenden Ebenen zeigen:

- Machtblockaden können für einzelne Mitglieder einer diskriminierten Minderheit, aber auch für die gesamte Gruppe auftreten, wenn sie eine unzureichende Gesundheitsversorgung haben. Dies führt zu einer direkten Einschränkung der individuellen Gesundheit. Gesundheit ist eine elementare personale Ressource.
- Die Entwicklung von Bildungsfähigkeiten kann behindert werden, indem die Bildungsmöglichkeiten oder die Fortsetzung einer Ausbildung erschwert werden. Für Erwachsene kann dies beispielsweise die verhinderte Weiterbildung als Teammitglied innerhalb einer Organisation sein. Von der Person wird zwar erwartet, dass sie ihre interpersonalen und technischen Fertigkeiten entwickelt. Aber es werden ihr nicht die Möglichkeiten gegeben, dies auch zu tun.

- Es werden entweder die anerkannten sozialen Rollen verweigert oder einige materielle Ressourcen vorenthalten, die notwendig sind, um diese sozialen Rollen adäquat ausfüllen zu können. Dies kann ein mangelhaftes Einkommen zur angemessenen Wahrnehmung der Elternrolle sein oder die Finanzierung eines öffentlich gefördertes Programm, das ressourcenarmen Menschen zugutekommt.

Übung:

1. Recherchieren Sie nach Berichten, Biografien und Forschungsstudien zu Diskriminierungserfahrungen von Einzelnen und Gruppen.
2. Wählen Sie eine Gruppe aus.
3. Identifizieren Sie die für die betreffende Gruppe relevanten indirekten und direkten Machtblockaden und tragen Sie diese in die Schaubilder ein.
4. Fassen Sie zusammen, welche Machtblockaden für die Handlungsfelder Gesundheitsversorgung, Bildungschancen und Ausübung sozial anerkannter Rollen relevant sind und begründen Sie Ihre Wahl.
5. Welche anderen Handlungsfelder sind für die von Ihnen ausgewählte Zielgruppe im Schaubild nicht berücksichtigt, aber ebenfalls bedeutsam?
6. Erweitern Sie die Schaubilder ggf. mit den Handlungsfeldern und fügen Sie die für die personale Ebene identifizierten Inkorporationen von negativen Wertungen, von limitierten personalen Ressourcen, Beschränkungen in der Ausübung sozial anerkannter Rollen sowie die auf der systemischen Ebene wirksamen Behinderungen und Blockierungen hinzu.
7. Sie können sich an dem folgenden Lehrbeispiel und den für das Arbeitsfeld Hilfen für Frauen in Wohnungsnot entwickelten Schaubilder orientieren.

6.5 Lehrbeispiel: Machtblockaden bei wohnungslosen Frauen

Die Stigmatisierung von wohnungslosen Frauen hat eine lange Tradition in der allgemeinen Frauen- und Armenfeindlichkeit und in der sozialrassistischen Diskriminierung als „sittlich gefährdete“, „asoziale“ Person. Diese Stigmata kleben seit Jahrhunderten an der ohne Obdach im öffentlichen Raum lebenden Frau, so wie das im Mittelalter über unerwünschte Personen ausgegossene Pech.

Eine wohnungslose Frau kann sexistisch diskriminiert werden, klassistisch als arm, sozialrassistisch als „sozial schwach“ oder alles zugleich. Hat sie eine dunkle Hautfarbe, kommt die rassistische Diskriminierung hinzu, als Romni die antiziganistische. Mit einer Behinderung kann sie zusätzlich ableistisch herabgewürdigt werden. Eine Religionszugehörigkeit kann antimuslimische oder antisemitische Abwertungen zur Folge haben. Die mehrfache Diskriminierung kann sich mit weiteren, individuell zutreffenden Differenzlinien, zum Beispiel den Köper betreffend, intersektional verbinden. Je nach Interaktionssituation, etwa mit Angehörigen der Mittelschicht oder mit Männern als einem in der patriarchalen Ordnung höherstehenden Geschlecht, wirken die Mehrfachdiskriminierungen mehr oder weniger intensiv und nachhaltig.

So lange Frauen in Wohnungsnot und Armutslebenslagen keine ausreichend starke Stimme in der Öffentlichkeit haben, können wir nicht wissen, wie sie den Diskurs mit den ökonomisch und sozial abgesicherten Personen der Mehrheitsgesellschaft führen würden. Sicher ist jedoch, dass ohne ihre Stimme wertvolle Erkenntnisse zu ihrem Gewaltschutz und zu ihrer Ermächtigung fehlen. Als Lebensweltexpertinnen steht ihr Wissen für die Gesellschaft nicht zur Verfügung. Interviews mit wohnungslosen Frauen geben Einblicke in die Gewalt der sozialen Ächtung und Exklusion. Je länger sie andauert, umso mehr wird die psychische Widerstandskraft geschwächt und ein negatives Selbstbild verinnerlicht.

> „Man sieht sich in der Gesellschaft als Dreck an. Man merkt auch, dass die Gesellschaft von einem denkt, du bist zeitloser Dreck. Man merkt das." „So" [merkt man das, d. V.], „ich bin etwas Besseres und du bist ein Nichts, dir gebe ich nichts. Damit du schön da unten bleibst und mir nicht versuchst auf die Füße zu treten. (...) Das spiegelt die Menschheit einfach wider. Die Gesellschaft gibt dir dieses Gefühl, dass du nichts wert bist. Und irgendwann denkst du selbst, dass du nichts wert bist."

Die Zitate stammen von wohnungslosen Frauen. Sie sind Interviews entnommen, die 2016 im Rahmen eines studentischen Forschungsprojekts an der DHBW-Villingen-Schwenningen mit folgender Fragestellung durchgeführt worden sind:

> „Diskriminierung wohnungsloser Frauen – Welche Bewältigungsstrategien entwickeln erwachsene Frauen in der Wohnungslosigkeit im Hinblick auf Diskriminierungserfahrungen?"

Abbildung 12: Lehrbeispiel wohnungslose Frauen: Wirkung von indirekten Machtblockaden auf personaler Ebene.

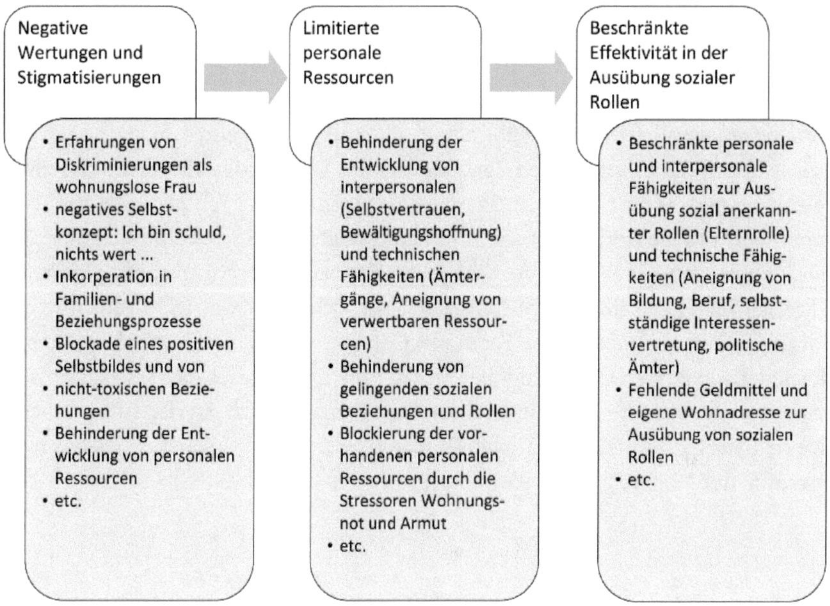

Abbildung 13: Lehrbeispiel wohnungslose Frauen: Wirkung von direkten Machtblockaden auf systemischer Ebene

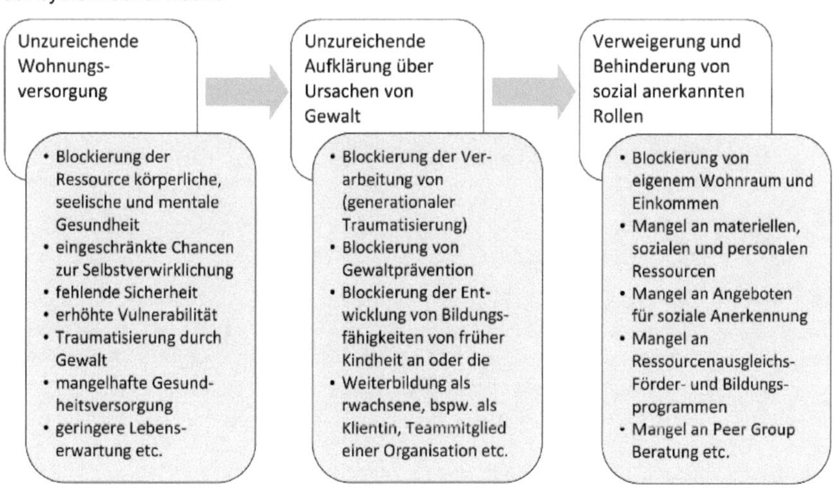

Zusammenfassung

Indirekte und direkte Machtblockaden behindern oder verhindern die Aneignung von personalen, sozialen und ökonomischen Ressourcen und damit von Capabilities; von Vermögen, das Ermächtigung ermöglichen kann. In der Folge ist die adäquate Ausübung von sozialen Rollen eingeschränkt. Das gesellschaftliche Scheitern, beispielsweise in der Ausübung der Elternrolle oder eines angesehenen Berufes oder in der erfolgreichen Bewältigung der Doppelrolle als beruflich erfolgreiche, attraktive Frau und Mutter, wird als eigenes Versagen gedeutet und verinnerlicht. Ein Entrinnen aus dieser selbstabwertenden Spirale, die sich über Generationen hinweg verfestigen, intergenerational tradieren und somit gleichsam ‚vererben' kann, erscheint den Betroffen unmöglich zu sein. Die Erfahrung der Vergeblichkeit versetzt in eine Form von Gefangenschaft. Die Machtlosen haben die negativen Bewertungen und die Ziele der Mehrheitsgesellschaft so sehr internalisiert, dass sie ihre Freiheit fürchten (vgl. Freire 1980)[108]. In der stillen Macht, wie sie Byung Chul Han und Michel Foucault beschreiben, vollendet sich das volle Potential der Macht.

108 Freire in: Pedagogy of the Oppressed, Chapter 1: "The oppressed, having internalized the image of the oppressor and adopted his guidelines, are fearful of freedom."

7. Phänomene der Macht und Ermächtigung

Macht entspricht der Fähigkeit, sich mit anderen zusammenzuschließen und im Einvernehmen mit ihnen zu handeln.
Hannah Arendt

Erscheinungsformen von Macht und Ermächtigung sind miteinander in vielfältiger Art und Weise verwoben. Im Konzept der Multidimensionalität von Power (vgl. Teil I, 2). sind die Stärken der Ressourcen und die Kraft der Resilienz mit aufgehoben. Aus der Verlinkung von Mikro- und Makroprozessebene wirken die Power-Dimensionen selbstverstärkend und bringen Phänomene der Ermächtigung hervor. Die produktive Perspektive auf Macht potenziert sich aus sich selbst heraus. Aus Mindermacht und sogar aus Ohnmacht kann im Zugang zu Machtquellen – trotz Machtblockaden und Behinderungen – Handlungsmacht entstehen. Je nach Kontext und Position, Rolle und Stellung können die Erscheinungsformen der Ermächtigung unterschiedlich gedeutet werden. Macht ist daher vor allem anderen Deutungsmacht.

7.1 Deutungsmacht

Jede Macht ist notwendigerweise Deutungsmacht. Denn Macht tritt in vielerlei Ausprägungen in Erscheinung und entzieht sich damit einer allgemeingültigen Definition. Macht ist somit vor allen anderen Machtformen Deutungsmacht.

Personen, Gemeinschaften und Organisationen beeinflussen Überzeugungssysteme, Ideologien, Religionen oder Mythen, die selbst wiederum Deutungen produzieren (vgl. Folkerts 2019). Deutungen werden von Machtstrukturen getragen. Machtstrukturen sind dabei stets das Ergebnis vergangener Deutungsmachtkonflikte. Für das komplexe Geflecht aus Machtbeziehungen und Machtstrukturen führt Foucault den Begriff des „Dispositivs" ein. Wissen geht aus solch einem komplexen Zusammenspiel hervor. Luhmann, Foucault und Bourdieu weisen auf die strukturelle Entkoppelung von Überzeugungssystemen hin. Sie verselbständigen sich unabhängig von ihrem Entstehungszusammenhang und führen als Stereotype und Vorurteile gewissermaßen ein Eigenleben als Bedingungen oder Hemmnisse menschlichen Handelns. Ihre personale und gesellschaftliche Wirkmächtigkeit wird mit den Erkenntnissen aus der Kognitionsforschung in der Öffentlichkeit diskutiert (vgl. Teil II, 6 Wissensbaustein: Bias).

Die Verschränkung von Mikro- und Makrosystemebene: Die personale und interpersonale Ebene der Deutungsmacht ist, wie unsere subjektive Wahrnehmung auch, nicht frei von Beeinflussungen vielfältiger Arten und Formen. Etwa von unserem sozialen Umfeld, von Erfahrungs- und Fachwissen, den Medien und den sozialen, staatlichen und religiösen Institutionen. Der gesellschaftliche Raum ist durch diskursive Praktiken, beispielsweise durch wissenschaftliche Aussagen oder philosophisch-ethische Grundsätze und durch nicht-diskursive Praktiken, etwa durch Symbole wie die Mode und die Körperkultur, vorgeprägt. Das Tragen eines Bikinis oder Burkinis ist nicht allein von der individuellen Entscheidungsmacht der badenden Frauen und Mädchen abhängig, sondern auch an die machtprägenden, dominanten diskursiven Praxen ihrer Lebenswelt gebunden. Wobei sowohl der (fast) nackte weibliche Körper als auch seine Verhüllung als Enteignung und als Verfügungsmacht einer männlichen Dominanzkultur gedeutet werden kann.

Die machtprägende Dominanz von Diskursen wirkt über die selbstverständlich hingenommene Wirklichkeit und die Überzeugungssysteme, welche in ihr vorgefunden und weiter tradiert werden. Was als normal erscheint, ist zur Tradition geworden. Insofern kann die strukturelle Verwurzelung von Deutungsmacht ohne handelnde Akteur*innen auskommen und wirken. Sie sind von der personalen, aber auch institutionellen Autorität entkoppelt und prägen dennoch die subjektiv empfundene Wahrheit und Wirklichkeit.

Die personale Mikrosystemebene der Deutungsmacht: Ausgang von Deutungs- und Definitionsmacht sowie von Ermächtigung ist die personale Mikrosystemebene. Den Sinn des Lebens, die Definition der persönlichen Ziele oder die Interpretation der individuellen Probleme kann nur die jeweils betroffene Person bestimmen. Selbst die Wahrnehmung der Lebenswelt ist ein Produkt der eigenen Sinndeutung. Sie ist die Quelle von Eigenmacht und der Schlüssel zur Autonomie und Ermächtigung. Im Konzept der Lebensweltorientierung Sozialer Arbeit (Thiersch 2016) hat die Deutungsmacht eine tragende Rolle, ohne dass dieser Begriff explizit eingeführt worden wäre.

Die Betonung auf „das Ding an sich“, das in der Lebenswelt aufscheint (Husserl 2007) und sie manifestiert, nachdem es den Filter des jeweils individuellen Wahrnehmungsapparates und der Erfahrungen durchlaufen hat, verweist auf die Abhängigkeit von einer subjektiven Deutung, um existent sein zu können. Deutungsmacht hat hier ihren Ursprung. Sie verhilft uns zu Selbstbewusstsein und Bewusstheit über uns und unsere Welt. Im Dreiklang von Selbst-Bewusst-Sein wird im Erfahrungshorizont der Lebenswelt unser Leben – trotz allem – zu einem gelingenden umgedeutet. Der schöpferische Akt der subjektiven Deutung und des Handlungsversprechens „Ich-kann-immer wieder-neu“, ist eine Schlüsselressource in Ermächtigungsprozessen.

Ob Bedürfnisse befriedigt und Interessen durchgesetzt werden können, hängt maßgeblich von Faktoren, die von Machtstrukturen geprägt sind, ab. Strukturelle Lebenslagen und individuelle Wahrnehmung schaffen einen subjektiven Deutungsraum, einen „Spielraum, den einem Menschen die äußeren Umstände nachhaltig für die Befriedigung der Interessen bieten, die den Sinn des Lebens bestimmen." (Kraus 2014: 63) Gleichwohl ist der Grat zwischen dem Erkennen von neuen Handlungsräumen und des Sich-schön-Redens schmal, wenn der Spielraum durch die äußeren Umstände so begrenzt ist, dass die adäquate Befriedigung von basalen Bedürfnissen nicht möglich ist.

Übung: Biographiearbeit als Selbstlerngegenstand

Biografisches Erzählen ist eine geeignete Methode für die „Freisetzung von Möglichkeiten und Beseitigung von Hemmnissen" (vgl. Thiersch 2000), ohne „die grundsätzliche autonome Zuständigkeit aller Menschen für ihren je eigenen Alltag" (Grunwald & Thiersch 2002: 137) infrage zu stellen.
Sie werden eingeladen, sich mit ihrer eigenen Geschichte als Lerngegenstand zu beschäftigen und anhand dessen ihre Machtquellen selbst zu identifizieren und zu deuten.

Lassen Sie sich von folgenden Medien unterstützen:
Die eigene Geschichte als Lerngegenstand: Jennifer Friedl, 09.03.2021: https://erwachsenenbildung.at/aktuell/nachrichten/15717-biografiearbeit-die-eigene-geschichte-als-lerngegenstand.php [17.02.2023]
Bildkarten zur Biographiearbeit: Ruhe, H. G. und Opitz, S. (2022): 75 Bildkarten, Weinheim: Beltz.

7.2 Definitions- und Verfügungsmacht

Empowerment beginnt mit der Definitions- und Verfügungsmacht über die eigenen Ressourcen und seien sie (zunächst) aus Sicht der Mehrheitsgesellschaft noch so gering, unbedeutend und wertlos oder verwirrend und überraschend. Die Definition von Ressourcen ist nicht auf ein verwertbares Humankapital hin ausgerichtet. Kern der Ressourceneinschätzung ist ihre Zweckfreiheit. Sie steht in unmittelbarem Bezug zu Kants Definition der Menschenwürde, die er in ihrer Zweckfreiheit verwirklicht sieht. Die Würde besteht immer aus sich selbst heraus allein aus dem Menschsein und ohne Gegenleistung.

Schon die bewusste Wahrnehmung kann ermächtigend wirken und Würde sichtbar machen. Die Verfügungsmacht über Ressourcen beginnt mit der autonomen Deutung und Definition. Allein die ihre Ressourcen einschätzende Person verfügt über die Deutungs- und Definitionsmacht. Das für Außenstehende scheinbar Unscheinbare kann für sie besonders wertvoll sein und in Zukunft bedeutsam werden.

Wie dieser Bewusstwerdungsprozess zu verstehen ist und welche Grundsätze (Axiome) ihm zugrunde liegen, ist von dem US-amerikanischen Sozialpsychologen Steven E. Hobfoll und Mitarbeitenden (1988, 1989) erforscht worden. Die zentralen Erkenntnisse haben Buchwald & Hobfoll (2013), Nestmann (1997) und Blank (2012) in den deutschsprachigen Kontext übertragen. Im Folgenden werden einige ausgewählte Grundsätze des Konzepts der Ressourcenbewahrung vorgestellt:

- Der Mensch nutzt seine Personen- und Umweltressourcen, ohne daran denken zu müssen. Seine biophysischen und biopsychischen Systeme sorgen gleichsam naturwüchsig für einen Ausgleich von Gewinnen und Verlusten.
- Wir aktivieren ständig unbewusst Ressourcen und nehmen erst dann einen Mangel wahr, wenn wir Bedürfnisse nicht (mehr) befriedigen können. Eine anhaltende Situation unbefriedigter Bedürfnisse führt zu Stress und infolgedessen zu individuellen, sozialen und gesellschaftlichen Problemen (vgl. Teil II, 3.2).
- Zur Bedürfnisbefriedigung und Interessensdurchsetzung bedarf es einer entsprechenden Ausstattung an Ressourcen. Sie werden von unseren biophysischen, kognitiven und unbewussten Systemen umgewandelt in
  - einen universellen Träger (Nucleoid Molekül) der Lebensenergie[109]
  - Bedürfnisbefriedigung (*satisfaction*)
  - Stolz auf sich selbst (*pride*)
  - Sicherheit (*security*)
  - Sozialen Status (*status*)
  - Anerkennung (*honor*)
  - Selbstwertgefühl (*self-esteem*)
  - gelingendes Leben (*mastery*)

  (vgl. Hobfoll 1988: 29, Übers. d. V. in: Blank 2012: 107)

Aus ressourcentheoretischer Perspektive sind die Essenzen der Umwandlung Schlüsselressourcen. Sie haben das Potential alle weiteren personalen und sozialökologischen Ressourcen gewissermaßen aufzuschließen. Werden Ressourcen bewusst wahrgenommen und eingeschätzt, steigert der Prozess der Ein- und Wertschätzung die identifizierten Schlüsselressourcen. Dies gilt ebenso für andere Zugänge und Modelle, die sich auf Ressourcen beziehen oder in einem Wirkungszusammenhang stehen. Dazu gehören die Bildung von sozialen, öko-

---

109 Für Prozesse in den Körperzellen wird Energie benötigt, um chemische, osmotische oder mechanische Arbeit zu leisten. Die Energie wird über das Molekül ATP bereitgestellt.

Abbildung 14: Prozess der Ressourcenumwandlung

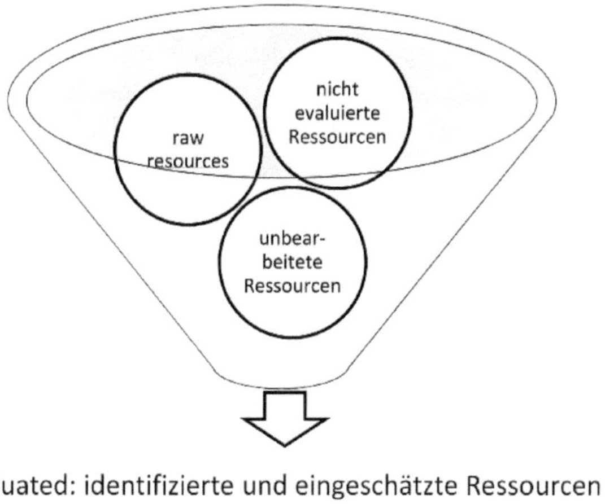

Gelingendes Leben (mastery)	**ATP-Adenosintriphosphat, Träger (Nucleoid) der Lebensenergie**
Stolz auf sich selbst (*pride*)	Sicherheit (*security*)
Status (*status*)	Anerkennung (*honor*)
Zufriedenheit (*satisfaction*)	Selbstwertgefühl (*self-esteem*)

nomischen, kulturellen und symbolischen Kapitalien, von Capabilities (vgl. Teil I, 3) und bedürfnistheoretisch begründeten Werten (vgl. Teil II, 3.2).

> „Ressourcen sind alle Dinge, die wir in unserer Lebensgestaltung wertschätzen, die wir für die Lebensbewältigung benötigen und daher erlangen, schützen und bewahren wollen." (Hobfoll 1989, übers. v. Nestmann 2004)

Dies ist der Kernsatz der Theorie und des Konzepts der Ressourcenbewahrung. Die autonome Zuständigkeit ist darin aufgehoben. Damit sich der Prozess der Ressourcenevaluation mit unseren biophysischen und kognitiven Systemen rückkoppeln kann, ist es notwendig, dass wir selbst die Einschätzung vornehmen und nicht eine andere Person. Reflexive Kraft ist an unsere biophysischen und biopsychischen Systeme gebunden. Durch die bewusste Wahrnehmung und das Nachdenken über ihren Wert werden die Ressourcen gewissermaßen inkorporiert und ein intrinsisch motivierter Mechanismus in Gang gesetzt. Forschungen von Hobfoll weisen nach, dass insbesondere bei einer schwachen Ressourcenausstattung die selbstbesteuerte Bewertung der (aktuellen) Nützlichkeit eine ressourcengenerierende Wirkung hat.

Die ressourcentheoretischen Erkenntnisse korrespondieren mit dem phänomenologischen Lebensweltbegriff Husserls. Die Dinge, die wir wahrnehmen, konstituieren unsere Lebenswelt. Im Raum-Zeitkontinuum der Erfahrungen werden grundlegende Prinzipien der Vergewisserung des Menschen in seiner Deutung von Welt angesprochen. Eine Sinndeutung ist nicht ohne eine grundsätzlich autonome Zuständigkeit möglich. In der Rückkoppelung verstärken sie sich die evaluierten Ressourcen selbst und werden zu wirkmächtigen personalen Schlüsselressourcen im Zugang zu Handlungsmacht.

Empowerment-Tool *dieSchatzsuche*® ist ein Werkzeug zur selbstbestimmten Identifizierung von Ressourcen und zur Bildung von Ressourcenbewusstsein. Der Mechanismus der Einschätzung und Wertschätzung eigener Personen- und Umweltressourcen löst Motivation und Aktion aus. Zur Unterstützung dieses für uns Menschen elementaren und bedeutsamen Prozesses hat sich die Methodik „Identifizierung personaler Ressourcen – eine Schatzsuche" in Verbindung mit dem dazu gehörenden Bildungs- und Coaching-Programm als wirksam erwiesen (Blank 2012, 2020).

Allein das Wort Schatzsuche hat eine unmittelbar aufschließende Wirkung. Unsere lebenserhaltenden Systeme werden allein durch die Vorstellung von künftigen Ressourcenschätzen stimuliert. Sie setzen Prozesse der Motivation und Selbstwirksamkeitserwartung in Gang. Dieser Vorgang ist universell, sowohl anthropologisch als auch lebensweltlich. Alle Kulturen kennen Schätze und haben ihre eigenen Geschichten von „Helden, die ihrem Schatz nachjagen", resümiert Psychotherapeutin und Lehranalytikerin am C. G. Jung Institut Marie Luise von Franz. Das Konzept des „autonome Ressourcenbegriffs" (ausführlich in: Blank 2012) ist eng mit der Generierung von Eigenmacht verknüpft. Synonym zu Machtquellen im umfassenden Sinne ist Eigenmacht die Basis von Selbstregulationsprozessen, von Selbstwirksamkeitserwartungen und Handlungsmacht.

Abbildung 15: Interdependenz von Selbststeuerung und Ermächtigung

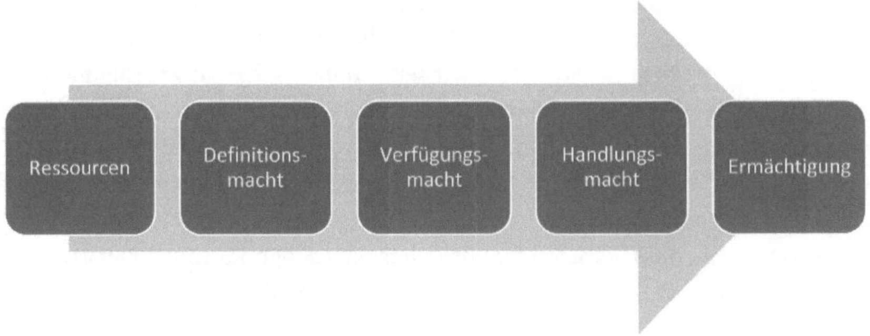

7.3 Partizipation und Teilhabe: Power Sharing

Es gibt vielfältige Formen, Methoden Strategien im Zugang zu Partizipation, Teilhabe und Power Sharing. Das Teilen von Macht ist eine Möglichkeit, Zugangs- und Verfügungsmacht zwischen machthabender und abhängiger Person zu organisieren. Power Sharing verschiebt die Positionsmacht, etwa zwischen Klientel und Fachpersonen, zwischen Expert*innen aus Erfahrung und solchen mit Fachwissen. Welche herausragende Wirkung Partizipation haben kann, zeigen Forschungsergebnisse (vgl. Teil I, 4).

Freiwillig Hilfe-Gebende und Hilfe-Empfangende brauchen sich in ihren jeweiligen Rollen; denn, wenn es keine Empfänger*innen gibt, sind die beabsichtigten Gaben nutzlos. Eine andere Form der Abhängigkeit besteht zwischen hilfesuchenden Klienten*innen und professionell Hilfe gebenden Fachpersonen. Sobald es ein großes und anhaltendes Ungleichgewicht zwischen Geben und Nehmen gibt, bestehen sowohl in Settings des freiwilligen als auch beruflichen Engagements Machtasymmetrien. Dies gilt es in der Planung und Organisation von Ermächtigungsprozessen zu erkennen und die sich entwickelnden Dynamiken zu beobachten. Ein wichtiger Handlungsgrundsatz ist, stets auf das Verhältnis der Austauschbeziehungen zwischen den Gebenden und Nehmenden zu achten und Strategien des Ausgleichs jeweils situationsangepasst und offen kommuniziert bereitzuhalten. Aus dem ständigen Fluss der Kommunikation in reziproken Beziehungen können neue Impulse, Ideen und Machtquellen generiert werden.

Spezifische Instrumente und Methoden, die Ermächtigungsprozesse ermöglichen, unterstützen und begleiten, sollten mit den evidenzbasierten Indikatoren der Ermächtigung kohärent sein. Sie sind grundsätzlich partizipativ und selbstbestimmt angelegt. Im Folgenden werden einige Kriterien für die Entwicklung von Empowerment-Tools vorgestellt. Sie

- sprechen alle Menschen an und sind nicht auf gesellschaftlich benachteiligte Zielgruppen konzentriert,
- stellen aber ihre Teilhabe sicher.
- transformieren stigmatisierende Wertungen.
- klären auf, vermitteln und teilen Wissen, generieren neues Wissen.
- bilden den selbstbestimmten Ressourcenbegriff ab und nicht die Verwertbarkeit von „Humankapital".
- erweitern Personen- und Umweltressourcen.
- können von Fachpersonen und (ehemaligen) Adressat*innen erlernt und weitervermitteln werden.
- sind auf allen Empowerment-Handlungsebenen wirkmächtig.
- sind im Alltag aller Menschen nützlich.

- bereichern die plurale, demokratische Gesellschaft.[110]

Strategien des Abbaus von Machtasymmetrien gibt es vielfältige. Sie reichen von echter Machtverteilung, über Beteiligung an Forschung und Wissensgenerierung bis zur bloßen Information. Sherry Arnstein (1969) hat mit ihrer „Ladder of Citizen Partizipation" verschiedene Partizipationsstufen identifiziert. Sie legt Wert auf die Unterscheidung zwischen einer Alibi-Beteiligung (*tokenism*) und echter Partizipation. Wenn die Beteiligung nicht zu einer Verschiebung des Machtungleichgewichts zwischen den Besitzenden und den Habenichtsen führt, ist sie eine Pseudobeteiligung, so Arnstein. Ihren Ansatz haben Straßburger & Rieger (2014) in Partizipationspyramiden weiterentwickelt.

7.4 Handlungsprinzip: Reziprozität

Reziprozität[111] ist in der Soziologie ein Grundprinzip menschlichen Handelns, das auf der gegenseitigen Abhängigkeit von Menschen beruht. Die Ethnologie interessiert sich vor allem für den Austausch von Gütern und die Art der Tauschbeziehung. Die Soziale Arbeit macht sich beide Sichtweisen zu eigen, indem sie Gelegenheiten schafft, in denen ressourcenarme Menschen mit anderen in einen reziproken Austausch kommen können und nicht ausgeschlossen werden oder bleiben. Dies können Dinge oder Kompetenzen sein, die angeboten werden, um mit anderen Menschen in Kontakt zu kommen. In der Gemeinwesenarbeit, in den Quartieren und Nachbarschaften liegt die Herstellung von Austauschbeziehungen unterschiedlichster Art gewissermaßen auf der Hand.

Für Ermächtigungsprozesse ist die Förderung von Reziprozität eine der wichtigsten und wirkungsvollsten Handlungsleitlinien. Die Bereitstellung von ressourcenhaltigen Räumen, die Identifizierung von Angeboten, die benachteiligte und ausgegrenzte Menschen machen können und so in ein Tauschverhältnis auf Augenhöhe kommen, stoßen Prozesse des Generierens von Eigenmacht und Selbstwertgefühl an. Die mindermächtige Person ist nicht (mehr) gezwungen, von Wohltätigkeit abhängig zu sein. Sie kann am Glück des Gebens und im Wortsinn an der Ausschüttung von Glückshormonen (Dopamin) teilhaben. Diese wiederum stärken im biophysiologischen und biopsychischen Zusammenspiel die Gesundheit und wirken lebensverlängernd.

Macht entsteht in der Interaktion und dem Austausch zwischen Menschen. In der Kommunikation und in Austauschbeziehungen, etwa von sozialen Kontakten,

---

110 Vgl. Blank (2008): Empowerment-Instrumente in der Hand der NutzerInnen. In: FORUMsozial 1/2008)

111 Reziprozität: lat. *reziprocare*, zurückfließen, hin und herzfließen, im umgekehrten Zusammenhang zueinanderstehend, auf Gegenseitigkeit beruhend.

Wissen und Gütern begründet sich von Grund auf seine Handlungsmacht. Das Handlungsprinzip Reziprozität verbindet Menschen und hegt Konflikte ein. Es generiert soziale, ökonomische und kulturelle Kapitalien. Durch deren Akkumulationvergrößern sich Einfluss und Macht der Mindermächtigen. Aus all diesen Gründen sollte die Förderung von reziproken Beziehungen am Beginn einer jeder Art von Beziehung und Handlung stehen. Foucault betont in seinen Definitionen von Macht das Handeln und die Möglichkeiten von Handlungen:

> „(...) [Die Macht] ist ein Ensemble von Handlungen in Hinsicht auf mögliche Handlungen; sie operiert auf dem Möglichkeitsfeld, in das sich das Verhalten der handelnden Subjekte eingeschrieben hat; sie stachelt an, gibt ein, lenkt ab, erleichtert oder erschwert, erweitert oder begrenzt, macht mehr oder weniger wahrscheinlich; im Grenzfall nötigt oder verhindert sie vollständig; aber stets handelt es sich um eine Weise des Einwirkens auf ein oder mehrere handelnde Subjekte, und dies, sofern sie handeln oder zum Handeln fähig sind. Ein Handeln auf Handlungen."(Foucault 1994: 254f).

Die Möglichkeit des Einwirkens beginnt mit dem Vermögen zur Reziprozität. Erst dann tut sich das volle Möglichkeitsfeld der Handlungsmacht auf. Selbst das existentiell abhängige Neugeborene kann mit dem Potential des einzigartig Neuen in der Welt, mit dem Versprechen auf generationale Kontinuität, auf Ressourcengewinne und Glück seiner Eltern, ein Angebot machen und allein mit seinem Dasein in einen reziproken Möglichkeitsraum eintreten.

Im Handeln entsteht die jeweils subjektive und einzigartige Erfahrung von Selbstwirksamkeit. Ich kann immer wieder neu, ist ein Versprechen, das wir uns bis zum Schluss selbst geben können. Und immer wieder kann aus Mindermacht – selbst aus Ohnmacht – Handlungsmacht hervorgehen. In der Verlinkung von Mikro- und Makroprozessen, von Individuum, Communities und Gesellschaft, in respektvollen, gleichberechtigten Austauschbeziehungen entfaltet sich die Kraft und Macht des Wir.[112] Darin liegt Hoffnung. Indigene Wissenschaftler*innen lehren uns Entfremdete wie ein Geben und Nehmen zwischen der Spezies Mensch und dem Ökosystem Erde wieder hergestellt werden kann. Die Forscher*innen ziehen aus der Verlinkung von empirischem Erfahrungswissen mit wissenschaftlichen Forschungsmethoden Erkenntnisse, die wir alle unmittelbar verstehen können. Denn es ist ein universelles Wissen oder Erinnern, das uns anspricht. Ihre Forschungs- und Vermittlungsarbeit ist ein Geschenk für die Menschheit. Die Hüter*innen indigenen Wissens bieten uns an, wertschätzen und verantwortlich handeln zu lernen. Robin Wall Kimmerer, Wissenschaftlerin, mehrfach ausgezeichnete Professorin für Umweltbiologie, Mitglied der Citizen Potawatomi Nation, Gründerin und Direktorin des Center

112 vgl. Teil I, 1.3

for Native Peoples and the Environment definiert das Prinzip des Gebens und Nehmens so:

> „Wir alle stehen im Bündnis der Reziprozität: der Atem der Pflanzen für den Atem der Tiere, Winter und Sommer, Räuber und Beute, Gras und Feuer, Nacht und Tag, Leben und Tod. Das Wasser weiß es, die Wolken wissen es. Erde und Felsen wissen es. Sie alle tanzen eine ewige Giveaway-Feier, ein Wechselspiel des Schöpfens, Zerlegens und Neuschöpfens der Welt. [...]
> Das moralische Bündnis der Reziprozität ruft uns auf, Verantwortung zu übernehmen für alles, was uns geschenkt wurde, für alles, was wir uns genommen haben. Jetzt sind wir dran, und das ist überfällig. [...]
> Als Gegengeschenk für das Privileg, atmen zu dürfen."
> (Robin Wall Kimmerer (2023: 449–450)

7.5 Handlungsvermögen: Agency

Die Soziologie befasst sich unter dem Begriff „Agency"[113] seit den 1990er Jahren intensiver mit der Handlungsfähigkeit von Individuen als Akteur*innen in den sozialen und gesellschaftlichen Strukturen, in denen sie leben. Die Vorstellung, dass ‚etwas' den Status eines Phänomens mit agentischen Eigenschaften, mit Wirksamkeitskräften haben kann, beschäftigt seit dem den sozialtheoretischen Diskurs (vgl. Raithelhuber 2012). Die Annahme, dass solche Eigenkräfte nicht singulär aus dem Individuum heraus entstehen können, sondern sich im Zusammenspiel von Menschen und Strukturen der Lebenswelt prozesshaft entwickeln, hat sich im „Agency-Paradigma" (Mick 2021) etabliert.

Handlungsmacht ist im Sinne der Machttheoretiker*innen nicht etwas, das man besitzen kann. Es wird davon ausgegangen, dass die Handlungsfähigkeit erst im Zusammenwirken von Menschen und Strukturen entstehen und ihre Wirksamkeit entfalten kann. Allerdings stellt sich Handlungsmacht nicht voraussetzungslos ein. Im Handlungsvermögen steckt der Vermögensbegriff der Capabilities. Der Capability-Approach beschreibt die menschlichen Grundfähigkeiten bzw. Grundvoraussetzungen, um Handlungsvermögen – agentische Fähigkeiten – entwickeln und ausbauen zu können. Das eigene und erworbene Vermögen an Reziprozität ist eine essenzielle Voraussetzung für Handlungsmächtigkeit. Mittels reziproker Beziehungen kann der Mensch auf seine Umgebung und deren Strukturen einwirken. Damit sich Wirksamkeitskräfte in den vorgefundenen, oft geschlossenen Systemen und die darin ausgrenzend

113 Agency: lat. *agere*, Tun, Handeln. Die eigene und eingeworbene Kapazität zum Handeln. Quelle: http://www.almagenic.com/glossar/begriff/agency/ [27.07.2023]

operierenden Mechanismen entfalten kann, ist ein strategisch-methodisches Vorgehen, wie es der Ermächtigungsansatz vorsieht, unumgänglich.

7.6 Bewältigungshandeln: Reaktanz (*reactance*)

Eine Form von Bewältigungshandeln kann die Motivation sein, Widerstand in Form von unangepasstem Verhalten auszuüben, mit dem Ziel die größtmögliche Autonomie (wieder) herzustellen. Kinder und Jugendliche reagieren meist unmittelbar und aktiv, wenn sie ihren Willen nicht durchsetzen können. Wird ihr Verhalten im Laufe ihres Aufwachsens destruktiv, hat dies Ursachen. Häufig geht damit ein eklatanter Vertrauensverlust einher. Dies kann sich in einer abwehrenden Reaktion auf Angebote, Personen, Regeln oder Vorschriften äußern. In einer Aktion-Reaktionskette von Bestrafungen und Belohnungen kann sich feindseliges Verhalten verfestigen und produktive Beziehungen verhindern.

Aus psychologischer Sicht ist Reaktanz eine Reaktion auf ein nicht erfülltes Bedürfnis, etwa das Bedürfnis nach Freiheit und Selbstbestimmung. Eine Einschränkung der Verhaltensfreiheit und Handlungsfähigkeit wird als ungerechtfertigter Eingriff empfunden.

> „Daher haben die Individuen einen starken Drang etwas zu tun. (Brehm & Brehm 1981). Dies steht im Gegensatz zur erlernten Hilflosigkeit, die ein Zustand ist, in dem eine Bedrohung passiv ertragen wird oder sich die Person sogar zurückzieht (Seligman 1975). Hilflose Personen fühlen sich normalerweise nicht in der Lage eine Situation zu ändern. Reagierende Personen hingegen fühlen sich in der Lage, die aktuelle Situation zu verändern, das heißt, die Bedrohung der Freiheit abzuwehren." (vgl. Steindl et al. 2015: 210, Übers. d. V.)

An die Perspektive der Reactance Theory schließt der Ermächtigungsansatz an. Widerständigkeit ist eine Macht und Ressource eigener Art. Die Person ist in der Lage Eigenkräfte zu mobilisieren und entschlossen, sich zu behaupten. Sie verteidigt ihre Autonomie und Identität. Reaktanz ist eine Form von Eigenmacht und Würdebehauptung. Sofern sich die widerständige Person nicht selbst oder andere schädigt, sollte sie in Anerkennung ihres Selbstbehauptungswillens ihr Handlungsvermögen ausüben können. In einem ausgehandelten, klar definierten Rahmen kann sie ihre Selbstregulationskräfte nutzen und Bewältigungskompetenzen entwickeln.

Menschen mit widerständigem Verhalten können in solchen Prozessen Vertrauen in sich selbst und andere aufbauen. In der Praxis des in Teil I, 4.2 dargestellten Lehrbeispiels hat sich die Anerkennung von Widerständigkeit und das dadurch entstandene Vertrauen als Zugang zu Ermächtigungsprozessen erwiesen. Bis heute sammeln sich unter wohnungslosen Menschen und bei den Hilfeangeboten der Wohnungslosenhilfe sogenannte „Systemsprenger". Als Regulativ haben sich reziproke Aushandlungsprozesse und Angebote zur Partizipation bewährt. In den retrospektiven Interviews und einem Film[114] berichten die Teilnehmerinnen des Forschungsprojekts wie sich, ohne dass sie es bemerkt hatten, ihr selbstschädigendes Verhalten verändert hat. Einige sagen, dass sie keine Suchtmittel mehr gebraucht hätten, weil ihr Selbstvertrauen mit der Erfahrung Ich-kann-sein-wie-ich-bin-und-werde-trotzdem-ausgehalten gewachsen sei. Erfahrungswissen entsteht aus der Situation heraus, ohne darin explizit eine Bewältigungsstrategie zu sehen. Diese Prozesse laufen in der Regel im alltäglichen Handeln unbewusst ab. In der Rückschau können für überraschend erscheinende Verhaltensänderungen Erklärungen gesucht und gedeutet werden.

7.7 Handlungsstrategie: Community Power

Ermächtigendes Handeln beginnt in den Safe Spaces des Vertrauens. Solche sicheren Räume bieten Gemeinschaften an, die vertraut sind und einen Vorschuss an Vertrauen schenken. Aber auch Zwangsgemeinschaften, gewissermaßen aus Not im Hilfesystem gebildet, können sich in einen sicheren Raum wandeln. Dies bedarf in der Regel einer professionellen Begleitung, die Ermächtigungswissen und Erfahrung im Sich-zurücknehmen-Können hat. Es sind Kenntnisse über die Grundsätze des ermöglichenden strategischen und methodischen Handelns.

Ein strategischer Handlungsansatz für die Gemeinwesenarbeit ist das *Citizen Empowerment*. Die Methoden des Ermöglichens von bürgerschaftlichem Engagement sind vielfältig. Immer aber sind es Strategien zur Beteiligung und Stärkung von Mitgestaltungsmacht, unterstützt durch Methoden zur Konfliktlösung, einer gewaltfreien Sprache, für Aushandlungsprozesse und der Vermittlung zwischen den Interessen der Akteursgruppen. Im von Saul Alinsky entwickelten Community Organizing steht die Macht der Menschen im Mittelpunkt, die ein gemeinsames Eigeninteresse teilen. Die Probleme mit denen Nachbarschaften infolge der Gentrifizierung ihres Quartiers und steigender Mieten konfrontiert sind, erfordern spezifische Handlungsstrategien. Vor allem dann, wenn die Machtasymmetrien stark sind und die andere Interessenseite über eine einflussreiche Lobby verfügt. Neben einer guten strategischen Planung spielen Konflikttaktiken eine große Rolle. Alinsky hat dazu in seiner „Anleitung zum Mächtigsein" (1999) einen Kanon von Regeln aufgestellt und eine weitere Definition von Macht eingeführt:

114 „Ich bin nicht mehr der letzte Dreck", Film von Uta Claus, Süddeutscher Rundfunk, 1985 über das Frauenprojekt der Arbeiter*innen-Selbsthilfe Stuttgart e.V.

„Macht ist nicht nur das, was man hat, sondern auch das, von dem der Gegner glaubt, dass man es hat.“ [115]

Alle benachteiligten, diskriminierten Gemeinschaften haben das Interesse, Macht zu gewinnen und sich mit den für sie passenden Strategien Gehör zu verschaffen. Im Kern geht es ihnen um die Anerkennung und Durchsetzung ihrer Menschenrechte. Hajdi Barz, Mitglied der bundesweit gegen Rassismus aktiven IniRomnja und Projektleiterin des Antidiskriminierungsnetzwerks Berlin, beschreibt ihren Empowerment-Begriff „als kollektive Strategie von Communities wie unserer, sich zu Macht zu verhelfen“. Nino Novacović, Trainer in der Jugend- und Erwachsenbildung zu den Themen Rom*nja und Sinti*zze, Rassismus und Empowerment, ergänzt mit dem historischen Blick auf die Ermächtigungsgeschichte der Rom*nja und Sinti*zze:

> „Ich kann mich deinem Verständnis von Empowerment sehr gut anschließen. Einerseits die Ebene der Communities bzw. der Selbstorganisationen und andererseits die individuelle Ebene und Familiengeschichten, die sehr starkes Empowerment aufzeigen, angesichts der Verfolgung und Diskriminierung der Rom*nja und Sinti*zze, die bis zu 1000 Jahren zurückverfolgt werden kann“. (vgl. Jagusch & Chehata 2020: 164)

Im Kontext von Machtasymmetrien und Unterdrückungsverhältnissen ist Empowerment ohne strategisches Denken und Handeln nicht möglich.

7.8 Peer-Beratung: Peer Support

Peer Councelling und Peer Support kennen eine Vielzahl an Handlungsstrategien und Methoden. Stellvertretend wird hier ein neues Konzept der Ermächtigung von Studierenden an Hochschulen vorgestellt, das sich gegen jede Form von Diskriminierung wendet. Im Mittelpunkt stehen die Erfahrungen mit Sexismus.

Empowerment-Projekt und -Konzept von und für Studierende an Hochschulen

Das Projekt „ARRete – Stop Diskriminierung!“ steht für Agieren, Reagieren, Respektieren. Konzept und Methodik sind auf die Zusammenarbeit mit Peers abgestimmt. Die Ziele der Studierenden sind der Aufbau von Support-Strukturen

115 Die Regeln (Rules of Radicals) sind abrufbar unter: https://www.buergergesellschaft.de/praxishilfen/community-organizing/worum-geht-es/was-ist-community-organizing [27.11.2023]

sowie von Strukturen zur Prävention, so dass mittelfristig Sexismus und Andersbehandlung nicht mehr alltägliche Wirklichkeit an Hochschulen sein wird.

Die Ausgangssituation: Student*innen sind diskriminierendem Verhalten, Übergriffen und sexualisierter Gewalt durch Mitstudierende, Freund*innen, Social Media, Lehrbeauftragte sowie für sie verantwortliche Professor*innen ausgesetzt. Hochschulen und Universitäten sind weitgehend in sich geschlossene Systeme mit hierarchischen Strukturen. Sie pflegen patriarchale Traditionen und haben wenig Kontrollstrukturen. Dies erschwert das Vertrauen der (von Notengebung abhängigen) Studierenden in eine sie schützende und fördernde Umgebung. Es herrscht die allgemeine Ansicht vor, dass es Sexismus an der Hochschule nicht gäbe. Die realen Situationen jedoch reichen von scheinbar harmlosen Belästigungen und verbalen Herabsetzungen bis zu sexuellen Übergriffen.

Ein Beispiel von Sexismus im Hochschulalltag: Ein Lehrender spricht eine Studentin der Informatik über Monate als „Herr" an. Sie ist die einzige Frau im Seminar. Trotz ihrer Richtigstellungen kommt sie nicht bei dem Dozenten an. Er ignoriert sie kontinuierlich. Ihre männlichen Kommilitonen wissen nicht recht, wie sie mit der Situation umgehen sollen und schweigen. Als Bystander (Zuschauende) haben sie nicht gelernt, die bedrückende Situation zu wenden und dem Dozenten Grenzen zu setzen.

Die Peers: Alle Studierende. Sowohl die direkt Betroffenen als auch die unter dem Klima der Verletzung und Grenzüberschreitungen mitleiden; allen voran die Bystander. Biases aller Art beeinflussen das durch tradierte Rollenbilder und Vorurteile geprägte Verhalten, insbesondere in den von Männern dominierten Studienbereichen. Sie beeinflussen das Studium und den Erfolg der betroffenen Studierenden.

Die Beraterinnen: Zwei Professorinnen; eine als Peer-Group-Begleiterin, die andere als Zentrale Gleichstellungsbeauftragte der DHBW.

Das Unterstützungsnetzwerk: Die Studierendenvertretungen (AStA, StuV), die Gleichstellungsbeauftragten, die Ansprechpersonen für sexuelle Belästigung, Professor*innen / Studiengangsleiter*innen.

Die Reaktion des Hochschulsystems: Auf bekannt gewordene und gemeldete Beschwerden folgen oft keine effektiven Maßnahmen. Wenn Studierende einen Rechtsbeistand und/oder die weisungsunabhängige Gleichstellungsbeauftragte einschalten, schützt sich das System Hochschule bzw. Universität. Rechtssicherheit und die Angst, den guten Ruf zu verlieren, haben Priorität.

Die Reaktion der betroffenen Studierenden: Das Erkennen der Situation, die Anstrengungen, Konsequenzen und Gefühle der Machtlosigkeit führen dazu, dass diskriminierende Verhaltensweisen entweder in Kauf genommen werden oder die betroffenen Studierenden die Hochschule verlassen. Bestehende organisationale Prozesse und der Zugang zu den für sie zuständigen Ansprechpersonen und Beauftragten sind wenig bekannt und können daher nicht ausreichend genutzt werden.

Die Beteiligung der Studierenden: Eine Auswahl an Empowerment-Policies und Maßnahmen sind auf der Grundlage des „Zero Tolerance Program"[116] ausgewählt worden. Die Association of Schools and Programs of Public Health (ASPPH) in den USA hat 2019 eine Arbeitsgruppe zur Ausarbeitung einer Strategie für Null-Toleranz von Belästigung und Diskriminierung einberufen. An den Grundsätzen hat sich das studentische Projekt ARRete- Stop Diskriminierung! bei der Ausarbeitung ihres Konzepts orientiert. Gemeinsam mit den Peers sind geeignete Instrumente zur Umsetzung der in der Zero-Toleranz-Studie vorgeschlagenen Maßnahmen entwickelt worden. Die geplanten Angebote und Tools erfüllen die Kriterien der Partizipation, Selbstwirksamkeitserwartung und Selbstbestimmung.

Trainings:

- Erstellung von Schulungen, die darauf abzielen, unangemessenes Verhalten zu erkennen, diskriminierungsfreies Verhalten zu erlernen und Respekt zu fördern.
- Klima fördern, in dem Trainings ernst genommen werden und Belästigung/ Diskriminierung erkannt werden können.

Identifizieren von Belästigung / Diskriminierung:

- Schulungen zum Erkennen von Belästigung und Diskriminierung.
- Das Eingreifen durch Zuschauer*innen fördern; die Bystander schulen.
- Ermächtigung von Personen durch Wissen und Support-Strukturen Belästigungen in Echtzeit zu melden.
- Sichere Möglichkeiten anbieten, einschließlich Einsatz von Technologien, um Belästigung und Diskriminierung zu melden.

Kulturwandel:

- Begegnungs- und Gesprächsräume schaffen zur Integration von Werten, die Vielfalt und Respekt betonen.

---

116 A Statement of Commitment to Zero Tolerance of Harassment and Discrimination in Schools and Programs of Public Health: https://journals.sagepub.com/doi/10.1177/0033354920921816?icid=int.sj-full-text.similar-articles.3 [27.07.2023]

- Demonstration von Nulltoleranz gegenüber der Verwendung von Worten, die erniedrigend und herabsetzend sind oder zum Schweigen bringen sollen.

Empowerment-Tools:

- Die Entwicklung einer App, mit einer einfach anzuwendenden Technik, vergleichbar mit einem Babyphon als ein Notrufsystem. Mit dieser innovativen App sollen Studierende während des laufenden Seminars einen Unterstützungsbedarf melden und um eine Einordnung der Situation nachfragen können: Wie siehst du das? Durch den Rückhalt anderer (anonymer) Meldungen, die um eine Einordnung von diskriminierenden Situationen bitten, wird die Arbeit der Bystander unterstützt und erleichtert.
- Ein anonymisiertes Drehbuch von realen Szenen aus dem Studienalltag ist von betroffenen Studierenden geschrieben worden. Es sind szenische Darstellungen sowohl der real vorgefallenen Situation als auch wie es hätte anders sein können. Die Darsteller*innen zeigen ein Verhalten in der diskriminierenden Situation und anschließend in einem respektvollen, unterstützenden Lehrsetting. Damit haben alle Rollen ein positives Identifikationsbild. Auch die Täter, die in der Regel ein unangemessenes Verhalten weit von sich weisen und kein Fehlverhalten erkennen.
- Mit dem Medium Film und der Darstellung wie in Männerdomänen Studentinnen angemessen unterstützt werden können, sollen Abwehrreflexe der externen und internen Hochschulmitarbeitenden kleiner und die Bereitschaft zur Unterstützung größer werden. Die Szenen werden von professionellen Schauspieler*innen nachgespielt, um eine Retraumatisierung der betroffenen Drehbuchautorinnen zu vermeiden und ihre Anonymität zu schützen. Ein weiteres Ziel ist die Verfilmung, um die Videosequenzen hochschulöffentlich zur Aufklärung und Weiterbildung einsetzen zu können.
- Preview mit verschiedenen Stakeholdern und öffentliche Filmpremiere in einem Schauspielhaus.

Zum Weiterlesen:

Pantelmann, H. & Blackmore, S. (Hrsg.) (2023): Sexualisierte Belästigung, Diskriminierung und Gewalt im Hochschulkontext: Herausforderungen, Umgangsweisen und Prävention. Wiesbaden: Springer.

A Statement of Commitment to Zero Tolerance of Harassment and Discrimination in Schools and Programs of Public Health: https://journals.sagepub.com/doi/10.1177/0033354920921816?icid=int.sj-full-text.similar-articles.3 [27.07.2023]

Association of Schools and Programs of Public Health: https://aspph.org/ [27.07.2023]

Teil III: Das Kern-Mandat „Ermächtigung“ im Studienkonzept Soziale Arbeit

> *Social Work is a practice-based profession and an academic discipline that promotes social change and development, social kohesion, and the empowerment and liberation of people.*
> International Federation of Sozial Workers

Die Verortung des Ermächtigungsparadigmas in der Internationalen Definition Sozialer Arbeit ist in Teil I, 5 ausgeführt worden. Zum Schluss wird nun die Übertragung in die Lehre und ein neues studiendidaktisches Modell vorgestellt, welches 2018 im Rahmen der Re-Akkreditierung des Studienbereichs Sozialwesen der Dualen Hochschule Baden-Württemberg (DHBW) in den Lehrkanon aufgenommen worden ist.

Das Konzept „Vernetzung der Methodenmodule Sozialer Arbeit“ ist im Rahmen des Kongresses der Deutschen Gesellschaft für Soziale Arbeit (DGSA) im Forum „Wandel der Curricula Sozialer Arbeit im Kontext gesellschaftlicher Transformation“ zur Diskussion gestellt worden. Die handlungstheoretische Verortung und methodologischen Begründungen sind anschließend unter dem Titel „Die Neuordnung der sogenannten Methodentrias – und die curriculare Verortung des Kern-Mandats „Ermächtigung“ ins Studienkonzept Soziale Arbeit“ (Blank 2020: 251–267) veröffentlicht worden. Hier werden die wissenschaftlichen Begründungen und die didaktisch-methodische Umsetzung in die Lehre und Praxis Sozialer Arbeit vertieft. Das Lehrkonzept soll der Freiheit der Lehre entsprechend als Arbeitsgrundlage dienen und für Ausdifferenzierungen offen sein. In diesem Sinne ist das Matrix-Modell (vgl. Abbildung 16) als Handreichung zur Weiterarbeit an den Hochschulen gedacht.

1. Verortung von Empowerment im Studium Soziale Arbeit

Das studiendidaktische Modell befasst sich, ausgehend vom Kerncurriculum der Deutschen Gesellschaft für Soziale Arbeit (DGSA 2006), mit zwei großen Fragestellungen:

1. Die Frage nach der Integration des diffundierenden Empowerment-Begriffs in ein Studienkonzept Soziale Arbeit.
2. Die Frage nach der Transformation der klassischen sogenannten Methoden-Trias[117] der Individualhilfe bzw. Einzel(fall)hilfe, der sozialen Gruppenarbeit und Gemeinwesen bzw. Sozialraumarbeit.

Das dem studiendidaktischen Modell zugrundeliegende Konzept ist nach der Figur des transformativen Dreischritts von Staub-Bernasconi handlungswissenschaftlich und ethisch begründet worden. Die Begriffe „transformativer Dreischritt" und „Handlungswissenschaft" werden in Teil I, 3.4 erläutert.

Die beiden methodologisch scheinbar unvereinbaren Themenkomplexe werden ihrer inneren Logik folgend modulübergreifend und curricular zusammengeführt. Die Matrix transformiert die Versäulung der Methodenmodule und verbindet sie mit den als handlungsleitend definierten Konzepten: Ressourcenorientierung, Systemisches Handeln, Gender und Diversität/Diversity sowie Empowerment im machttheoretischen Verständnis. Sie lassen sich in den Kern-Mandaten und Prinzipien der globalen Definition der Sozialen Arbeit wiederfinden.

Die Kategorie Gender ist von der Fachkommission nicht als eigenständige Differenzkategorie akzeptiert worden. Aus sozialwissenschaftlicher Perspektive jedoch ist sie nicht unter Diversity subsumierbar. Geschlecht kann nicht als eine Ungleichheitskategorien unter anderen betrachtet werden. Denn die Vorstellungen von Geschlecht und die Praxen von Geschlechterrollen sind für jede Gesellschaft strukturbildend (vgl. Butler 1991, Bourdieu 1997a). Die Differenzkategorie Gender kann deshalb nicht in einer Subsumptionslogik aufgehen und in dem Sammelbegriff Diversity gleichsam unsichtbar gemacht werden. Vielmehr ist die soziale Konstruktion von Geschlecht jeweils im Zusammenhang mit jeder weiteren Ungleichheitskategorien überschneidend (intersektional) und strukturbildend wirksam.

117 Zur historischen Einordnung (vgl. Galuske 2013: 115ff).

1.1 Matrix des studiendidaktischen Modells

Jedes der für dieses studiendidaktische Modell als handlungsleitend definierten Handlungskonzepte repräsentiert eigene Diskurslinien und theoretische Zugänge. Im Kontext Sozialer Arbeit ist ihre Verortung im Alltags- und Lebensweltbezug konstitutiv. Die Struktur- und Handlungsmaximen bilden mit ihren Bezügen zu den Dimensionen Raum, Zeit, soziale Beziehungen und Ressourcen (vgl. Grundwald & Thiersch 2004: 26 ff.) einen übergeordneten Horizont zu deren Konkretisierung und Ausdifferenzierung.

Die Reihenfolge und Stellung der handlungsleitenden Konzepte baut inhaltlich aufeinander auf und zeigt ihre Interdependenzen an. Ermächtigung basiert auf Ressourcenorientierung, systemischem Handeln sowie den Konzepten von Gender & Diversity. Diversität schärft den Blick für die intersektional verwobenen Differenzkategorien und Dimensionen sozialer Ungleichheit in den vorgefundenen Machtverhältnissen (vgl. Winker / Degele 2009).

Das Konzept der Multidimensionalität von Power (vgl. Teil I, 2 und Blank 2018: 339 f.) ist unmittelbar an die handlungsleitenden Konzepte Ressourcenorientierung, systemischem Handeln sowie Gender & Diversity anschlussfähig. Damit können die machttheoretischen, rassismuskritischen und diskriminierungssensiblen Zugänge im Empowerment-Begriff verortet werden. Dies unterstreicht die Subjektperspektive der Adressat*innen sowie die Frage nach ermächtigenden Strukturen und Strategien im Hilfesystem.

Die systemische Verwobenheit von Ermächtigungsprozessen auf der individuellen Ebene, der Gruppen- und Raumebene wird jeweils aus der Perspektive der Profession, der Adressat*innen und der strukturellen Bedingungen betrachtet. Die Aneignungsprozesse von Kraft, Stärke und Macht können in der Multidimensionalität von Power ebenfalls nicht getrennt von diesen Ebenen und Perspektiven gedacht werden.

Die Vernetzungsmatrix von Handlungsleitenden Konzepten und Handlungsebenen führt zu einer in sich schlüssigen, handlungswissenschaftlich begründeten Arbeitsweise. Die exemplarischen Ausgestaltungen der Matrix sind Beispiele für die Transformation des Kernmandates Ermächtigung, von der wissenschaftlichen und ethischen Begründung bis zu den Handlungsleitlinien und den daran anschlussfähigen Methoden, Verfahren und Techniken. Im Konzept ist die Ausdifferenzierung der anderen Handlungskonzepte selbstverständlich enthalten.

Abbildung 16: Matrix des studiendidaktischen Modells mit den exemplarischen Konkretisierungen

Handlungsebene / **Handlungs-leitende Konzepte**	**Profession**	**Adressat*innen**	**Strukturen**
Ressourcen-orientierung	Methodenwahl für Fremddeutung oder selbstbestimmtes Identifizieren von Bedürfnissen und Ressourcen → Wer hat die Definitions- und Deutungsmacht?	Bedürfnisse erkennen und formulieren. Wunsch und Wille zu deren Zweckbestimmung. → Selbstbestimmter Ressourcenbegriff.	Was passiert mit den identifizierten Personen- und Umweltressourcen? → Wer hat die Verfügungsmacht?
Systemisches Handeln	Konstruktivistischer Blick a. d. Menschen, seine Lebenswelt, die Systeme, in denen er*sie lebt. Bearbeitung der sozialen Probleme in den Systemen, in denen sie entstanden sind.	Perspektivwechsel aller Systembeteiligten. Anerkennung und Respekt für eigene und anderer Sichtweisen.	Werden alle Mitglieder des Systems gehört und beteiligt? → Voneinander und miteinander Lernen (Lernende Organisation)
Gender & Diversity	Intersektionale Analyse sozialer Ungleichheit. Sensibilisierung für die strukturbildende Kategorie Gender und deren Verschränkung mit allen anderen Diskriminierungsformen. Sensibilisierung für Rassismen und ‚weiße' Vorherrschaft → Advocacy	Diversitäts- und diskriminierungssensible Angebote und Bildung. Aufklärung über Gesetze und Rechte (AGG) → Bewusstseinsbildung	Die Vielfalt anerkennende, diskriminierungs- und gendersensible Strukturen (Diversity-Programme, Gender-Mainstreaming, Schutzkonzepte, Zero Tolerance Policy, → Menschenrechtsschutz
Empowerment	Intersektionale Analysen von Macht und Mindermacht bzw. Machtlosigkeit. Bereitstellen von Ermöglichungsräumen und Partizipation → Empowerment-Strategien und Empowerment-Tools.	Deutungs- und Verfügungsmacht über eigene Bedürfnisse, Ziele u. Machtquellen. → Selbstorganisation (Peers) und Selbstvertretung	Ermöglicht oder be(ver)hindert das Hilfesystem, die Ermächtigung ihrer Klientel? → Power Sharing, (rechtlich) garantierte Beteiligung

Schluss

Bedeutsam sind die Orte des öffentlichen Erzählens von persönlichen und zugleich universellen Geschichten der Ermächtigung. In der biografischen Retroperspektive werden die mutigen Wegbereiter*innen zu Forschenden und Lehrenden zugleich. Ihr Erfahrungswissen, wie sie den Weg aus der Hilflosigkeit geschafft haben, ist ein Wissensschatz. Weltweit gibt es eine Vielzahl an Menschen, die zur Inspiration und Hoffnung für Viele geworden sind. Auch Wissenschaftler*innen und Sozialarbeitende gehören dazu. Ihr Fachwissen kann zu Ermöglichungswissen werden.

Mein Beitrag möchte dazu anregen, die Empowerment-Forschung zu intensivieren und die Erkenntnisse breit zu teilen. Empowerment kann, wie alles andere Grundlagenwissen auch, gelehrt werden. Gelingenden Ermächtigungsprozessen würde nicht länger der Nimbus der Singularität, des Zufalls, der Anmaßung oder des ideologiegetriebenen Angriffs auf altbewährte Gewissheiten und Privilegien anhaften. Es lohnte sich – auch für uns selbst.

Eine demokratische Gesellschaft ist nur so stark wie ihre schwächsten Mitglieder. Dies unterstreicht die Bedeutung einer Ermächtigung ermöglichenden Sozialen Arbeit. Wir schaffen Ermächtigungsräume, wenn wir die Frage nach der Macht nicht ausklammern. „In Kreisen kritischer Sozialarbeit besteht eine implizite oder explizite Annahme, dass sich machtkritische und professionelle Soziale Arbeit gegenseitig ausschließen. [...] Die Gefahr besteht, so Silvia Staub-Bernasconi, dass der kritische Machtdiskurs „außenvor sowie in Sammelbänden stecken bleibt." (2018: 15)

Trotzdem bleibt die Hoffnung, dass sich in Zukunft die Aufmerksamkeit der Wissenschaft, Forschung, Lehre und Praxis vermehrt auf Barbara Bryant Solomon und ihr Grundlagenwerk richten wird. Wir stehen alle auf den Schultern derjenigen, die den Weg für uns bereitet haben. Damit verbinde ich auch die Hoffnung, dass den Empowerment-Pionier*innen in Deutschland, der „ADEFRA-schwarze Frauen in Deutschland" und der „Initiative der Schwarze Menschen in Deutschland", die überfällige gesellschaftliche Anerkennung zukommt. Empowerment-Wissen würde nicht länger von Dominanzverhältnissen verdeckt. Alle Expertinnen*Experten aus Erfahrung und Fachpersonen oder Wissenschaftler*innen, die solches Wissen zur Sprache bringen und öffentlich zugänglich machen, sollten die ihnen gebührende Wertschätzung erhalten.

Literatur

Alinsky, S.D. (1984): Anleitung zum Mächtigsein. Ausgewählte Schriften. Zusammengestellt aus dem Englischen von Karl-Klaus Rabe. (Hrsg.): Forum für Community Organizing. Göttingen: Lamuv Verlag.

Allex, A. (Hrsg.) (2017): Sozialrasstistische Verfolgung im deutschen Faschismus. Kinder, Jugendliche, Frauen als sogenannte „Asoziale" – Schwierigkeiten beim Gedenken. Neu-Ulm: AG SPAK Bücher.

Antonovsky, A. (1997): Salutogenese: Zur Entmystifizierung der Gesundheit. Tübingen: dgvt-Verlag.

Arendt, H. (1960): Vita activa oder vom tätigen Leben. München,Zürich: Piper Verlag.

Arnegger, M. (2016): Ombuds- und Beschwerdestellen in der Kinder- und Jugendhilfe im Lichte des systemtheoretischen Paradigmas der Sozialen Arbeit. In: Leideritz, M./Velecken, S. (Hrsg.): Professionelles Handeln in der Sozialen Arbeit. Ein Lese- und Lehrbuch. Leverkusen: Barbara Budrich Verlag, S. 146–197.

Arnegger, M. (2005): Soziale Arbeit als Menschenrechtsprofession in der diagnostischen Praxis. In: Neue Praxis, 35. Jg., Heft 6, S. 36–39.

Arnstein, S. R. (1969): A Ladder of Citizen Participation. Journal of the American Institute of Planners, 35(4), pp. 216–224. https://www.tandfonline.com/doi/abs/10.1080/01944366908977225 [Zugriff: 16.11.23]

Asumang, M. (2020): Mo und die Arier. Allein unter Rassisten und Neonazis. Stuttgart: Fischer Verlag.

Attia, I., Köbsell, S., Prasad, N. (Hrsg.) (2015): Dominanzkultur reloaded. Neue Texte zu gesellschaftlichen Machtverhältnissen und ihren Wechselwirkungen. Bielefeld: transcript-Verlag.

Ayim, M., Oguntoye, K., Schultz, D. (Hrsg.) (2021 [2006/1986]): Farbe bekennen. Afro-deutsche Frauen auf den Spuren ihrer Geschichte. Berlin: Orlanda Verlag.

Baltiwala, S. (2007): Taking the power out of empowerment – an experiential account. In Development in Practice, 17 (4–5), pp. 557–565.

Bandura, A. (1976): Lernen am Modell. Ansätze zu einer sozial-kognitiven Lerntheorie. Stuttgart: Klett Cotta Verlag.

Bauer, J. (2006): Das Kooperative Gen. Evolution als Prozess. München: Heyne Verlag.

Basaglia, F. (Hrsg.) (1981): Was ist Psychiatrie? Berlin: Suhrkamp Verlag.

de Beauvoir, S. (1949): Das andere Geschlecht. Hamburg: Rowohlt Verlag.

Becker-Schmidt, R. (2008): Doppelte Vergesellschaftung von Frauen: Divergenzen und Brückenschläge zwischen Privat- und Erwerbsleben. In: Becker, R./Kortendiek, B. (Hrsg.): Handbuch Frauen- und Geschlechterforschung. Wiesbaden: Springer Verlag, S. 65–74.

Becker-Schmidt, R. (2007 [2003]): class, gender, ethnicity, race: Logiken der Differenzsetzung, Verschränkungen von Ungleichheitslagen und gesellschaftliche Strukturierung. In: Knapp, G.-A./Wetterer, A. (Hrsg.): Achsen der Differenz. Gesellschaftstheorie und feministische Kritik 2. Münster: Westfälisches Dampfboot, S. 56–83.

Becker-Schmidt, R., Knapp, G.-A., Schmidt, B. (1985): Eines ist zu wenig – beides ist zu viel. Erfahrungen von Arbeiterfrauen zwischen Fabrik und Familie. Bonn: Verlag J. H. W. Dietz.

Bielefeldt, H. (2009): Zum Innovationspotential der UN-Behindertenrechtskonvention. Ein Essay. Berlin: Deutsches Institut für Menschenrechte. https://www.institut-fuer-menschenrechte.de/fileadmin/user_upload/Publikationen/Essay/essay_zum_innovationspotenzial_der_un_behindertenrechtskonvention_auflage3.pdf [Zugriff: 16.08.23].

Blank, B. (2024 i. E.): Who Cares? Zwischen „relativer Verewigung“ der Geschlechterordnung und feministischer Utopie. In: Sauer, K. E. / Klus, S. / Gugel, R. (Hrsg.): Studienbuch Gender und Diversity für die Soziale Arbeit. Wiesbaden: Springer Verlag.

Blank, B. (2021): Das Recht auf Schutz vor Gewalt gegen Frauen – ein intersektionaler Konzeptansatz. In: wohnungslos 4/2021, Berlin, S. 141–146.

Blank, B. (2020a): Wandel der Curricula im Kontext gesellschaftlicher Transformation. In: Steckelberg, C. / Thiessen, B. (Hrsg.): Wandel der Arbeitsgesellschaft. Soziale Arbeit in Zeiten von Globalisierung, Digitalisierung und Präkarisierung. Theorie, Forschung und Praxis der Sozialen Arbeit, Band 21. Berlin, Opladen, Toronto: Verlag Barbara Budrich, S. 251–267.

Blank, B. (2020b): Das Paradox des Scheiterns im Gelingen. In: Simon, T. (Hrsg.): Schwere Arbeit. Erzählungen von gelingendem Beziehungsaufbau zu schwer zugänglicher Klientel. Weinheim: Beltz Juventa Verlag, S. 38–48.

Blank, B. (2018): Empowerment. Ein Leitkonzept der Sozialen Arbeit in der Migrationsgesellschaft? In: Blank, B. / Gögercin, S. / Sauer, K. E. / Schramkowski, B. (Hrsg.): Soziale Arbeit in der Migrationsgesellschaft. Wiesbaden: Springer Verlag, S. 327–340.

Blank, B. (2010): „Dass man mich nach meiner Meinung fragt, das bringt mir was!“ Die Interdependenz von Empowement, Teilhabe und Ressourcenförderung. In: wohnungslos 2/2010, Bielefeld, S. 44–48.

Blank, B. (2008): Empowerment-Instrumente – In der Hand der NutzerInnen. Empowerment und Didaktik / Methodik Sozialer Arbeit. In: Deutscher Berufsverband für Soziale Arbeit (Hrsg.): Empowerment. Stärken erkennen und entwickeln. FORUMsozial 1/2008, Essen, S. 11–15.

Blank, B. (2015): Kunst als Medium zur Selbstermächtigung und Teilhabe. In: Halbhuber-Gassner, L. / Kappenberg, B. (Hrsg.): Mit Kunst Brücken bauen. Freiburg i. Breisgau: Lambertus Verlag, S. 101–120.

Blank, B. (2012): Die Interdependenz von Ressourcenförderung und Empowerment. Opladen, Toronto, New York: Budrich Academia Press.

Blank, B. (1997): Empowerment. In: Rosenke, W. / Blank, B. (Hrsg.): Gratwanderungen. Reihe Materialien zur Wohnungslosenhilfe, Band 34/97, Bielefeld, S. 45–51.

Blank, B. (1990): Die Meerjungfrau lernt fliegen. Interviews mit wohnungs- und obdachlosen Frauen. München: AG SPAK Verlag.

Blank, B., Gögercin, S., Sauer, K. E., Schramkowski, B. (Hrsg.) (2018): Soziale Arbeit in der Migrationsgesellschaft. Wiesbaden: Springer Verlag.

Blank, B. & Huber, H. (2017): Langzeitwirkungen eines Empowerment-Ansatzes. Eine empirische Studie mit ehemals obdach- und wohnungslosen Frauen. In: wohnungslos 2/3 (59), Berlin, S. 87–99.

Boevink, W. (2007): Recoverygeschichten. Das gemeinschaftliche Erarbeiten von Erfahrungswissen in der Psychiatrie. Utrecht: Trimbos-Instituut.

Böhnisch, L. & Lösch, H. (1973): Das Handlungsverständnis des Sozialarbeiters und seine institutionelle Determination. In: H.-U. Otto, H-U., Schneider, S. (Hrsg.): Gesellschaftliche Perspektiven der Sozialarbeit, 2. Halbbd. Neuwied: Luchterhand Verlag, S. 24–33.

Bollwinkel Keele, T. A. (2023): Was Empowerment für Schwarze Menschen bedeuten kann. In: Chehata, Y. / Jagusch, B. (Hrsg.): Empowerment und Powersharing. Ankerpunkte – Positionierungen – Arenen. Weinheim: Beltz Juventa Verlag, S. 24–33.

Bourdieu, P. (1997a): Die männliche Herrschaft. Berlin: Suhrkamp Verlag.

Bourdieu, P. (1997b): Zur Genese der Begriffe Habitus und Feld. In: Derselbe: Der Tote packt den Lebenden. Hamburg: VSA-Verlag.

Bourdieu, P. (1992): Die verborgenen Mechanismen der Macht. Hamburg: VSA Verlag, S. 81–86.

Bourdieu, P. (1983): Ökonomisches Kapital, kulturelles Kapital und soziales Kapital. In: Kreckel, R. (Hrsg.): Soziale Ungleichheiten, Soziale Welt – Sonderband 2. Göttingen: Otto Schwartz Verlag, S. 183–198.

Böckle, B. & Ruf, M. (Hrsg.) (2004): Gender-Reader. Eine Frage des Geschlechts. Wiesbaden: Springer VS.
von Braun, Ch. & Stephan, I. (Hrsg.) (2006): Gender Studien. Eine Einführung. Stuttgart: J. B. Metzler Verlag.
Bröckling, U. (2007a): Das unternehmerische Selbst. Frankfurt a. Main: Suhrkamp Verlag.
Bröckling, U. (2007b): Fallstricke der Bemächtigung. In: Zukünfte. Zeitschrift für Zukunftsgestaltung & vernetztes Denken. Band 18, S. 16–20.
Bröckling, U. (2004): Empowerment. In: Bröckling, U. et al. (Hrsg.): Glossar der Gegenwart. Frankfurt a. Main: Suhrkamp Verlag, S. 55–62.
Buber, M. (1954): Das dialogische Prinzip. Gütersloh: Gütersloher Verlagshaus.
Buchwald, P. & Hobfoll, S. E. (2013): Die Theorie der Ressourcenerhaltung: Implikationen für den Zusammenhang von Stress und Kultur. In: Genkova, P. et al. (Hrsg.): Handbuch Stress und Kultur. Interkulturelle und kulturvergleichende Perspektiven. Wiesbaden: Springer Verlag, S. 127 – 138.
Butler, J. (1990): Gender Trouble. Feminism and the Subversion of Identity. [Dtsch. Ausgabe: Das Unbehagen der Geschlechter 1990] New York: Routledge, Chapman & Hall Publisher.
Castro Varela, M. & Mecheril, P. (Hrsg.) (2016): Die Dämonisierung der Anderen. Rassismuskritik der Gegenwart. Bielefeld: transcript-Verlag.
Chehata, Y., Dib, J., Harrach-Lasfaghi, A., Himmen, T., Sinoplu, A, Wenzler, N. (2023): Empowerment, Resilienz und Powersharing in der Migrationsgesellschaft. Theorien – Praktiken – Akteur*innen. Weinheim: Beltz Juventa Verlag.
Chesler, M. A. (1991). Participatory action research with self-help groups: An alternative paradigm for inquiry and action. American Journal of Community Psychology, 19(5), pp. 757–768. https://doi.org/10.1007/BF00938043 [Zugriff: 22.07.23]
Connel, R. (2005): Masculinities. Berkley: University of California Press.
Cremer, H. (2009): „... und welcher Rasse gehören Sie an?“ In: Deutsches Institut für Menschenrechte (Hrsg.): Policy Paper No. 10, 2. Aufl., Berlin.
Crenshaw, K. (1989): Demarginalizing the Intersection of Race and Sex: A Black Feminist Critique of Antidiscrimination Doctrine. In: The University of Chicago Legal Forum, pp. 139–167.
Deutscher Berufsverband für Soziale Arbeit (DBSH) e.V. (Hrsg.) (2014): Die Anwendungsperspektive der Berufsethik: Prinzipien. In ForumSOZIAL. Heft 4. S. 28–32.
Deer, S. (2015): The Beginning and End of Rape: Confronting Sexual Violence in Native America. University of Minnesota Press.
Deutsche Gesellschaft für Soziale Arbeit (2006): Kerncurriculum Soziale Arbeit. Eine Positionierung der Deutschen Gesellschaft für Soziale Arbeit. https://www.dgsa.de/fileadmin/Dokumente/Aktuelles/DGSA_Kerncurriculum_final.pdf [Zugriff: 16.08.23].
Diagne, S. B. & Amselle J-L. (2020): In Search of Africa(s): Univesalism and Decolonial Thought. Weinheim: Polity books.
Eggers, M. M., Kilomba, G., Piesche, P., Arndt, S. (Hrsg.) (2005): Mythen, Masken und Subjekte. Kritische Weißseinsforschung in Deutschland. Münster: Unrast Verlag.
Enggruber, R. (2020): Empowerment, ein Konzept für Soziale Arbeit im transformierten Sozialstaat? In: Jagusch, B. / Chehata, Y. (Hrsg.): Empowerment und Powersharing. Weinheim: Beltz Juventa Verlag, S. 43–53.
Fajembola, O. & Nimimdé-Dundadengar, T. (2021): Gib mir mal die Hautfarbe: Mit Kindern über Rassismus sprechen. Weinheim: Beltz Verlag
Fanon, F.O. (1980 [1952]): Schwarze Haut, weiße Masken Frankfurt a. Main: Syndikat Verlag.
Folkerts, J. (2019): Zur Theorie der Deutungsmacht. In: Zeitschrift für politische Theorie, Heft 2. Leverkusen-Opladen: Verlag Barbara Budrich, S. 211–232.
Foucault, M. (2005): Subjekt und Macht. In Analytik der Macht. Frankfurt a. Main: Suhrkamp Verlag. (S. 240–263)
Foucault, M. (1975): Überwachen und Strafen. Frankfurt a. Main: Suhrkamp Verlag.

Foucault, M. (1983): Der Wille zum Wissen. Sexualität und Wahrheit. 1. Aufl. Frankfurt a. Main: Suhrkamp Verlag.

Foucault, M. (1988): Archäologie des Wissens. Frankfurt a. Main: Suhrkamp Verlag.

Frankl, V. (2007 [1982/1946]): ...trotzdem Ja zum Leben sagen. Ein Psychologe erlebt das Konzentrationslager. 28. Aufl. München: dtv-Verlag.

Freire, P. (1981): Der Lehrer ist Politiker und Künstler. Hamburg: Rowohlt Verlag.

Früchtel, F.& Roth, E. (2017): Familienrat und inklusive, versammelnde Methoden des Helfens. Heidelberg: Carl Auer System Verlag.

Geiger, T. J. (1947): Vorstudien zu einer Soziologie des Rechts. Berlin: Duncker & Humblot Verlag.

Geiser, K. (2013 [2004]). Problem- und Ressourcenanalyse in der Sozialen Arbeit. Eine Einführung in die systemische Denkfigur. 5. Aufl. Freiburg i. Breisgau: Lambertus Verlag.

Gerull, S. & Ostermann, W. (Hrsg.) (2012): Unsichtbar und ungesehen. Wohnungslose Frauen mit minderjährigen Kindern in Berlin. Berliner Beiträge zu Bildung, Gesundheit und Soziale Arbeit, Band 12, Alice Salomon Hochschule Berlin: Schibri Verlag.

Goffman, E. (1975): Stigma. Über Techniken der Bewältigung beschädigter Identität. Frankfurt. a. Main: Suhrkamp Verlag.

de Gouges, O. (1791): Déclaration des droits de la Femme et de la Citoyenne. Erklärung der Rechte der Frau und Bürgerin. http://olympe-de-gouges.info/frauenrechte/ [Zugriff : 29.07.23]

Gruber, J. & Trickett, E. J. (1987): Can We Empower Others? The Paradox of Empowerment in the Governing of an Alternative Public School. In: American Journal of Cummunity Psychologie, Vol 15, No. 3, New York, pp. 353–371.

Grunwald, K. & Thiersch, H. (Hrsg.) (2004): Praxis lebensweltorientierte Soziale Arbeit. Weinheim: Beltz / Juventa Verlag.

Han, B-C. (2005): Was ist Macht? Ditzingen: Reclam Verlag.

Hyatt, E. (2007): Art of the Earth: Ancient Arts for a Green Future. Bloomington: ATR-BC.

Herriger, N. (2014 [2002, 1997]): Empowerment in der Sozialen Arbeit. Stuttgart: Kohlhammer.

Herriger N. (2022): Lexikon Empowerment. https://www.socialnet.de/lexikon/Empowerment [Zugriff: 29.07.23]

Hilbert, Ch., Schlizio-Jahnke, H., Kubisch-Piesk, K. (2017): Familienrat in der Praxis – ein Leitfaden. Bücher Deutscher Verein, J 11. Freiburg i. Breisgau: Lambertus Verlag.

Hobfoll, S. E. (1989): The Ecology of Stress. Washington D.C.: Hemisphere Publishing

Hobfoll, S. E. (1988): The Conservation of Resources. A New Stress Model. New York: Wiley.

Honneth, A. (1992): Kampf um Anerkennung. Zur moralischen Grammatik sozialer Konflikte. Frankfurt a. Main: Suhrkamp Verlag.

Husserl, E. (2007): Phänomenologie der Lebenswelt. Stuttgart: Reclam Verlag.

International Federation of Social Work and International Association of Schools of Social Work (Hrsg.) (2014): Global Definition of Social Work. http://ifsw.org/get-involved/global-definition-of-social-work. [Zugriff: 29.07.23]

Jagusch, B. & Chehata, Y. (Hrsg.) (2020): Empowerment und Powersharing. Weinheim: Beltz Juventa Verlag.

Kahneman, D., Sibony, O., Sunstain, C. (2021): Noise: Was unsere Entscheidungen verzerrt – und wie wir sie verbessern können. München: Siedler Verlag.

Kant, I. (2000): Anthropologie in pragmatischer Hinsicht. In: Brandt, R. (Hrsg.): Philosophische Bibliothek, Band 4. Hamburg: Felix Meiner Verlag, AA. VII, S. 229; AB. X, S. 233. Auszug: http://www.ciando.com/img/books/extract/3787324054_lp.pdf [Zugriff: 29.06.23]

Kieffer, C. (1984): Citizen Empowerment: a developmental perspektive. In: Rappaport,J. / Swift,C. / Hess, R. (eds.). Studies in Empowerment: steps toward understanding and action. New York: Haworth Press.

Kimmerer Wall, R. (2023): Geflochtenes Süssgras. Die Weisheit der Pflanzen. 7. Aufl., Berlin: Aufbau Verlag.

Klingberg, H. 2000: Das Leben wartet auf Dich: Viktor & Elly Frankl. Aus dem Amerikanischen von Gabriele Gockel. Wien: Verlag Franz Deuticke.
Knuf, A. (2016): Empowerment und Recovery. Köln: Psychiatrieverlag.
Komenský, J. A. (1658): Orbis sensualium pictus. Nürnberg: Verlagshaus Michael Endtler.
Kontzi, N. et al. (2012): Mit dem Anti-Bias-Ansatz die „Rolle vorwärts" wagen. Oder: warum es so wichtig ist bei sich selbst anzufangen. Lernende Schule, Heft 60.
Köbsell, S. (2012): Wegweiser Behindertenbewegung. Neues (Selbst)Verständnis von Behinderung, Neu-Ulm: AG SPAK Verlag.
Kraus, B. & Krieger, W. (2016): Macht in der Sozialen Arbeit. 4. Aufl., Lage: Jacobs Verlag.
Kraus, B. (2014): Gelebtes und erlebtes Leben. Zur erkenntnistheoretischen Differenz zwischen Lebenswelt und Lebenslage. In: Köttig, M. et al. (Hrsg.): Soziale Wirklichkeiten in der Sozialen Arbeit. Wahrnehmen – analysieren – intervenieren. Opladen, Berlin, Farmington Hills: Barbara Budrich Verlag, S. 61-72.
Kreisky, E. & Sauer, B. (1998): Geschlechterverhältnisse im Kontext politischer Transformation. Wiesbaden: VS Verlag für Sozialwissenschaften.
Kübler, A. (2010): Weltkarten – Sicht der Welt. In G. Führing, A. Kübler & ASET e.V. (Hrsg.): Die Welt in unserer Schule. Globales Lernen in der Grundschule im Rahmen der Bildung für nachhaltige Entwicklung. Berlin: ASET e.V.
Lambers, H. (2013): Theorien Sozialer Arbeit. Opladen & Toronto: Verlag Barbara Budrich.
Lazarus, R. (1966): Psychological stress and coping paradigm. New York: McGraw-Hill.
Linthwaite, I. (Hrsg.) 1991: Ain't I A Woman! A book of Women's Poetry from around the World., Gramercy: Slight Moisture Damage edition.
Lob-Hüdepohl (2013): 'People First': Die 'Mandatsfrage' sozialer Professionen aus moraltheologischer Sicht. In: Zeitschrift für Ethik und Soziale Praxis 1.1. Berliner Institut für Christliche Ethik und Politik, S. 1–22.
Lorde, A. (1994): Die Quelle unserer Macht. Gedichte. Berlin: Hanser Verlag.
Lorde, A. (2021): Sister Outsider. Essays. Berlin: Hanser Verlag.
Luhmann, N. (2013): Macht. Konstanz & München: UVK, UTB Verlag.
Lutz, H. et al. (2010) (Hrsg.): Fokus Intersektionalität. Bewegungen und Verortungen eines vielschichtigen Konzepts. Wiesbaden: Springer VS.
Lutz, H. & Wenning, N. (Hrsg.) (2001): Unterschiedlich verschieden. Wiesbaden: Springer VS.
Madubuko, N. (2016): Empowerment als Erziehungsaufgabe. Münster: UNRAST-Verlag.
Maslow, A. (1954): Motivation and Personality. New York: Harper and Row Publisher.
Marmer, E. (2018): Kritisches Weißsein als Perspektivwechsel und Handlungsaufforderung. In: Blank, B. / Gögercin, S. / Sauer, K.E. / Schramkowski B. (Hrsg.): Soziale Arbeit in der Migrationsgesellschaft. Grundlagen, Konzepte, Handlungsfelder. Wiesbaden: Springer VS, S. 291–302.
Maurer, S. (2001): Das Soziale und die Differenz. Zur (De-)Thematisierung von Differenz in der Sozialpädagogik. In: Lutz, H. / Wenning, N. (Hrsg.): Unterschiedlich verschieden. Differenz in der Erziehungswissenschaft. Opladen: Leske + Budrich, S. 125–142.
Mick, C. (2012): Das Agency-Paradigma. In: Bauer, U. / Bittlingmayer, U. H. / Scherr, A. (Hrsg.): Handbuch Bildungs- und Erziehungssoziologie. Wiesbaden: Springer Verlag, S. 527–541.
Morrison, T. (1994): Im Dunkeln Spielen. Weiße Kultur und literarische Imagination. Essays. Rowohlt, Reinbek bei Hamburg: Rowohlt Verlag.
Murad, N., zus. mit Krajeski, J. (2017): Ich bin eure Stimme: Das Mädchen, das dem Islamischen Staat entkam und gegen Gewalt und Versklavung kämpft. München: Knaur Verlag.
Müller, A., Volkmann, U., Wiedemann, C. (2018): Soziale Arbeit mit geflüchteten Menschen in Not- und Gemeinschaftsunterkünften. In: Blank, B. / Gögercin, S. / Sauer, K.E. / Schramkowski, B. (Hrsg.): Soziale Arbeit in der Migrationsgesellschaft. Wiesbaden: Springer Verlag, S. 563–574.
Nestmann, F. (1997): Beratung als Ressourcenförderung. In: Nestmann, F. (Hrsg.), Beratung. Bausteine für eine interdisziplinäre Wissenschaft und Praxis. Tübingen: dgvt-Verlag, S. 15–38.

Novaković, N. & Barz. H. (2020): Empowerment-Prozesse oder Rom*nja und andere Superheld*innen. In: Jagusch, B. / Chehata, Y. (Hrsg.): Empowerment und Powersharing. Weinheim: Beltz Juventa Verlag, S. 164–176.

Nussbaum, M. (1998): Gerechtigkeit oder Das Gute Leben. Frankfurt a. Main: Suhrkamp Verlag.

Obrecht, W. (2009): Was braucht der Mensch? Grundlagen der biopsychosoziokulturellen Theorie menschlicher Bedürfnisse und ihre Bedeutung für eine erklärende Theorie sozialer Probleme. Luxemburg: Ligue Médico-Sociale.

Pantelmann, H. & Blackmore, S. (Hrsg.) (2023): Sexualisierte Belästigung, Diskriminierung und Gewalt im Hochschulkontext: Herausforderungen, Umgangsweisen und Prävention. Wiesbaden: Springer Verlag.

Perko, G. & Czollek, L. C. (2022): Lehrbuch Gender, Queer und Diversity. 2. Aufl. Weinheim: Beltz Juventa Verlag.

Popitz, H. (1992 [1986]): Phänomene der Macht. 2. Aufl. Tübingen: Mohr Siebeck Verlag.

Quindel, R. & Pankofer, S. (2000). Chancen, Risiken und Nebenwirkungen von Empowerment – Die Frage nach der Macht. In: Miller, T. & Pankofer, S. (Hrsg.) Empowerment konkret. Handlungsentwürfe und Reflexionen aus der psychosozialen Praxis. Stuttgart: Lucius und Lucius Verlag, S. 33–44.

Raithelhuber, E. (2012): Ein relationales Verständnis von Agency. Sozialtheoretische Überlegungen und Konsequenzen für empirische Analysen. In: Bethmann, S. / Helfferich, C. / Hoffmann, H. / Niemann, D.: Agency – Qualitative Rekonstruktionen und gesellschaftstheoretische Bezüge von Handlungsmächtigkeit. Weinheim: Beltz Juventa Verlag, S. 98–122.

Rappaport, J. (1981): In Praise of Paradox: A Social Policy of Empowerment Over Prevention. In American Journal of Community Psychology, 9 (1), pp. 1–25.

Rappaport, J., Swift, C., Hess, R. (eds.) (1984): Studies in Empowerment: steps toward understanding and action. New York: Haworth Press.

Rappaport, J. (1987): Terms of Empowerment / Exemplars of Prevention: Toward a Theory for Community Psychology. American Journal of Community Psychology, 15, pp. 121–148. https://doi.org/10.1007/BF00919275 [Zugriff: 22.07.23]

Rawls, J. (1975): Eine Theorie der Gerechtigkeit. Frankfurt a. M.: Suhrkamp Verlag.

Roß, B., Markman, A., Medin, D. (2004): Cognitive Psychology. San Diego: Harcourt Brace College Publisher.

Reichert, E. (2003): Social Work and Human Rights. New York: Columbia University Press.

Rulffes, E. (2021): Die Erfindung der Hausfrau – Geschichte einer Entwertung. New York: Harper Collins Publisher.

Russell, B. (1938): Power. A New Social Analysis. New York: Norton Publisher.

Sagebiel, J. (2007): Der professionelle Umgang mit Armut nach der Handlungstheorie von Silvia Staub-Bernasconi. In: Maier, K. (Hrsg.): Armut als Thema Sozialer Arbeit. Freiburg i. Breisgau: FEL Verlag Forschung – Entwicklung – Lehre an der Ev. Hochschule Freiburg, Band 2.

Schaurhofer, M. & Peschl, M. F. (2003): Empowerment & Wissensmanagement. Demokratiezentrum Wien: https://www.demokratiezentrum.org [Zugriff: 22.07.23]

Schlüter, W. (1995): Sozialphilosophie für helfende Berufe. 3. aktual. Aufl. München: UTB Ernst Reinhardt Verlag.

Schrödter, M. (2013): Der Capability Approach als Referenzrahmen von Gerechtigkeitsurteilen in der Sozialen Arbeit. In: Dietrich / Heinrich / Thieme (Hrsg.): Bildungsgerechtigkeit jenseits von Chancengleichheit. Wiesbaden: Springer Verlag, S. 71–88.

Sen, A. (1993): Capabiltity and Well-Being. In: Sen, A. / Nussbaum, M. (Hrsg.): The Quality of Life. Oxford: Clarendon University Press.

Seligman, M. E. P. (1974): Erlernte Hilflosigkeit. Weinheim: Beltz Verlag.

Sojourner Truth, Gilbert, O. (2015 [1850]): The Narrative of Sojourner Truth. SnowBall Classics Publishing.

Solomon, B. B. (1976): Black Empowerment. New York: Columbia University Press.

Sow, N. (2008): Deutschland Schwarz Weiss. Der alltägliche Rassismus. München: Goldmann Verlag.

Spitzer, M. (2017): Geben macht glücklicher und ist gesünder als Nehmen. In: Nervenheilkunde 2017/36, S. 413–415.

Spivak, G. C. (1988): Can the Subaltern Speak? In C. Nelson & L. Grossberg (Hrsg.): Marxism and the Interpretation of Culture. Chicago: University of Illinois Press.

Stark, W. (1996): Empowerment: Neue Handlungskompetenzen in der psychosozialen Praxis. Freiburg i. Breisgau.: Lambertus Verlag.

Staub-Bernasconi, S. (2018): Soziale Arbeit als Handlungswissenschaft. Soziale Arbeit auf dem Weg zu kritischer Professionalität. 2. akt. Auflage. Opladen & Toronto: Verlag Barbara Budrich.

Staub-Bernasconi, S. (2012): Soziale Arbeit und soziale Probleme. Eine disziplin- und professionsbezogene Bestimmung. In W. Thole (Hrsg.): Grundriss Soziale Arbeit: Ein einführendes Handbuch. Wiesbaden: VS Verlag für Sozialwissenschaften, S. 267–282.

Staub-Bernasconi, S. (2007): Vom transdisziplinären wissenschaftlichen Bezugswissen zum professionellen Handlungswissen am Beispiel der Empowerment-Diskussion. In: Staub-Bernasconi, S., Soziale Arbeit als Handlungswissenschaft. Bern, Stuttgart & Wien: Hauptverlag UTB, S. 245–270.

Staub-Bernasconi, S. (1998): Soziale Probleme – Soziale Berufe – Soziale Praxis. In: Heiner, M. / Meinhold, M./von Spiegel, H. / Staub-Bernasconi, S. (Hrsg.): Methodisches Handeln in der Sozialen Arbeit. 4. Aufl., Freiburg i. Breisgau, S. 11–137.

Stegbauer, Ch. (2010): Reziprozität. In: Stegbauer, Ch. / Häußling, R. (Hrsg.): Netzwerkforschung. Band 4. Wiesbaden: VS Verlag, S. 113–122.

Stiels-Glenn, M. (1996): Ohnmacht, Macht und Verantwortung in psychosozialen Berufen. Sozialmagazin 21/1996, H. 7–8, S. 11–12.

Straßburger, G. & Rieger, J. (Hrsg.) (2014): Partizipation kompakt. Weinheim: Beltz Verlag.

Steindl, Ch., Jonas, E., Sittenthaler, S., Traut-Mattausch, E., Greenberg, J. (2015): Understanding Psychological Reactance. New Developments and Findings. Zeitschrift f. Psychologie 2015; Vol. 223(4), pp. 205–214.

Theunissen, G. & Plaute, W. (2002): Handbuch Empowerment und Heilpädagogik. Freiburg i. Breisgau: Lambertus Verlag.

Theunissen, G. (2009): Empowerment und Inklusion behinderter Menschen. Freiburg i. Breisgau: Lambertus Verlag.

Theunissen, G. (2013): Behindertenhilfe im Umbruch. Ein Paradigmenwechsel im Zeichen von Empowerment und Konsequenzen für die Praxis. In: Teilhabe 2013/2, Jg. 52, S. 53–50.

Theweleit, K. (1979): Männerphantasien. 2. Männerkörper. Zur Psychoanalyse des weißen Terrors. Frankfurt a. Main: Verlag Roter Stern.

Thiersch, H. (2016): Lebensweltorientierte Arbeit – revisited. Weinheim: Beltz Juventa Verlag.

Thiersch, H. (2000): Lebensweltorientierte Soziale Arbeit. Aufgaben der Sozialen Arbeit im sozialen Wandel. Weinheim: Beltz Juventa Verlag.

Thompson, N. (2007): Power and Empowerment. Lyme Regis: Russell House Publishing.

de Tocquevielle, A. (2021): Über die Demokratie in Amerika. Ditzingen: Reclam Verlag.

Ullman, M. (1969): „A Unifying Conzept Linking Therapeutic and Community Processes“. In: Gray, W. / Duhl, F. / Rizzo, N. eds., General Systems Theory and Psychiatry. Boston: Little Brown, pp. 253–66.

Vereinte Nationen (1948): Resolution der Generalversammlung, 217 A (III). Allgemeine Erklärung der Menschenrechte. https://www.un.org/depts/german/menschenrechte/aemr.pdf (Zugriff: 10.10.23)

Vossebrecher, D. & Jeschke, K. (2009): Empowerment zwischen Vision für die Praxis und theoretischer Diffusion. In: Forum Kritische Psychologie, Heft 51, S. 53–66.

Walgenbach, K. (2017): Heterogenität – Intersektionalität – Diversity in der Erziehungswissenschaft. 2. Aufl., Opladen/Toronto: Verlag Barbara Budrich.
Walgenbach, K. (2012): Intersektionalität als Analyseperspektive heterogener Stadträume. In: E. Scambor, E./F. Zimmer (Hrsg.): Die intersektionelle Stadt. Bielefeld: transcript-Verlag.
Weber, M. (1980): Macht und Herrschaft. In: Weber, M.: Soziologische Grundbegriffe. Stuttgart: Reclam Verlag.
Weber, M. (1976 [1921/22]): Wirtschaft und Gesellschaft. Grundriss der verstehenden Soziologie. 1. Halbband, Tübingen: Mohr Siebeck Verlag.
Weltgesundheitsorganisation/Regionalbüro für Europa (1986/2021): Ottawa Charter for Health Promotion. www.euro.who.int/de/publications/policy-documents/ottawa-charter-for-health-promotion,-1986 [Zugriff: 22.07.23]
Wendt, P.-U. (2015): Lehrbuch Methoden der Sozialen Arbeit. Weinheim und Basel: Beltz Juventa.
West, C. & Zimmermann, D. (1987): Doing Gender. Gender & Society, 1, S. 125–151. http://dx.doi.org/10.1177/0891243287001002002 [Zugriff: 27.07.23]
Wiedemann, Th. & Lohmeier, Ch. (Hrsg.) (2019): Diskursanalyse für die Kommunikationswissenschaft. Wiesbaden: Springer VS.
Winker, G. & Degele, N. (2010): Intersektionalität. Zur Analyse sozialer Ungleichheiten. Bielefeld: transcript-Verlag.
Wustmann, C. (2005a): Die Blickrichtung der neuen Resilienzforschung. Wie Kinder Lebensbelastungen bewältigen. In: Zeitschrift für Pädagogik 2/2005: Aufwachsen in Armut – Belastungen und Belastungsbewältigung. Weinheim: Beltz Verlag, S. 192–207.
Wustmann, C. et al. (Hrsg.) (2005b): Resilienz. Widerstandsfähigkeit von Kindern in Tageseinrichtungen fördern. Beiträge zur Bildungsqualität. 6. Aufl. Weinheim: Beltz Verlag.
Yousafzai, M. (2013): Ich bin Malala. Das Mädchen, das die Taliban erschießen wollten, weil es für das Recht auf Bildung kämpft. München: Droemer HC Verlag.
Ziegler, H., Schrödter, M., Oelkers, N. (2012): Capabilities und Grundgüter als Fundamente einer sozialpädagogischen Gerechtigkeitsperspektive. In: Thole, W. (Hrsg.) Grundriss Soziale Arbeit: Ein einführendes Handbuch. Wiesbaden: VS Verlag, S. 297–310.
Zimmerman, M.A. & Rappaport, J. (1988): Citizen Participation: Perceived Control, and Psychological Empowerment. American Journal of Community Psychology, 16, pp. 725–750. https://doi.org/10.1007/BF00930023 [Zugriff: 22.07.23]